Assalto alla democrazia

Possono tornare gli Autoartotalitarismi nella nuova era digitale?

Di Christian Cozz

Indice

" ... è quando un ordine mondiale crolla che ha inizio la riflessione sul suo corso ..." Ulrich Beck 2011 [1]

Questo lavoro nasce dalla riflessione e dall' analisi sugli avvenimenti del nostro tempo, mi vengono in mente gli attentati del 13 novembre del 2015 che hanno sconvolto Parigi, mentre in Germania si svolgeva un acceso dibattito in merito all'arrivo di centinaia di rifugiati. Questi eventi furono gestiti ed accompagnati da una analisi sia politica che mediatica che fotografava un mondo in pieno regresso, come se si fosse dimenticato delle conquiste faticose che lo avevano portato a quegli standard di vita dignitosi, ritenuti ormai da tempo consolidati.

Anche gli sconvolgimenti politici come il voto sulla Brexit nel Regno Unito, l'elezione nel 2016 di Donald Trump negli Stati Uniti, il crescente consenso al Front National in Francia, la bocciatura delle riforme di Renzi in Italia, tutti se pur con ideologie e finalità differenti hanno in comune il rifiuto della globalizzazione economica, del neoliberismo e degli establishment politici, in ognuno di questi casi gli elettori hanno detto "No". No a ciò che si richiedeva: austerità, libero mercato, lavoro sottopagato, la combinazione di queste tre richieste caratterizza l'attuale capitalismo finanziario. Quindi siamo di fronte ad una crisi strutturale del capitalismo, e del neoliberismo, esplosa sotto i nostri occhi tra il 2007 e il 2008 con il crollo dell'ordine finanziario globale. Però fino a qualche tempo fa la protesta sociale era rimasta arginata e le "cittadelle della finanza globale"[2] come le chiama la Fraser, sembravano immuni, perché erano ancora sotto il controllo dei funzionari di partito e delle élite della classe dirigente, come negli Stati Uniti, nel Regno Unito ed in Germania. Ora invece lo shock elettorale si ripercuote in tutto il mondo e anche su loro. Il fatto di votare per Trump o per la Brexit, o "no" alle riforme italiane, solleva l'individuo contro i suoi padroni politici, ripudiando così le misure che lo hanno impoverito negli ultimi trent'anni. Quindi il problema principale del nostro tempo sembra essere: capire se stiamo assistendo al rifiuto su scala mondiale della democrazia liberale e alla sua sostituzione con qualche forma di autoritarismo populista. Certo è che si possono trovare molti e forti esempi di questa tendenza: nell'America di Trump, nella Russia di Putin, nella Turchia di Erdogan. Inoltre ci sono già diversi casi di leader autoritari al potere: Orbán in Ungheria, Duda in Polonia, Maduro in Venezuela, Kim Jong-un in Corea del Nord. Ma destano preoccupazione anche le esternazioni di un premier, sulla carta social-democratico, come il leader slovacco Robert Fico, che pur di rimanere al potere ha stretto alleanze con i nazionalisti ed i populisti. Dall'altra parte del Mar Caspio c'è Gurbanguly Berdimuhamedow in Turkmenistan o Nazarbaev presidente kazako dal 1991. La Cina sta assistendo al rafforzamento del suo leader Xi Jinping tanto da sopprimere il vincolo costituzionale che prevedeva per il Presidente della Repubblica popolare cinese, un limite massimo di due mandati al potere. Sabato 16 febbraio 2019, la notizia è tristemente fresca, a Parigi al grido di: - sporco ebreo! - hanno minacciato il filosofo Alain Fienkielkraut, quel gruppo di manifestanti conosciuto con l'appellativo "gilet gialli", ed ancora: - tornatene a Tel Aviv, il popolo siamo noi -, urlavano. Nonostante la presenza di telecamere, telefonini e macchine fotografiche continuavano con le urla, e mentre il filosofo si allontanava lentamente, guardava quelli che lo insultavano: - vattene all'inferno brutto sionista -, intanto arrivavano alcuni gendarmi in tenuta antisommossa a fargli scudo[3]. La rivolta dei gilet gialli continua a non volere un leader, e si insinua in un paese che solo nell'ultimo anno ha visto crescere gli atti di antisemitismo del 74%, un paese in cui i partiti e lo stesso Macron non riescono ad arginare le violenze, la xenofobia, l'antisemitismo. Anche il portavoce del governo Benjamin Griveaux sostiene: - è odio allo stato puro per le strade di Parigi: quelli che insultano a volto scoperto spero che saranno identificati, perseguiti e pesantemente condannati -⁴. Per onor di cronaca va ricordata la manifestazione a Parigi, alla République, ma anche a Bordeaux, Lille, Lione e Marsiglia di ministri, capi di partito, intellettuali, leader religiosi e cittadini, ebrei, musulmani, cattolici, atei, che sfilavano sotto cartelloni che recavano questa scritta "Ça suffit", cioè "Adesso basta", tanti per dire "No" all'antisemitismo. Ed in contrapposizione a questa un altro grido antisemita si è alzato lunedì 18 febbraio 2019, la profanazione del cimitero ebraico di Quatzenheim in Alsazia, con le tombe imbrattate con svastiche di pittura blu, che hanno confermato quello che le cifre dicono da tempo. Gli atti antisemiti in Francia sono in costante aumento, in drammatico aumento. E mentre mancano le statistiche ufficiali sono molti gli ebrei francesi che decidono di partire, di andarsene all'estero e soprattutto in Israele. Lo storico Marc Knobel ha citato al quotidiano "Liberation" soltanto un numero complessivo: più di quattrocentocinquantaseimila in Francia, hanno lasciato il paese tra il 2000 e il 2017. Addirittura Yoav Gallant, ministro dell'immigrazione in Israele ha rivolto un appello agli ebrei francesi: - condanno vigorosamente l'antisemitismo in Francia e dico agli ebrei: - tornate a casa, immigrate in Israele -. Macron ha annunciato "misure forti" per combattere l'antisemitismo, anche se si è detto contrario alla proposta di introdurre il reato di antisionismo accanto a quello di antisemitismo: - non penso che penalizzare l'antisionismo sia una buona soluzione – e ancora: - faremo leggi, puniremo, la Repubblica si impara e si porta. Adesso è il momento dell'emozione, questo sentimento deve durare, soprattutto nelle coscienze. Chi pensa che si possa far balbettare la storia, sbaglia. Prenderemo iniziative forti e chiare[5] -.

Un altro motivo che mi spinge alla riflessione in queste pagine sono gli attuali sondaggi sulle prossime elezioni europee, che vedono un aumento sostanziale dei seggi dei partiti sovranisti e di quelli populisti, anche se all'orizzonte non si prevede nessun ribaltamento politico negli equilibri del Parlamento europeo. Popolari, socialisti e democratici dovrebbero mantenere la maggioranza potendo contare assieme su circa quattrocento seggi su settecentocinque, poiché va considerata la probabile uscita del Regno Unito dall'Unione. Questo almeno appare il risultato delle prime proiezioni ufficiali dell'Europarlamento sul voto che si terrà a maggio (elaborate dalla società di ricerca Kantar Public)[5]. Popolari e sovranisti assieme non dovrebbero superare i centocinquanta seggi, resta comunque un numero impressionante se si considera soprattutto il forte incremento e la tendenza ad un cambiamento radicale. La maggior spinta delle forze euroscettiche dovrebbe arrivare proprio dall'Italia, dove come ha già stimato l'Istituto Cattaneo di Bologna[6], si dovrebbe registrare un aumento di ventidue seggi per la Lega ed otto per i Cinque stelle.

Secondo anche altri Istituti di ricerca, come Ipsos e Swg, il partito di Salvini dovrebbe giungere al 32,5% dei consensi, pari a ventisette seggi e il 25,7% i Cinque stelle. Ecco che appare: la lega potrebbe portare all'Europa il numero più consistente di deputati. Il centro sinistra europeo, ed il Pd sembrano essere in grande calo, con una perdita di sedici seggi, rispetto a quelli ottenuti nel 2014, cioè si prevede solo il 17% di consensi[7]. Quindi l'interrogativo che mi pongo è il seguente: siamo in un momento storico favorevole al consolidamento di una qualche forma di autoritarismo e, verso cosa stiamo andando? O forse mi dovrei chiedere verso cosa stiamo tornando? Quali sono le condizioni che hanno permesso tutto quello che troviamo nel panorama europeo, e ancora di più mondiale? Possiamo sentirci in prima persona responsabili di siffatto stato di cose? E poi ancora: è necessaria o ipotizzabile una soluzione o più semplicemente bisogna che la storia faccia il suo corso come sosteneva Vico, e quindi attendere che tutto si trasformi in altro? Memori, della lezione della fisica con la legge della conservazione della massa enunciata da Lavoisier, che testualmente dice: "nulla si crea, nulla si distrugge, tutto si trasforma", dovremmo assistere passivamente, quasi necessariamente all'evoluzione storica, senza poter aspirare a creare una coscienza critica, uno spirito pensante nell'uomo, qualsiasi direzione scelga di seguire? Come dobbiamo porci dunque? È opportuno preoccuparsi oppure è semplicemente una preoccupazione fantasma, perché siamo nel migliore dei mondi possibili come sosteneva Leibniz? Solo il 22 febbraio di questo anno in una delle trasmissioni radiofoniche più popolari e seguite, siamo su Radio 24 e la trasmissione è "La zanzara" condotta da Cruciani e dal giornalista Parenzo, sentiamo il sociologo De Masi, professore alla prima Università la Sapienza di Roma, salito agli onori della cronaca perché appoggiò il movimento Cinque stelle ai suoi albori, sostenere a gran voce che stiamo vivendo in un'Italia prefascista, e che il comportamento degli italiani nei confronti degli ebrei e degli stranieri - è un comportamento prefascista, c'è poco da fare! -, inoltre secondo una analisi da lui svolta fa delle similitudini tra la Grecia nel 1957, il Brasile nel 1964, l'Italia nel 1919, considerando che - tutte le fasi prefasciste sono come quella attuale, non si tratta più di casi isolati, … si stanno ormai combinando in quella che Adorno chiamava la cultura prefascista … - e poi ancora ritiene che lo straniero sia un pericolo o per meglio dire sia percepito come un pericolo, - il falso nemico è lo straniero … non era mai diventato obiettivo per un ministro la xenofobia, è la prima volta dopo il fascismo che un ministro va in giro vestito da militare … -[8], faceva riferimento alle giacche della polizia o dei vigili del fuoco indossate dal nostro vice premier Salvini. Il tutto condito da un linguaggio volgare del suo conduttore Cruciani, amatissimo dagli ascoltatori, che definisce ridicole le cose sostenute dal sociologo; il più moderato Parenzo riteneva invece che non si possa parlare di razzismo, perché è una categoria del passato, ma di sicuro si tratta di una nuova forma di fascismo[9]. Apro qui una parentesi sull'importanza del linguaggio e dell'uso delle parole e della sciatteria e superficialità che contraddistingue i media nella loro comunicazione di concetti e contenuti. La parola, come ci insegna la filosofia del Novecento, è più importante della realtà, tanto da indurre a pericolosi fenomeni di movimenti di massa. Le parole, non a caso sono gli strumenti fondamentali dei lavori dei filosofi, e sono strumenti delicati e pericolosi. A volte producono effetti disastrosi, come dice lo storico della filosofia, Giuseppe Cambiano, nel suo testo "Sette ragioni per amare la filosofia"[10], le parole sono come degli scambi ferroviari, basta un piccolo spostamento e si può arrivare a conclusioni sorprendentemente diverse! Le parole sono cariche di una molteplicità di significati che è bene tener presenti per capire quale sia la loro portata e la loro forza, sono finestre che si aprono sul mondo e ci insegnano ad affrontare e comprendere quello che vediamo, a dare un senso. Per esempio intorno alla parola libertà possiamo trovare una molteplicità di significati, libertà di, libertà da, possiamo veramente dire qualsiasi cosa e deresponsabilizzarci rispetto a ciò che essa può produrre in chi l'ascolta? I testi dei filosofi insegnano questo: cioè tener conto della molteplicità dei significati delle parole. Quindi personalmente ritengo tutti responsabili delle proprie parole e dell'effetto che esse provocano, responsabile è soprattutto chi si occupa di informazione, sembra facile usare le parole, ma in realtà non è così. Il sociologo Walter Blumer, elaborò la così detta bullet theory[1] in cui i messaggi vengono paragonati a vere e proprie pallottole, che colpiscono un pubblico incapace di opporre resistenza, influenzandone in modo decisivo le opinioni. Tornando a noi, quello che voglio far notare è che ormai il dibattito sui totalitarismi possibili e sulla svolta xenofoba o fascista, o su probabili governi autoritari è quasi da bar, visto e considerato che è argomento dibattuto persino nei talk show o nelle trasmissioni radiofoniche come "La zanzara", che sono di massa e alla portata non esclusiva di intellettuali e storici. Ritengo dunque che debba essere affrontato con logica, in un percorso che si dipana in tre tappe: fare domande, usare le parole, dare risposte. Questo è il percorso che voglio seguire nel mio lavoro. È ormai divenuta un'esigenza darsi delle spiegazioni, capire e schierarsi verso l'una o l'altra parte politica, con il forte che urla i propri diritti e definisce i propri limiti di accettazione dell'altro e la controparte che inneggia alla condivisione, ai diritti umani e all'inclusione sociale, stabilendo anch'essa le sue regole e i suoi limiti invalicabili. Farsi domande e cercare delle risposte è ciò che fa da sempre l'essere umano che nasce libero, e libero di fare domande; fin da quando si è piccoli si fanno domande, è una costante questa della nostra vita e della filosofia. Essenziali sono quelle domande di tipo particolare che pretendono di avere un carattere generale; leggere, i filosofi soprattutto, dal mio punto di vista, ma comunque leggere, formarsi uno spirito critico, raccogliere più dati possibili sui quali riuscire a lavorare in modo logico e senza preconcetti, vuol anche dire imparare a fare domande che mirano a raggiungere una conoscenza, una chiarezza sui problemi che si affrontano. Poter far domande è un privilegio, per esempio nel lager nazista era impossibile fare domande, come ci racconta Primo Levi, la libertà di fare domande dunque è un dono che non va dato per scontato[1]. Il rischio è che questa libertà possa essere filtrata, come avviene nel dibattito politico attuale un po' troppo spesso; il fare domande è una dimensione che tende a scomparire, infatti si accetta passivamente quello che ci viene proposto. Anche perché fare domande è faticoso, e prevede la seconda fase cioè essere in grado di ascoltare ed accettare le risposte. Noi ci siamo evoluti attraverso il fare domande, e la parola d'ordine nella filosofia moderna è stata quella di "libertas filosofandi"[2]. Quindi appare necessario farsi domande su ogni argomento, anche su cose che possono essere considerate assurde, perché ciò permette di avere la possibilità di dire qualcosa di diverso rispetto a ciò che comunemente si pensa e quindi invitare a riflettere anche se magari poi le risposte saranno rifiutate, ma comunque dopo un esame accurato, si esprime così una scelta e non un'accettazione passiva, di qualsiasi affermazione si tratti. Ecco perché questo lavoro si propone di fare domande e cercare risposte o almeno trovare un orientamento nella risposta. Il passo seguente è quello di vagliare le risposte. Come possiamo cercare dunque le risposte: per deduzione, per induzione, per sillogismi, per ipotesi, per inferenze? Bisogna accompagnare le risposte che troviamo con le argomentazioni, cioè fornire ragioni, come diceva Molière, perché anche agli impiccati si spiega loro come li si impicca, cioè fornire ragioni è opportuno perché si dà la possibilità di scegliere e manifestare la propria libertà, solo in questo modo la mia risposta può essere presa seriamente in considerazione[12]. È quello che cercherò di fare in questo mio lavoro anche per dare uno strumento per orientarsi un po' in questa vita quotidiana così confusa, fluida come direbbe Bauman. Per argomentare bisogna accettare le risposte ed il pensiero divergente e quindi apprezzare i dissensi. In realtà qui la domanda pare essere: quale tipo di dissensi siamo disposti ad accettare? Che sostanzialmente vuol dire educarci ad accettare la molteplicità, e non è facile, perché la molteplicità ha insito in sé il rischio che ci frantumi, ci disperda. In realtà essa ci arricchisce, anche se non ogni dissenso ha una valenza positiva! Nella società contemporanea ci sembra ahimè assistere all'elogio dell'ignoranza, sembra che sia apprezzata più della conoscenza che determina il dubbio, l'altro, il dissenso. La conoscenza, invero è l'unica cosa che non danneggia l'altro, se non capiamo questo la nostra civiltà è finita, è necessario aprire il campo mentale, e dunque aprire i confini, mentali e non, allargarli cercando di conquistare l'unità con la conoscenza. Oggi stiamo vivendo la tragedia della chiusura, quasi l'impossibilità di aprirsi al dissenso, quello argomentato, ma sempre dissenso. Flaiano diceva che gli altri sono una prova che noi siamo vivi. Nel dibattito pubblico oggi sembra molto difficile argomentare, non è la logica a rendere gli uomini ragionevoli, né la scienza a renderli buoni, ma analizzare, formulare e investigare, questo è sempre utile. L'Europa occidentale si sta chiudendo all'altro, alla diversità, e tutto diventa estraneo, può essere questo atteggiamento culturale e sociale la base per la nascita di regimi che tolgono la libertà, di populismi che chiudono il campo mentale, di totalitarismi che livellano gli individui ed impongono di non farsi domande, di non usare le parole (nel senso sopra descritto) e di cercare risposte? Mi viene in mente il sociologo Zygmund Bauman quando nel testo "Il ritorno dell'estraneo"[13] fa un'analisi precisa e ben articolata sull'identità dell'estraneo. Secondo il sociologo esso è il risultato della moderna vita cittadina, esempio da seguire da tutti gli altri stili di vita se vogliono diventare moderni. La città è caratterizzata dal movimento, ognuno si sposta verso il proprio obiettivo, scelto tra tanti e a priori, e mentre si sposta ha la necessità di orientarsi, per dare a se stesso e a ciò che fa un senso. L'uomo si muove attraverso uno spazio popolato da altri che si muovono a loro volta e tutti hanno necessità e bisogni simili, quindi l'esigenza è quella di prevedere i movimenti dell'altro mentre si segue il proprio percorso. Ma i movimenti dell'altro non possono essere prevedibili come i propri, e ciò implica un elemento di rischio, o di "avventura". L'uomo ha bisogno di regolarità, di punti di riferimento e lo scarto tra ciò che bisogna sapere per potersi muovere e quello che si crede di sapere sui movimenti presunti degli altri, l'uomo lo percepisce come una stranezza di chi incontra sul suo cammino. Michael Schluter e David Lee sostengono che estraneo diviene "ciascuno di noi appena esce di casa"[14]. Lo scarto mette l'individuo in una situazione particolare, perché da una parte è affascinato dall'avventura, dall'altra si sente in pericolo e prova paura. Deve gestire questa situazione cercando un equilibrio tra l'avventura da vivere, e quindi essere libero e la minaccia da rendere innocua, che in sostanza sarebbe un restringimento della propria libertà. Quindi la soluzione applicabile risulta quella di ridurre al minimo la perdita della libertà e mettere l'incertezza dell'altro in un terreno tollerabile. È un po' quello che sostiene Hornborg quando dice che l'uomo oscilla tra il voler essere parte di una comunità e la paura della perdita dell'identità[15]. Inoltre va tenuto presente che la libertà senza comunità significa pazzia, e la comunità senza libertà è schiavitù. Allora come muoversi? Bauman sostiene che nella storia due sono stati gli atteggiamenti prevalenti: il primo teso ad eliminare o comunque ridurre al minimo l'elemento sorpresa dell'altro, il secondo quello di tenerlo sullo sfondo egoisticamente mettendosi nelle condizioni di non preoccuparsi di lui. Chiaro che il primo modo di comportarsi prima di tutto ha il compito di inserire l'estraneo in una categoria: estraneo è per esempio l'immigrato, la persona di etnia diversa, il nomade, il senza fissa dimora, chi appartiene a qualche particolare o strana sottocultura, in un secondo tempo risulta necessario il suo allontanamento o la sua eliminazione. Purtroppo la storia recente ci ricorda della spietata "soluzione finale" al problema degli ebrei per la Germania nazista. Quello che si ricerca è la regolarità urbana, l'ordine, e chi meglio di uno Stato autoritario e assoluto è in grado di gestirla? Ma l'ordine perfetto, quello che prevede ed include tutto senza lasciare spazio all'imprevisto è un ideale come la storia ci insegna. Non è un caso che il termine ordine sia mutuato proprio dall'architettura, che lo usa per definire un complesso in cui tutte le parti combaciano, e si sostengono, cambiandone una, anche la più piccola, si perde la perfezione, l'ordine e la bellezza, perché nessun cambiamento può migliorare quell'ordine architettonico. Chiaro è che eliminare la libertà, l'imprevedibilità del comportamento umano, come accennavo, è un pensiero ideale, ma quello che a noi interessa è la guerra dichiarata all'estraneo portatore di diversità, di scompiglio, di imprevisti. E non è una guerra per conquistare territori, ma una guerra verso chi si presenta come una minaccia per l'ordine desiderato. L'unica possibilità di accettazione dell'estraneo sta nella sua spersonalizzazione e nella sua passiva accettazione delle regole presupposte ed imposte da altri, la sottomissione all'ordine e l'eliminazione di tutto ciò che lo rendeva estraneo, uniformarsi, perdere la libertà, può essere la sola via dell'inclusione, in cambio si conquista la comunità ordinata ed uniforme. Anche da un punto di vista architettonico la storia ci ha dimostrato l'idealità di questa posizione. Quando si cercò di costruire città ideali, nel periodo in cui fiorì la sociologia urbana, tutto veniva previsto, pianificato, si costruivano modelli in cui le strade si intersecavano ad angolo retto, composte da isolati tutti con la stessa forma e dimensione, in base alla griglia ideata da Richard Sennet[16], si sostituivano i centri storici, carichi di significato con un'anonima successione di incroci, nella speranza di imporre uno spazio uniforme, omogeneo, ben progettato sul caos delle contingenze storiche, ma non si riuscì a soffocare la natura, né il continuo fluire degli avvenimenti storici che mettevano il loro zampino sul progetto perfetto, sulla griglia di Sennet. Non si riuscirono ad imbrigliare tutte le diversità che le città presentavano. Chicago per esempio, fu costruita sulla base della griglia di Sennet, ma l'irregolarità della natura mise a dura prova architetti ed ingegneri, ciò che fu possibile spianare e ordinare fu domato, ma l'irregolarità dei fiumi, la forma dei laghi, l'eccentricità della natura quella no, non riuscirono ad inserirla nella griglia. Chicago si trasformò ben presto in una nuova città eterogenea, qui gli abitanti hanno dato forma e vita, secondo i loro capricci alla città dimenticando o ignorando completamente Sennet, la griglia e la sociologia urbana. Chicago alla fine è una città con figure asimmetriche, non omogenee, caratterizzata dal genere di abitanti che la visitano e la vivono. Estranei occasionali ed estranei residenti, che demarcano la loro zona con linee di confine a volte chiare a volte meno, e che sono causa spesso di guerriglia urbana. Il terreno che per un gruppo è familiare per un altro diventa ostile, la libertà di movimento, quella citata da Bauman, diventa qui un fattore di stratificazione sociale, ci sono luoghi accessibili per alcuni e proibiti per altri, mentre alcuni restano terra franca per tutti. In molte città moderne gli uomini devono restringere, come a Chicago, il loro spazio di movimento proprio a causa della stratificazione sociale, poiché alcune zone della città non possono essere frequentate, se non ad alto rischio, da chi ne è estraneo, non appartenente: è lo spazio che definisce se stesso. Il rischio dell'assenza di regole è l'anarchia. Ecco che torniamo al punto di partenza: ci sono oggi le condizioni sociali perché gli Stati diventino autoritari e totalitaristici? Come gestire l'eterogeneità cittadina? Certo già nei primi cinquant'anni del Cinquecento il filosofo Hobbes nel suo "Leviatano" auspicava la formazione di uno Stato forte ed unitario, capace di porre fine alle guerre interne e di garantire la pace, perché la considerava condizione necessaria per uno sviluppo economico e sociale. Hobbes riteneva fondamentale un ordine politico, inteso come progetto razionale per la costruzione di rapporti sociali pacifici, contrapposto ad un ordine naturale, caratterizzato dall'assenza di regole e quindi da una condizione di insicurezza generale. Hobbes legittima almeno teoricamente l'assolutismo, perché ritiene che esso costituisca la soluzione necessaria per uscire dalla condizione di guerra permanente in cui si trova il genere umano. Infatti per lui lo stato di natura è caratterizzato dall'assenza di regole, di norme, di valori e di criteri di condotta: la lotta alla sopravvivenza è l'unico movente che guida l'azione degli individui in tale stato di cose, minacciando in questo modo l'esistenza di ognuno. In questa situazione gli uomini non potrebbero resistere a lungo, o sarebbero comunque condannati a vivere nel continuo terrore della morte. Ecco allora che si rende necessario l'approdo ad una nuova condizione sociale in cui la sottomissione cosciente a tutte le norme, dettate come si è detto da un potere assoluto, garantisce a ciascuno la possibilità di condurre un'esistenza tranquilla e sicura. Secondo l'analisi di Bauman, i rapporti sociali tra gli uomini, sono altamente rischiosi come abbiamo visto, ma è importante imparare a rapportarsi all'altro e valorizzarlo nella sua alterità. Tornando a noi, non tutto può essere prevedibile o racchiuso in confini prestabiliti, come oggi vorrebbe il nostro vicepremier Salvini con il blocco degli sbarchi degli immigrati, "estranei", o come vorrebbe Donald Trump, presidente degli Stati Uniti con la costruzione di un muro tra il Messico e la sua nazione: - sarà un vero e proprio muro. Non un muro giocattolo come ora – sostiene a gran voce[17]; stanno cercando di controllare, proteggersi, regolamentare le vite degli uomini che difficilmente si lasceranno imbrigliare, come accadde con la natura nelle griglie di Sennet? O forse gli uomini ricercano proprio un contenimento e come sostiene Hobbes si piegheranno ad uno stato assoluto che può garantire loro una vita serena e dignitosa? Forse aveva intuito bene Hobbes, oggi più che mai mi sembra che le persone siano alla ricerca di un capo, al quale concedere la loro fedeltà assoluta, un capo che li deresponsabilizzi dalla necessità di porsi delle domande, darsi delle risposte, ma ancor di più di accettare le risposte altrui, mediare se necessario e poi agire. Il capo è il sostituto migliore di se stessi, del gruppo sociale e ancor di più delle ideologie e delle democrazie. Bauman sosteneva che quando le società si sono aperte ai mercati, i poteri dei Parlamenti e dei partiti si sono indeboliti, così che le persone non hanno più creduto che i partiti e i Parlamenti potessero cambiare realmente le cose, modificando il reale, facendo l'interesse dei propri cittadini, quindi l'attenzione si é spostata sul capo. Cioè una persona alla quale si affida generosamente il potere assoluto, e si spera, si spera in lui che, proprio perché assoluto e quindi sciolto dai vincoli di partito, dalle discussioni, dai Parlamenti, abbia i muscoli di fare ciò che le democrazie non riescono più a fare. Le ideologie hanno fallito, hanno tradito, le loro rappresentazioni in Parlamento si sono sbiadite talmente tanto da confondersi l'una con l'altra e sono diventate un nulla; le possibilità di cambiamento, di migliorare le vite dei cittadini si sono ridotte talmente tanto da non essere prese più in considerazione ed hanno lasciato il posto al capo, che incarna la possibilità, la forza, la speranza. Non resta che lui, il capo duro, ma fattivo, buono e giusto. Come scrive Alesandro Gilioli in merito alla attuale situazione italiana: "… di qui il passaggio graduale, ma visibile dalle democrazie alle "democrature"… "[18] così si sono sostituite le sigle dei partiti con i nomi dei loro capi, infatti oggi si vota Berlusconi, Meloni, Renzi, Salvini, Di Maio …. Vorrei attirare l'attenzione sul machismo esibito dai capi come Trump, Orbàn, Putin e lo stesso Salvini, perché l'uomo forte al potere aumenta la percezione nel popolo che riuscirà a fare quello che ha progettato, raggiungerà i suoi obiettivi. Ma non solo, il capo nella società globalizzata sa usare la comunicazione ed i mass media, ma ancor di più i social network, perché in questo modo riesce ad eliminare tutto ciò che poteva frapporsi tra lui e la folla, facilita così il processo di coinvolgimento delle masse e aumenta l'attrattiva nei suoi confronti riuscendo ad ottenere una fiducia totale. I nostri politici non mancano di esibire loro stessi su twitter, su istagram o su facebook, mostrano il lato della propria quotidianità che li rende come una persona del popolo; foto del piatto di pasta che di lì a poco mangeranno, selfie dei loro momenti quotidiani o addirittura intimi, si alternano a sentenze su questo o quell'altro avvenimento, frasi "storiche da dopocena" come cantava Francesco Guccini si frappongono tra un'intervista televisiva e un twitter, questo facilita il processo di fidelizzazione del cittadino che si sente rappresentato e protetto, perché vede nel capo colui che non si tira indietro, forte e caparbio, semplice e uomo, cioè vede una possibilità ed una speranza realizzarsi. Il capo quindi non si discute e soprattutto di lui si accetta tutto perché lo fa per un bene superiore, quello del suo popolo. A questo proposito ricordo il 18 febbraio 2019, giorno in cui questa dinamica di fiducia incondizionata al capo si è espressa in parti avverse, ma con la stessa andatura. Bisognava dare una risposta in Senato alla richiesta di autorizzazione a procedere del tribunale di

Catania contro il ministro Matteo Salvini per il caso della nave Diciotti, che fu bloccata nel Mediterraneo con centosettantasette migranti a bordo per sette giorni, l'accusa infatti era quella di sequestro di persona aggravato[19]. Da una parte vediamo schierato il Movimento Cinque stelle, dall'altra i renziani al fianco del proprio capo nella difesa dei propri genitori. Entrambi i gruppi fedelissimi al proprio capo e convinti che il comportamento che stavano seguendo fosse l'unico possibile, inoltre giustificato da quella fedeltà assoluta di cui parlavo poco sopra. Il Movimento stretto in una morsa, doveva decidere se abiurare al proprio principio fondante, secondo il quale i politici non devono avere alcun tipo di privilegio e devono farsi giudicare dalla magistratura come qualsiasi altro cittadino, o obbedire al proprio capo Di Maio, che oggi non meno di qualsiasi altro politico è incollato alla sua poltrona. La scelta, è stata affidata alla piattaforma Rousseau, lo spazio che personalmente definisco interrealtà, così nel caos del web, nella incertezza e fluidità del mezzo hanno scelto di obbedire al capo, perché oggi nessun principio, nemmeno quello che ha fondato e dato vita al Movimento, può opporsi al leader, la fedeltà a lui è assoluta. Curiosa è la scelta del nome Rousseau della piattaforma, perché riporta al concetto del filosofo sulla sovranità popolare o come la chiamò "volontà generale"[20], essa si realizza solo quando tutto il popolo agisce come se fosse riunito in assemblea, manifestando così il carattere dell'uomo in quanto cittadino, per il filosofo Rousseau la volontà generale divenne una religione laica con una sua liturgia che avrebbe permesso al suo popolo di partecipare al suo culto, oggi accade questo nella piattaforma del Movimento. Dall'altra parte c'erano i renziani, che in modo analogo su twitter hanno dato vita a manifestazioni di fedeltà assoluta al capo dopo le accuse dei pm di Firenze ai suoi genitori: accuse che prendono in considerazione fatture false e soldi incassati illecitamente. Renzi visibilmente orgoglioso di questa cieca fedeltà, sciolta da qualsiasi dubbio o pensiero critico, ha elogiato il suo popolo compatto e fedelissimo, che si è schierato come fosse un uomo solo con lui, senza bisogno di sapere altro, senza voler sapere altro, perché non c'è bisogno di approfondimenti né di spiegazioni. Certo sono popoli diversi, schieramenti diversi per molti aspetti, ma il bisogno di avere e credere in un capo appartiene ad entrambi.

Ecco questo mio lavoro è teso ad identificare le condizioni storico-sociali che possono determinare la realizzazione di un dominio totalitario, di uno stato assoluto, per dirla con Hobbes, e riflettere con il lettore se oggi nella società moderna esistano tali condizioni, se è un percorso necessario ed inevitabile per l'uomo, se rappresenta un progresso od un regresso quello che ci aspetta. Se si sta scrivendo un nuovo capitolo nella storia mondiale dei populismi autoritari o delle dittature e dei totalitarismi, un capitolo che si fonda sulla sovrapposizione parziale tra le ambizioni dei leader e la mentalità dei seguaci. Seguaci che sono vittime della loro insofferenza verso la democrazia tanto che vedono paradossalmente nel sistema elettorale il modo migliore per appoggiare il leader, uscendo dalla democrazia stessa; mentre il leader odia la democrazia perché è il suo avversario più potente, ciò che lo ostacola nella sua ascesa al potere.

Capitolo Primo

Totalitarismi e autoritarismi

Ritengo esista oggi una grande confusione sulla definizione o per meglio dire sulla categorizzazione tra regime totalitario e regime autoritario di fatti è mio intento iniziare questo progetto proprio con l'articolazione dei soggetti di cui parleremo ampiamente. Troppo spesso si considerano questi apparati come se fossero la stessa espressione politica, si uniformano i loro significati e le loro espressioni storiche semplificando ciò che a mio avviso non può essere semplificato. Il primo passo che voglio fare è proprio quello di cercare di chiarire ciò che li accomuna e ciò che li rende differenti. Proprio per questo farò riferimento a due grandi studiosi della materia, il tedesco, spagnolo di adozione, esperto di scienza politica e sociologo Juan José Linz, tra i maggiori dell'ultimo cinquantennio e autore di studi fondamentali sui sistemi politici non democratici, definito da Philippe Schmitter[1] il maestro-compositore, e la filosofa tedesca Hanna Arendt che nel suo "Le origini del totalitarismo"[2] pubblicato nel 1951 per la prima volta ed in lingua inglese, a cui seguiranno infinite edizioni successive, analizza i regimi totalitari e ne definisce le condizioni essenziali di esistenza. La sua analisi, come quella di Linz parte dalla sua esperienza personale che come il sociologo la formò insieme agli studi e agli incontri accademici. Questa è la prima opera che renderà famosa la Arendt, ma contemporaneamente oggetto di infinite polemiche che si ripeteranno quasi ad ogni pubblicazione. Seppur letto da molti, quando venne pubblicato il clima era ancora incandescente, siamo infatti nel 1951, venne attaccata da tutte le parti: dalla sinistra marxista possiamo dire ortodossa, che l'accusò di stabilire un'equiparazione tra nazismo e stalinismo e dunque l'accusò di offrire un'arma per la guerra fredda; venne attaccata dai liberali, che non riuscivano a ritrovarsi in queste origini del totalitarismo dal loro punto di vista così poco liberali e ancora troppo filosofico-tedesche; venne accusata dagli storici, che sostenevano non fosse un lavoro storico ma filosofico, perché la Arendt non ha tracciato la genealogia di un regime, ma dal loro punto di vista ha invece disegnato una narrazione filosofica e quindi sembrò loro che avesse voluto enucleare un'essenza più che analizzare fatti concreti; venne criticata dai filosofi, che ritenevano la sua indagine troppo contaminata dalle scienze sociali e dalla storia; insomma questo libro sembrò non accontentare nessuno appena pubblicato, perché non rientrava nei canoni disciplinari specifici, non rientrava nelle distinzioni politiche specifiche, era invece, mi permetto di dire, qualcosa di più piuttosto che qualcosa di meno o poco chiaro, ma forse non erano ancora maturi i tempi, dopo tutto si era appena usciti dalla guerra e molto su essa non si conosceva come per esempio il numero delle persone coinvolte nell'eliminazione finale o addirittura i metodi adottati dal nazismo. Comunque, resta il fatto che qualsiasi persona che ami leggere e si interessi del passato per comprendere il Novecento ed i regimi tra le due guerre mondiali non possa prescindere da questo testo. È un complesso intreccio di parti filosofiche, storiche, sociali ed in alcuni momenti anche letterarie.

Linz, fu testimone diretto, nella Spagna franchista e lei, la Arendt, nella Germania nazista fu costretta all'esilio nel 1933.

Linz nacque in Germania nel 1926 e qui visse sino al 1932, in una famiglia per metà spagnola e per metà tedesca, quando il padre ebbe un crollo finanziario restò in Germania per affrontare la situazione, invece la famiglia e Linz si trasferirono in Spagna dove lui continuò a frequentare una scuola tedesca. Restarono nella città fino allo scoppio della guerra civile, ma giunta ormai alle porte della capitale, decisero di ritornare nella Germania ormai nazista del 1936. Una volta terminato il conflitto franchista tornarono a Madrid. Come si capisce nel giro di pochissimi anni Linz aveva avuto modo di vivere direttamente ed osservare la situazione del suo tempo. Si era trovato di fronte alla grande crisi economica tedesca, e subito dopo al crollo della democrazia spagnola; aveva fatto esperienza della trasformazione delle folle in masse, per dirla con Mosse[3] e osservato il loro comportamento, principalmente di quelle tedesche attratte dal fascino irresistibile di Hitler e del connubio che questi propose tra la sua spinta di rivincita nazionalista, dopo l'umiliazione della Germania al termine della I guerra mondiale e la sua ideologia razziale. Inoltre fu testimone dell'avvento di Franco e della sua presa di potere, dopo un cruento conflitto interno che diede vita alla dittatura franchista, che si consolidò sulla base di gruppi eterogenei. Dunque, tutti questi avvenimenti non passarono semplicemente davanti agli occhi di Linz, ma al contrario entrarono nella sua anima, nel suo bagaglio esperienziale, lo spinsero a riflettere e a farsi delle domande proprio in merito a quei regimi che sotto i suoi occhi si stavano formando, si stavano delineando infatti i tratti della nascita del nazismo e la forma, potrei dire platonica[1], della dittatura franchista che darà libero sfogo di sé negli anni a venire. Sono questi gli avvenimenti che lo stimoleranno ad intraprendere le sue ricerche e le sue riflessioni e che daranno vita all'intera sua futura attività. Ricerche che ha sempre impostato senza farsi coinvolgere personalmente od emotivamente, ma sfruttando la sua esperienza diretta dei fatti, per raccogliere dati ed analizzarli in modo più completo possibile, ma anche, permettetemelo scientifico. In ambiente accademico venne in contatto con politologi e uomini di cultura politico-giuridica eminenti, che lo formarono ancor di più, come per esempio Conde, che nei suoi lavori aveva cercato di definire e giustificare il regime autoritario spagnolo, distinguendolo da quello tedesco e soprattutto considerava la tipologia dei regimi autoritari una cosa a sé, completamente autonoma da altre forme di governo totalitario o democratico-costituzionale[4]. In tutto questo non dobbiamo dimenticare che sia la madre che Linz, anche se ragazzo all'epoca, parteciparono attivamente collaborando con le organizzazioni assistenziali legate alla Falange[2]. È molto probabile che la riflessione di Linz sulle differenze tra regimi autoritari e sistemi totalitari venne proprio ispirata da Conde, e come è evidente, molto sulla sua produzione ha contato il fatto che conoscesse dall'interno l'organizzazione franchista, caratterizzata come si è detto, da una forte eterogeneità e un grado di idealismo inferiore rispetto a quello tedesco ispirato da Hitler. Non ci fu mai una frattura con il suo passato, né psicologica, né culturale anzi fu uno studioso strettamente legato alle proprie origini, che visse nel mondo alla ricerca di stimoli, e apprendimenti, con l'obiettivo di inserirsi nel mondo scientifico e politico globale. Bisogna allora capire quale sia stato il carattere innovativo della ricerca di Linz: non gli interessava determinare quegli universali dell'agire umano dai quali scaturiscono leggi eterne che stabiliscono il funzionamento di sistemi politico-sociali, senza il contesto storico, eliminando ogni contingenza. La sua attenzione piuttosto fu rivolta a singole congiunture storico-politiche, dobbiamo considerare che il suo laboratorio sperimentale fu proprio il ventesimo secolo. Il suo obiettivo era una analisi empirica che mirasse ad una classificazione delle vicende storiche che hanno segnato il suo secolo soprattutto in Europa. Fu testimone privilegiato dei processi di crisi delle democrazie parlamentari, ma anche dell'avvento dei sistemi totalitari e dei regimi autoritari, come pure della loro decaduta efficacia e legittimità, per vivere in ultimo col mondo, l'ondata di una nuova democratizzazione, mi riferisco ai primi anni Ottanta del Novecento quella avvenuta in America Latina e nell'Est europeo. Nell'ultimo ventennio invece ci stiamo rendendo conto che siamo di fronte ad una nuova mutazione che investe i sistemi democratico-competitivi, che rischiano di perdere la loro forza o addirittura la propria funzionalità. Con Linz possiamo trovare strumenti e categorie nuove per interpretare la recente storia passata e contemporaneamente per cercare di analizzare le complicate vicende dei nostri anni attuali. La storia politica del Novecento non deve essere letta, come un storia di lotte tra dottrine rivoluzionarie diverse, come il comunismo ed il fascismo, ma come un conflitto tra totalitarismi: quello rosso e quello nero, che se da una parte sono nemici ideologici dall'altro manifestano lo stesso rifiuto contro l'individualismo, la libertà, la cultura borghese, e le democrazie. Quindi il totalitarismo nero e quello rosso sono diversi nell'ideologia ma hanno manifestato caratteri che li accomunano. È proprio all'interno di questa dicotomia che bisogna cercare di comprendere l'età contemporanea. I regimi nel corso dei secoli si sono presentati come le alternative politicamente praticabili alla democrazia e alle sue regole. E allora un'analisi dei caratteri: politici, istituzionali, culturali, sociali ed economici, intrecciati tra loro, come propone Linz è fondamentale per cercare di comprendere come abbiano potuto stabilizzare i sistemi governativi, totalitari o costituzionali liberali e democratici che fossero, e allo stesso tempo, come sia possibile preservarli da crisi interne o attacchi esterni che possano minarli nelle loro fondamenta, come più volte è accaduto nella storia. O anche, rifletto, per comprendere quali caratteri politici, culturali, economici, e sociali abbiano decretato la fine dei sistemi totalitari e dei regimi autoritari che sembravano essere la soluzione migliore all'instabilità politica di alcuni paesi, proprio come appare anche oggi nel panorama contemporaneo. Ecco perché Linz fece un'ottima analisi anche delle democrazie, infatti fu dopo una loro crisi o un loro crollo, nel momento di transizione che si instaurarono altre tipologie di governo. Questo è l'approccio originale di Linz che a noi interessa, l'aspetto della comparazione in chiave storica ed anche la sua ambizione di creare modelli tipologici e schemi classificatori, attraverso i quali spiegare ed analizzare con una buona approssimazione i singoli casi storici.

Per Linz i meccanismi storico-politici si possono spiegare solo se si considerano le relazioni causali che hanno determinato uno specifico evento storico, e come già accennato questo percorso analitico Linz lo affronta senza pregiudizi, possiamo dire che non si aspetta di trovare nella sua analisi qualcosa che stava già cercando, ma è aperto alla scoperta a ciò che la sua analisi storica rivelerà. Infatti ricerca le molteplici cause di uno specifico evento storico, il concetto di pluralità di cause lo ha mutuato da Max Weber, difficilmente permette una previsione a priori del fatto storico in esame, ma solo dopo attenta e scrupolosa analisi potrà giungere ad un risultato attendibile. Un altro passaggio fondamentale per si riscontra nell'attenzione che dedica alla sfera politico-istituzionale, all'interno della quale, chi deve prendere le decisioni lo fa esaminando una serie di elementi da un punto di vista espressamente politico, quindi ritiene che la sfera politica sia autonoma e non riconducibile a quella economico-sociale. La classificazione linziana è un classificazione del tipo-ideale, generalizzante i sistemi politici, questa scelta classificatoria lo pose di fronte ad alcune difficoltà. La maggiore difficoltà che dovette affrontare fu quella di trovare una definizione ai regimi, poiché con la sua analisi si stava spingendo oltre il modo di analisi tradizionale, che vedeva sostanzialmente una contrapposizione tra democrazie e totalitarismi ampiamente intesi, sostenne infatti, che in tal modo non si poteva rappresentare tutta la complessità politica, della quale non scordiamolo anche lui aveva fatto parte e quindi che conosceva direttamente. Linz propose di distinguere tre differenti tipi di comunità politiche: l'autoritarismo, il totalitarismo, ed i regimi politici legittimati dalla tradizione; ognuno di essi è articolato in diversi e vari sottogruppi. Questa divisione subirà un cambiamento quando l'autore dovrà analizzare il post-totalitarismo. Linz lo inserisce, prima come sottogruppo dell'autoritarismo, ma poi come tipologia a sé, dando al post-totalitarismo così un respiro autonomo. Un approccio completamente diverso, come vedremo da quello storico-filosofico della Arendt[5]. Linz come detto è alla ricerca di una elaborazione di un modello totalitario generico ed astratto, che possa chiarire, partendo dalla definizione generale i processi che conducono alla nascita e al consolidamento di ogni singolo sistema totalitario, ed anche quei mutamenti interni che gli permettano di mantenere l'equilibrio durante la trasformazioni storico-sociali ed infine le modalità di consolidamento. È in questa sede utile ricordare anche il lavoro di Friedrich e Brzezinski[6], entrambi ricercheranno un modello per il regime totalitario. Il primo, professore e politologo tedesco naturalizzato statunitense, intorno ai primi anni venti del Novecento si trasferì negli Stati Uniti, salvò le vite di molti accademici ed ebrei che fuggivano dalla Germania nazista o da regimi fascisti europei della seconda guerra mondiale. Il secondo invece è stato un politico e politologo statunitense di origini polacche, consigliere per la sicurezza nazionale durante la presidenza di Jimmy Carter dal 1977 al 1981. Entrambi identificheranno il totalitarismo attraverso sei elementi distintivi: l'esistenza di una ideologia ufficiale, di un partito unico e di massa, il possedere un sistema terroristico di controllo poliziesco, il monopolio dei mezzi di comunicazione di massa, il monopolio sull'uso delle armi e il controllo centralizzato della vita economica. Ma il problema di questa classificazione risulta la rigidità, voglio dire che il rischio è che i singoli eventi storici, non sempre si riescano ad inserire in un modello, o per meglio dire in una teoria, che non prevede interpretazioni o flessibilità, e così potrebbero restare fuori dalla classificazione elementi importanti che non sono previsti da tale teoria, come accade con questa di Friederich e Brzezinski. Per Linz, è fondamentale mettere in luce il carattere storico-dinamico del totalitarismo per riuscire ad interpretarlo nella sua complessità. La genialità sta proprio nel cercare un tipo-ideale, una nozione astratta di totalitarismo, da essere presa come punto di partenza per lo studio di sistemi politici particolari che, in base alle loro caratteristiche essenziali possano rientrare nel tipo ideale originario. Dunque per poter identificare un sistema politico totalitario è necessaria la compresenza di tre elementi: per prima cosa è necessaria la presenza di un'ideologia che oltre ad essere autonoma abbia un fondamento di legittimità, basato su un pensiero intellettuale forte e legato al regime che rappresenta, tanto da orientare le scelte e l'azione del leader e del gruppo dominante che lo affianca; in secondo luogo con un totalitarismo siamo di fronte ad un partito unico di massa, ben organizzato, con proprie strutture ed organismi in grado di inquadrare la popolazione e orientarla politicamente; in ultimo il potere deve essere concentrato nelle mani di un unico individuo e del gruppo da lui prescelto di collaboratori strettissimi, che non risponde ad un ampio elettorato, ma che soprattutto può essere allontanato solo con le armi o la rivoluzione. Questa è una definizione generalizzata di totalitarismo, che ne permette una facile comprensione, e contemporaneamente raccoglie in sé tutti i particolarismi storici. Così definito il totalitarismo sembra caratterizzato da un'ostilità nei confronti dei pluralismi sia politici che sociali e culturali. Inoltre una volta insediatosi mira all'indebolimento e alla cancellazione delle organizzazioni e dei gruppi a lui preesistenti, se necessario anche con mezzi coercitivi. Fino a giungere alla sostituzione totale del sistema precedente e dei suoi organismi, inserendo strutture direttamente dipendenti dal partito unico e dall'ideologia dominante. È pensabile in questo sistema un unico pluralismo, quello che deriva direttamente dal gruppo al potere, ma che comunque deve restare assoggettato al capo. Quello che appare chiaro è che il sistema così organizzato non ha mantenuto nella storia un carattere identico in ogni nazione si sia stabilito, ma è variato in base all'esperienza dei diversi Paesi e della loro contingenza storica. Infatti alcuni totalitarismi si sono sviluppati in tempi più lunghi di altri proprio perché come qualsiasi entità, sottostanno anch'essi al mutamento degli eventi.

Proprio per questo motivo Linz ha articolato una tipologia totalitaria che prende le sue origini dall'ideal-tipo. Esiste una distinzione tra: il sistema totalitario ideologico, il sistema totalitario di potere, ed infine quello di partito. Questa distinzione viene proposta sempre attraverso un' analisi comparativa. Il primo, il sistema totalitario ideologico, accentua il carattere dell'ideologia dominante, quello di potere in genere si basa sulla forza carismatica del leader o del capo, ed infine quello di partito si distingue a sua volta, e risulta essere il sistema più incentrato in senso burocratico e quello più orientato in chiave populistico-partecipativa. Quindi ogni sistema totalitario si differenzia dall'altro, ma ha con esso sempre un anello di congiunzione che lo rende sistema totalitario. Linz identifica questi caratteri comuni nell'ideologia, essa ha la funzione di essere la base comune dei diversi tipi di totalitarismo; nella concentrazione del potere nelle mani di un gruppo dominante; nel preponderante ruolo del partito e nella sua capacità di mobilitare le masse. Questi sono i caratteri comuni dunque, ma Linz dice anche che un tale sistema essendo sottoposto al cambiamento storico potrebbe perdere la sua efficacia totalitaria e trasformarsi in un sistema post-totalitaristico, in questo modo cambierebbe totalmente la sua natura potrebbe anche divenire per esempio un regime autoritario o dittatoriale.

Linz analizza proprio il regime spagnolo franchista di cui era stato testimone e partecipe, e giunge a sostenere che i sistemi autoritari sono quei «sistemi politici aventi un pluralismo politico limitato e non responsabile, privi di un'ideologia-guida complessa, ma caratterizzati da una mentalità peculiare, privi di un grado di mobilitazione ampio o intenso, se non durante momenti specifici del loro sviluppo e nei quali un leader (o occasionalmente un gruppo ristretto) esercita il potere nell'ambito di limiti formalmente mal definiti, ma in pratica ben prevedibili»[8]. Come si può notare qui Linz sottolinea maggiormente gli aspetti politici e sociali, piuttosto che le politiche che adotta tale tipo di governo, perché come già detto sono tali aspetti a determinare il tipo di governo e non le politiche adottate dal governo. Voglio dire che l'attenzione è posta sull'esercizio del potere, come incide sui cittadini e sulla società, quali siano i tasti che muove il capo per esercitare tale potere e riuscire a mantenere la sua legittimazione e quali siano le sue azioni o quelle del gruppo al suo comando. Linz, non si basa, nella sua classificazione su aspetti di una politica specifica, perché essa può cambiare da un momento storico all'altro e sarebbe difficile categorizzare un siffatto regime governativo, ma si concentra sugli aspetti politici che restano invece invariati e caratterizzanti un determinato sistema: autoritario, democratico, totalitario; solo mantenendosi su questo progetto generale ed ideale si può comparare un sistema all'altro e trovare ciò che li accomuna e ciò che li rende differenti. Per quel che concerne i sistemi totalitari ed i regimi autoritari, possiamo dire che molto li accomuna: innanzitutto l'esistenza di un modello di pensiero che riesce a legittimare e direzionare le azioni e le scelte dei suoi capi; la presenza di strumenti e di modi per raggiungere il consenso sociale ed infine il modo in cui il leader e il suo ristretto gruppo esercitano il potere. Ma esistono delle differenze sostanziali tra i due. La più eclatante consiste nel fatto che il totalitarismo ingloba la vita sociale e quella del singolo cittadino fino al punto di inserirsi ed orientare le scelte individuali, fino al punto da non esistere più distinzione tra vita politica e vita personale, tra Stato e società, inoltre obbliga alla mobilitazione i cittadini e pretende senza diritto di replica la loro partecipazione attiva alla politica. Quindi si presenta come qualcosa di più della dittatura, perché è un sistema autosufficiente che si realizza in se stesso e in sé trova l'energia vitale. Leggi, economia, cultura e energia di azione, iniziano e si concludono al suo interno, tutto in sé è giustificato, anche l'atto di forza in alcune situazioni è giustificato, perché altrimenti il sistema perderebbe la sua energia vitale. Gli psicologi della Gestalt direbbero che è una gestalt (forma) chiusa, portata a compimento[3]. Il sistema totalitario si autonorma si autogiustifica. È importante sottolineare la distinzione anche linguistica che Linz fa tra i due tipi di governo: parla di sistema in riferimento al totalitarismo, e di regime in riferimento all'autoritarismo, intendendo per sistema qualcosa di concluso e stabile e per regime manifestazioni di azioni di un capo, un leader, è bene chiarire ora che ci si trova tra le prime pagine che per regime non si intende come unica accezione fortemente legata ai sistemi anti pluralistici ma che anzi possa esser abbinata, sempre per sua scientificità anche ad accezioni più democratiche. Ad ogni modo tornando a discorrere del totalitarismo è chiaro che il sistema totalitario nella sua conformazione tenderà a mantenere una certa gerarchia, insomma a rendere lo Stato una appendice del partito dominante avvolgendo la società tutta nella sua ideologia. Mentre il regime autoritario, si presenta con un senso politico-istituzionale più consolidato, infatti non eliminerà tutti i pluralismi perché il suo scopo è quello di controllare ed indirizzare la società, mantenendo una certa legalità, invece che avere la presunzione di rifondarla su basi ideologiche sostenute quasi da una rivelazione divina della Verità e del Giusto, pretesto e motivazione di ogni tipo di intervento, anche il più cruento, come accade invece nel totalitarismo[4]. Quindi riassumendo il carattere fondamentale che differenzia il sistema totalitario dal regime autoritario è: l'assenza di un'ideologia ufficiale, diffusa largamente ed elaborata in modo sistematico da intellettuali e da uomini che ne diventano divulgatori esperti e che inoltre abbia l'insito scopo e la volontà di voler in qualche maniera mutare ciò che si va a gestire ad esempio nell'uomo si vorrà mutare la propria natura, così anche nello stato stesso l'obbiettivo finale e primo di un totalitarismo perfetto sarà quello di costruire una propria natura ben distante dalla propria esperienza politica. A conferma di ciò dice lo stesso Linz che al posto di un'ideologia dominante troviamo una mentalità, che rappresenta non tanto un modo di pensare, piuttosto un modo di emozionarsi, infatti influenza il comportamento dei cittadini, ma questo pensiero non è inserito in uno schema rigido, fisso, in un sistema autonormato e autosufficiente. Linz definisce così la mentalità «... è un atteggiamento intellettuale (tipico dei regimi), l'ideologia è un contenuto intellettuale (tipico dei sistemi), la prima è una disposizione psichica, la seconda è riflessione, autointerpretazione ... la mentalità precede, l'ideologia segue». C'è infatti una grande differenza tra emozione tipica della mentalità e sentimento tipico dell'ideologia. L'emozione è priva di pensiero, dura poco e poi svanisce, ed è legata al gesto istintuale, reattivo, fisiologico, biologico e naturale. Per esempio ho paura e istintivamente mi proteggo, l'emozione che provo in questo momento ha una risonanza ma non è veicolata dal pensiero è semplicemente emotiva, fisicamente potremmo dire che si individua all'altezza della pancia della persona, non coinvolge nessuna funzione superiore o intellettuale. Il sentimento, tipico del totalitarismo, invece è una forma più evoluta di emozione, perché è anche una faccenda cognitiva, infatti ad esso corrisponde qualcosa di più duraturo e profondo, è un legame. Per esempio le mamme comprendono più di chiunque altro i loro figli senza neanche che parlino, questo è sentimento, tra i due c'è un legame che dura anche se uno dei due si allontana. Il sentimento è cognitivo dunque, ed è un legame: infatti nel totalitarismo si è tutti parte della stessa unità e ci si sente accolti in un grande, ordinato e organizzato sistema che fa le funzioni del padre. Un'altra cosa che mi preme sottolineare è che i sentimenti si imparano, non sono una dote naturale, e si imparavano nell'antichità attraverso la mitologia, si imparava ciò che è bene e ciò che è male: Zeus era il potere, Afrodite era l'amore, Athena era l'intelligenza …; oggi si impara il sentimento attraverso la letteratura, luogo in cui si apprende cosa sia l'amore, il dolore, la noia, la disperazione, il romanticismo …; nel totalitarismo si impara il sentimento attraverso l'ideologia che guida e sostiene costantemente. Kant diceva che la differenza tra il bene e il male si può anche evitare di definirla perché, se si è educati al sentimento da quando nasciamo ognuno di noi tale differenza la sente da sé. Il problema sorge quando non si impara il sentimento, perché nella società non c'è nessuno che lo insegna, né lo impariamo da soli attraverso la lettura, oggi si legge molto poco, soprattutto i giovani leggono molto poco; né si impara più attraverso i miti, ormai anacronistici e decaduti dalla loro funzione principale. Parlo di problema perché se la cultura non interviene ad insegnare il sentimento, in un individuo il rapporto tra gli eventi e la risposta emotiva non sarà equilibrato, la persona non riuscirà più a sentire, per dirla con Kant, cosa sia bene o cosa sia male. E così l'uomo geloso non capirà la differenza tra amore e stalking, o tra insulto e violenza, i ragazzi non capiranno la differenza tra divertirsi e "calarsi" o ubriacarsi e via dicendo. Ecco perché l'ideologia funziona sulle masse, perché le forma nel profondo, le educa al sentimento le conduce lungo il cammino e fa loro distinguere ciò che è bene da ciò che è male, attraverso il legame che con esse instaura. Non è un caso che molti per esempio in Italia, ancora oggi continuino ad apprezzare comportamenti dell'epoca nazifascista che riconducono all'ordine e alla disciplina, quei sentimenti erano un legame tra il popolo e il partito. Il popolo in questo modo si sente sicuro, protetto e sentimentalmente adeguato alla grandezza del nazifascismo. L'ideologia educa al sentimento, formando con l'uomo un legame, il sentimento ideologico da una parte è immediato e dall'altra continua anche con l'allontanamento dell'altro o dell'ideologia. Non è un caso che nei momenti di difficoltà economica di una società o di disillusione nei confronti delle democrazie l'antico legame con l'ideologia riemerga. L'emozione riguarda la cute, la pelle, è superficiale ed è mentalità, il sentimento invece è profondo riguarda il dentro del corpo, e se parliamo di Stato allora il profondo, l'interno dello Stato sono proprio le masse e il popolo.

Quando Linz definisce i sistemi ed i regimi, li collega al concetto di ideologia e mentalità, perché essi riescono descrivere debitamente ed esaustivamente entrambi. La mentalità per Linz è priva di forma, rappresenta infatti l'emotività, mentre l'ideologia è pienamente formata, infatti è un concetto tipico della sociologia della cultura, la mentalità è legata al carattere sociale e quindi è la parte istintuale della società. Proprio per questo le mentalità sono legate all'azione, al presente, alle contingenze, mentre le ideologie facendo parte del mondo della forma, dell'idealità, basta pensare ai grandi filosofi dei sistemi come Kant o Hegel, sono strettamente legate all'utopia e all'idealità. Ecco perché gli artisti o gli intellettuali non si sono mai legati ai regimi autoritari, essi non stimolano la fantasia, al contrario di quanto accaduto con i grandi totalitarismi del Novecento, nei quali gli artisti e gli intellettuali hanno ritrovato possibilità di espressione e vita. Come dice Emilio Gentile: « … lo stile artistico ufficiale dei Paesi totalitari è ovunque il medesimo …»[9], ma si parla di stile artistico. Chiaro è che l'artista che trova espressione e sfogo all'interno del totalitarismo partecipa dell'ideologia dominante, né potrebbe essere diversamente, e quindi le affinità estetiche tra i regimi sono evidenti in essi predomina il realismo e il monumentalismo classicheggiante per rappresentare la visione del mondo degli artisti, ma comunque la creatività individuale è riuscita a farsi strada e ad emergere. Questo forse vuol dire che siamo di fronte ad una contraddizione irrisolvibile tra libertà creativa e condizionamento ideologico, oppure siamo di fronte al fatto tutt'altro che contraddittorio, che la creatività artistica, anche quella di un grande artista, non è affatto incompatibile con l'adesione convinta al sogno totalitario di dominio?[10]

Poiché il regime autoritario non si basa sull'ideologia, è caratterizzato da una scarsa mobilità politica e da un bassissimo coinvolgimento delle masse che non subiscono il fascino del leader, né provano alcun senso di appartenenza a lui o all'ideologia o al gruppo semplicemente perché il capo non la incarna. Nei sistemi totalitari la partecipazione delle masse a tutti i rituali collettivi, come per esempio alle marce, alle cerimonie, alle adunanze o alle parate non solo militari, ma anche sportive, fa parte del sistema stesso ed è sollecitata e incoraggiata dai capi del partito o dal leader stesso. Anzi vengono create ed istituite delle ritualità apposite, dei motti o delle musiche del partito semplici, orecchiabili, condivisibili e facilmente ripetibili da chiunque, si arrivano persino a stabilire dei modi di vestire e di agire, segni convenzionali che permettono agli appartenenti al gruppo di riconoscersi e sentirsi parte di un'unica cosa, tutti hanno in questo modo la possibilità di partecipare e condividere il sentimento del gruppo, quella di far parte di un'unità, si sostiene così facendo il bisogno di appartenenza del singolo a qualcosa di grande, irripetibile ed unico. Nei regimi autoritari al contrario vi è un basso grado di mobilitazione politica, anzi l'obiettivo è quello di spoliticizzare le masse, favorendo l'apatia, l'assenza di coinvolgimento, poiché come la storia ci insegna una massa o un popolo apatico è molto più facile sia da manovrare sia da gestire. Approfondirò il concetto di masse più avanti, in una sezione a parte ad esse relativa. La partecipazione e la mobilitazione del cittadino è richiesta solo in alcuni momenti della vita del Paese, momenti speciali, come possono essere le ricorrenze, questo perché si preferisce all'attivismo rivoluzionario, all'indottrinamento, il controllo poliziesco dell'ordine pubblico, il regime autoritario quasi sempre è caratterizzato da una forte struttura burocratica e formale. In ultimo, ma non ultimo per importanza bisogna analizzare un altro elemento tipico del regime autoritario: il potere, la sua gestione ed i rapporti che legano chi gestisce il potere alla comunità. Il regime autoritario si caratterizza per avere al proprio interno un pluralismo, limitato certamente, ma non è caratterizzato come il sistema totalitario da un deciso antipluralismo. In quest'ultimo il potere è esercitato dal gruppo esclusivo che lo ha conquistato attraverso la rivoluzione e lo mantiene con l'ausilio della ideologia dominante. Nel regime autoritario al contrario si può parlare di pluralismo, nel senso che la partecipazione al potere, quale esso sia, politico, economico, sociale, può essere estesa, per volontà dei governanti anche a gruppi non direttamente creati o controllati dallo Stato, cioè gruppi caratterizzati da una loro autonomia, non è raro che questi gruppi esistessero persino prima della formazione del regime autoritario. Questo sottintende il concetto che nel regime autoritario è pensabile una certa opposizione, una opposizione che esce fuori dal regime, e si può inquadrare in strutture o istituzioni apolitiche che possono avere un carattere religioso, culturale, o addirittura professionale, come per esempio gruppi formati nell'ambito delle parrocchie e delle associazioni sportive o del volontariato .... A questo punto risulta necessario definire, con l'aiuto di Linz anche l'autoritarismo come modello o tipo ideale, in base alle tre caratteristiche che lo contraddistinguono, quindi è opportuno considerare le differenti combinazioni possibili e che si sono o si potrebbero manifestare nella storia in base alle tre dimensioni che definiscono il tipo autoritario: in prima analisi la dimensione del pluralismo limitato; dopo, quella della partecipazione limitata e della tendenza al disimpegno e all'apatia politica; ed infine il concetto di mentalità come analizzato precedentemente. Anch'essi come è stato per i sistemi totalitari bisogna considerarli in senso dinamico, tenendo conto dei processi di trasformazione interna che conducono in diverse direzioni a volte anche opposte. Per esempio possono condurre verso il sistema totalitario o addirittura verso un sistema politico altamente competitivo. Linz sulla base della comparazione storica individua sei sottotipi di autoritarismo. Il più diffuso è rappresentato dai regimi autoritari burocratico-militari, in essi una coalizione composta da ufficiali dell'esercito e da burocrati, ma non solo da essi, controlla il governo ed esclude o include altri gruppi non ponendo particolare attenzione all'ideologia. Questi regimi non si affidano ad un partito unico, cercano di ridurre quasi totalmente la partecipazione dei cittadini alla vita politica, ma agendo senza l'aiuto di un partito unico, tendono a salvaguardare la legalità formale, attraverso il supporto di istituzioni tradizionali come per esempio la Chiesa o la monarchia. In questo sottotipo possiamo far rientrare diverse dittature europee del periodo tra le due guerre, come quella ungherese, guidata dall'ammiraglio Horthy, o quella nella Spagna di Primo de Rivera, o anche quelle presenti nell'America Latina del primo dopoguerra, faccio riferimento ad esempio al Cile di Pinochet. Esistono poi i regimi autoritari che hanno cercato di controllare la partecipazione e la mobilitazione del popolo attraverso forme organizzate intorno a corporazioni, che spessissimo sono ispirate dalla tradizione, e mi riferisco per esempio al Portogallo di Salazar: sono i regimi autoritari di stalinismo, così li definisce Linz[11]. Il terzo gruppo di regimi è quello definito di mobilitazione, in essi è presente un basso grado di pluralismo che lascia il posto ad un partito autoritario che domina ed istruisce le masse su una base ideologica, è il tipo che più degli altri si avvicina al regime totalitario. Si differenzia da esso solo perché al suo interno sono ancora vive ed operanti strutture legate al passato regime, organismi sia politici che culturali mossi da interessi per esempio economici o di prestigio. Inoltre in tali regimi un'apparente legalità si mantiene sempre, essa infatti è la condizione di esistenza dei pluralismi. Linz qui farà riferimento ai regimi dei Paesi africani apparsi sulla scena storico-politica dopo la lotta per l'indipendenza dai colonizzatori. Un altro esempio che fa, a noi più vicino, è quello del regime instaurato da Mussolini, nella società post-democratica. Esistono poi le democrazie razziali, come è il caso del Sud Africa durante l'apartheid, dove una minoranza della popolazione che usa una forma di governo a base democratica esercita una tale supremazia da sottomettere ed escludere completamente dalla vita del Paese, in modo permanente altri gruppi razziali sia legalmente che con mezzi coercitivi. Inoltre ci sono i regimi post-totalitari essi sono caratterizzati da un superamento della fase totalitaria, ma un superamento non completo infatti al loro interno permangono strutture ed organi, politici, culturali e sociali del sistema passato. Indubbiamente in questo caso la linea di demarcazione tra sistema totalitario e regimi autoritari post-totalitari è poco chiara, bisognerebbe comprendere meglio quanto debba cambiare del passato perché la trasformazione possa dirsi effettuata. Ed è proprio nell'ambito della riflessione sui post-totalitarismi che Linz si rende conto della loro importanza come momenti di passaggio e transizione alla democrazie, è per questo che, come ho già accennato li considera un vero e proprio sistema con una loro tipologia autonoma. Un buon esempio di sistema post-totalitario è riscontrabile nell'U.R.S.S. del dopo Stalin, si identifica infatti come periodo di transizione per l'avvento della democrazia, e che consta di tre passaggi fondamentali, e collegati tra loro in modo continuo e stabile: il post-totalitarismo precoce, molto simile all'ideal-tipo totalitario, quello congelato che si tramuterà poi in quello maturo. Quindi si può notare che l'originalità di Linz nello studio comparativo dei totalitarismi risiede nell'analisi storica, la storia è elemento indispensabile di conoscenza sui fatti della società e della politica. Non si può essere precisi ed esaustivi se si prescinde dall'elemento storico, né si può pensare che questo tipo di analisi possa risolvere i dilemmi sul futuro o addirittura credere possibile una previsione esatta di ciò che accadrà. Analizzare è fondamentale per riconoscere negli eventi ciò che è stato, ma non è detto che riconoscendo alcuni caratteri passati nel presente la storia si dipani esattamente come nel passato. Nulla è destinato a ripetersi, tanto più se si esercita nella lettura storica una analisi critica ed attenta. Ciò non toglie che la conoscenza degli avvenimenti del passato possa essere di guida agli uomini per non ripetere, se non altro gli errori già commessi. Però la grande lezione di Linz sta nella generalizzazione dei concetti, cioè, partire dalla storia, dagli eventi per poi riuscire a concettualizzarli, a renderli universali, così che l'uomo riesca a focalizzare le cause e le relazioni che li hanno determinati, per tentare con buona approssimazione di presupporre lo scenario politico e storico di lì a venire. Anche nelle neuroscienze e specialmente con Feuerstein[6] accade lo stesso, è necessario per non fare errori o ridurli al minimo, procedere nell'analisi attraverso il pensiero ipotetico, o logico sillogistico, deduttivo od induttivo, trovando e riconoscendo generalizzazioni da applicare e traslare nel bridging. Le prime servono per determinare la regola riscontrata nella risoluzione di un problema, o di fronte ad un evento da gestire, quindi è utile per determinare l'ideal-tipo, il secondo, cioè il bridging, è il ponte con la realtà, la ricerca di un esempio di vita già vissuta, cioè la storia, in cui quella regola è stata utile per ridurre la possibilità di errore ed affrontare il problema o la situazione. Questa traslazione della generalizzazione in un esempio reale permette di consapevolizzare il pensiero e riconoscere le sue modalità di applicazione, l'obiettivo è quello di ridurre al minimo l'errore perché si impara ad imparare, come affermano le teorie della metacognizione, si impara cioè ad applicare le forme di pensiero, le strategie e le tecniche.

La storia non ha fine, è in movimento come i popoli e le società, i mutamenti sono naturali e quindi secondo Linz dopo le democrazie potrebbe esserci un ritorno al nazionalismo, all'integralismo religioso, potremmo assistere ad una regressione verso l'autoritarismo o all'avvento di modelli e regimi assolutistici post-democratici nuovi, come può essere un populismo carismatico; invero guardandoci attorno, oggi, quest'ultimo sembra aver conquistato la scena politica, o comunque ne prende parte in modo vigoroso e sostanziale soprattutto in Italia. Il grande errore delle democrazie sta per Linz nell'aver affidato all'autoregolamentazione l'economia[10] e i meccanismi relazionali di una società[11], svalutando o comunque mettendo in secondo piano le istituzioni che lentamente hanno perso terreno e legittimità politica fino ad essere soppiantate da altro che si autogiustifica e si autorealizza. I processi di cambiamento dovrebbero essere guidati dalla ragione critica, ma soprattutto dalla prudenza, mettendo al centro la politica e la storia; occorre per Linz mirare a ciò che soddisfa, non al perfetto perché il primo è raggiungibile, il secondo non essendo di questo mondo rischia facilmente di non realizzarsi. Credo che il mirare al raggiungibile sia un'arma a doppio taglio perché se è vero che le società sono in movimento, lo sono anche i cittadini, la politica e le istituzioni, allora anche gli obiettivi da raggiungere devono poter godere di una flessibilità e di un'energia motrice che li renda capaci di rispondere ad esigenze storiche determinate. L'antico proverbio del "chi si ferma è perduto", trova qui il suo significato. Voglio dire che è fondamentale che la politica si relazioni con il momento storico-culturale che attraversa la società che l'accoglie, ma il suo obiettivo finale deve essere pensato come mai raggiungibile, infatti solo in questo modo è garantita la continua evoluzione, il continuo mutamento, che permette quella necessaria flessibilità che serve per non avere uno scollamento tra il mondo politico e quello sociale. Oggi purtroppo siamo testimoni di questa lontananza, di questa differenziazione tra la politica e la realtà sociale. Spessissimo i politici attuali manifestano una estraneazione dagli eventi reali, dai bisogni effettivi dei cittadini e della società in cui vivono rendendo palese il loro distacco da ciò che in realtà dovrebbe essere l'oggetto del loro agire: il benessere della comunità. Così facendo alimentano un atteggiamento di divisione, non un sentimento, un legame un progetto comunitario.

Altro tipo di analisi sul totalitarismo sarà quella di Hanna Arendt. La filosofa nacque ad Hannover, e tutta la sua attività di intellettuale e pensatrice, nonché studiosa dei fenomeni politici è stata rivolta alla comprensione dei totalitarismi, tentando di non inquadrali in luoghi comuni e cliché. È una delle filosofe più importanti del secolo scorso, ricordo che preferiva che il suo pensiero fosse considerato non in chiave filosofica, quanto invece in quella storico-politica. La vita ed il pensiero in Hanna Arendt si incrociano costantemente, come dicevo già all'inizio di questo lavoro, e da questa commistione nasceranno tutti i suoi lavori. La sua famiglia ebrea era completamente assimilata alla cultura tedesca e di aperta mentalità, non succube della religione, una famiglia ebreo-laica e di simpatie socialiste, potremmo dire. Lei stessa ci terrà a sottolineare che proveniva da Könisberg, cioè la città natale di Kant. Leggerà Kant e la Torah. La madre era un'anticonformista e l'educazione impartita ad Hanna è abbastanza tipica delle giovani promesse tedesche, di solito questa educazione era riservata ai maschi, secondo gli ideali della building tedesca[7]. Studia greco, filosofia, teologia cristiana, sotto la guida del professore e filosofo Jaspers e poi successivamente studiò con Martin Heidegger, con il quale strinse una profonda amicizia ed una nascosta relazione. Aveva un legame forte con la sua "padre terra" come dicono i tedeschi[8], infatti i suoi primi scritti, che erano soprattutto recensioni, rappresentavano i tipici lavori di un apprendista docente tedesco. Il fatto di essere ebrea non la fece aderire del tutto ai canoni tedeschi, pur volendo. Infatti in questo periodo la Germania, terra della filosofia, è ancora oggetto per lei di devozione e lealtà, è la sua Terra padre in cui si riconosce. Agli inizi degli anni Trenta il filo della tradizione filosofica che la legava alla sua nazione non si era ancora spezzato. Nel 1933 vi fu la grande frattura, che durò fino all'inizio degli anni Quaranta. Questo è l'anno in cui lascia la Germania, perché capisce prima di molti altri verso dove si stava dirigendo la sua nazione. Nel 1940 arrivò, dopo molte peripezie negli Stati Uniti, oggi sarebbe definita una extracomunitaria, un'esule e da esule cercherà di fare di tutto per essere accettata. Mentre lei comprese la storia nel suo divenire, il suo professore e idolo Heidegger salutava nel Fürher la guida del popolo tedesco, ed anche Jaspers riteneva ancora utile fare appello allo spirito della gioventù nazionalista. Scrive la Arendt nel suo "Le origini del totalitarismo": « … si rimane turbati dall'indiscussa attrazione che tali movimenti esercitano sull'*élite*. Sarebbe avventato dar poco peso, attribuendola a capricci di artisti o a ingenuità da studiosi, alla preoccupante esistenza di tutta una schiera di uomini illustri che il totalitarismo può annoverare fra i suoi iscritti, simpatizzanti e compagni di strada …»[12] (qui ritorna il concetto di arte e artista di cui si è già discusso precedentemente).

Il grande trauma della filosofa e dei giovani pensatori di quella generazione è stato l'allineamento dei propri maestri ed amici al nazismo. In realtà il vero trauma per la Arendt avvenne nel 1943 quando le giunsero come un pugno nello stomaco le verità su Auschwitz e sui campi di sterminio. Fino a quel momento nelle guerre era chiaro che ci fossero dei nemici, altrimenti non si sarebbero combattute, ed i tedeschi lo erano degli ebrei, e fino ad allora le questioni si erano poste esclusivamente sul piano politico e sul campo di battaglia, come in tutti i conflitti; la verità sui campi di concentramento e sul modo in cui gli ebrei furono sterminati, la verità sulle fabbriche della morte, quello fu il vero trauma. Il nemico non si era accontentato della vittoria politica o di quella al fronte, ma voleva annientare, disumanizzare e togliere il futuro ad un'intera popolazione. Non è un caso che diverrà il leitmotive del suo capolavoro "Le origini del totalitarismo". Era la mancanza di motivo della disumanizzazione degli ebrei durante lo sterminio che l'atterrì e la fece riflettere. Scrive la Arendt "… era come se si fosse spalancato un abisso sotto i nostri piedi … questo (cioè Auschwitz) non sarebbe dovuto accadere … e da quel momento per tutti noi studiosi, anche studenti di Heidegger, costretti a lasciare la Germania da quel momento niente sarebbe stato uguale a prima…"[10]. La filosofa non scrisse per tutti gli anni Trenta, e ricominciò a scrivere con un saggio dedicato a Franz Kafka, non a caso, infatti lo scrittore era riuscito ad intuire molto prima che accadesse, la trasformazione totalitaria delle nozioni di colpa ed innocenza. Da quando apprese la verità su Auschwitz, il pensiero della Arendt iniziò ad essere ossessionato da quella scoperta ed in maniera implicita, sottaciuta, ma anche in maniera esplicita diventerà il motore per farla ripensare a tutta la storia della filosofia politica. Quando dice che nulla potrà tornare come una volta intende che non si permetterà più di essere irresponsabile, cioè di consentire a se stessa di vivere nella sfera autonoma, quasi autistica, della pura filosofia, come era accaduto per Heidegger, intellettuali ed artisti, perché questa si è dimostrata irresponsabile, lo aveva compreso anche vedendo il suo Heidegger e la fiducia filosofica che aveva riposto nel Fürher. Per la Arendt il nuovo imperativo diventerà la responsabilità, come persona, come cittadina, ma soprattutto come pensatrice. La sua vita doveva caricarsi di un nuovo significato, quello in cui ci si imbatte quando si vuole essere responsabili ma si mette in discussione ogni validità del pensiero tradizionale, e questo accade quando decide di mettere in discussione l'etica con la quale era cresciuta, che aveva fatto delle distinzioni tra bene e male distinzioni fragili, tracciate soltanto attraverso il criterio di osservanza o trasgressione alle leggi di un imperativo. Mette in discussione la filosofia con le sue costruzioni astratte che facilitarono le ideologie e che confusero il reale dal possibile, mette in discussione anche il diritto che non sa più orientarsi tra i delitti che giustificano ogni colpa e innocenze che si chiamano addosso ogni tipo di punizione. Per lei disinteressarsi di politica sarebbe un gesto irresponsabile come i devoti cultori dello Spirito tedesco, del geist, avevano fatto e mi riferisco a Heidegger e a quegli uomini ebrei che si erano appagati del ruolo di eccentrici. Quindi sotto accusa è un'intera tradizione, amatissima dalla Arendt, meramente contemplativa che aveva dimenticato di guardare in faccia la realtà come avevano fatto i suoi esponenti di maggiore spicco. Questa stessa passione per il pensiero che l'aveva portata a dire in giovinezza quando era allieva di Heidegger, «... o studiare filosofia o farla finita...»[11]si trasforma e comprende progressivamente i fatti storici nudi e crudi così come la realtà li presentava. Da questo momento la sua riflessione divenne la testimonianza di come una biografia interrotta, colpita da un trauma riesca a tradursi in una ricerca interminabile della verità. Questo percorso si traduce in una filosofia che decostruisce le categorie e la tradizione tramandata e si trasforma in un pensiero che deve farsi carico del mondo, e qui torniamo alla responsabilità del mondo e della sua radicale finitudine, termine che nella Arendt ricorrerà sempre. Proprio come le aveva insegnato Benjamin i grandiosi sistemi filosofici non possono restare vivi, di loro resterà solo qualche frammento, ma allora della padre patria cosa resta? Restano i frammenti della tradizione filosofica da rimettere insieme, ma componendo altre figure. Ecco che scrive "Il pescatore di perle"[12] che dedica a Benjamin, bisogna saper andare sul fondo, non esiste più una lunga trama della tradizione che guida le azioni umane e gli uomini, ma si potranno pescare, come un pescatore di perle delle conchiglie, delle perle, e fare di esse tesoro per pensare in modo nuovo alla padre patria, la Germania. La Arendt manterrà sempre vivo il legame con essa e sa che non è essa, né la lingua tedesca ad essere impazzita[9], ma i tedeschi di quel periodo storico. Così rompendo con Heidegger, e mantenendo della sua filosofia alcune perle del suo pensiero, ripensa alla politica e alla storia. La Arendt individuerà i tratti distintivi dei sistemi totalitari che le serviranno per riscontrare nel nazionalsocialismo tedesco e nel comunismo dell'Unione sovietica, due sistemi che li rappresentano e li accomunano. Il fascismo non rientra per la studiosa in tale classificazione, anzi nel suo testo ne parlerà velocemente ed anche brevemente classificandolo come una forma di pre-totalitarismo. Il totalitarismo si affermò come sistema politico solo nel Novecento e una delle cause è da ritenersi proprio nel suo essere nuovo, irriconoscibile, non riconducibile per comparazione o confronto ad altre esperienze totalitarie. Il totalitarismo è figlio del Novecento e i tratti distintivi fondamentali sono la presenza di un capo, di un leader forte, che svolge il ruolo carismatico di guida delle masse, che assume direttamente sulla sua persona le responsabilità dei subalterni e si autolegittima; il capo è al di sopra del popolo, deve essere assoluto, dal latino ab-solutus, cioè sciolto, sciolto da vincoli; il capo nutre l'appoggio incondizionato delle masse, del popolo, che ha una fedeltà incondizionata nella sua figura; il totalitarismo attua un controllo totale sui cittadini, entra nella loro vita pubblica e privata; usa sistematicamente la propaganda e ricorre al terrore per garantire la stabilità del sistema: tutti indistintamente sono in pericolo di vita sia i sostenitori che gli oppositori; ed infine persegue il riferimento costante e continuo all'ideologia. Ove il concetto di Libertà e di Libertà individuale sono ampiamente negate o quanto meno assolutamente negate. La libertà non è affatto qualcosa che va trascurato di fatti l'argomento successivo che andremo ad analizzare senza dubbio in antitesi rispetto a gli argomenti appena confutati, andando così a scoprire la libertà ed il suo incredibile valore Promesso da tutti, Prestato da pochi, ed incredibilmente sensibile.

Capitolo Secondo

La libertà

"...la vera libertà individuale non può esistere senza la sicurezza economica ed indipendenza, la gente affamata e senza lavoro è la pasta di cui sono fatte le dittature ..." Frankie Roosvelt

La libertà a parer mio è stata spesso data per scontata o quanto meno non conosciuta nella sua reale entità conoscendola idealmente ma senza sapere realmente cosa sia e cosa rappresenti. Ad ogni modo cerchiamo per prima cosa di comprendere questo concetto, prima di attribuirgli un valore o compre se davvero esiste veramente e non sia soltanto uno dei meravigliosi ideali utopistici che solo noi umani riusciamo a fantasticare. Riflettendo un poco sul concetto di libertà cerchiamo come detto di comprendere se la libertà esiste oppure è solo un inganno o come direbbe Galimberti un'idea. Il fatto che possa essere un'idea non la sminuisce, perché la sua idea ha comunque una efficacia storica, basti pensare all'idea di Dio, non si ha infatti la certezza che Dio esista, ma di sicuro esiste l'idea della sua esistenza e ciò è stato sufficiente perché tale idea abbia prodotto una efficacia storica. L'idea di Dio ha generato una storia, molti infatti sono persuasi della sua esistenza. Lo stesso vale per l'idea di libertà, l'idea di libertà esiste ed ha generato una storia, storia di libertà, e molti credono in essa e la desiderano, non posso però essere così certo della sua esistenza. Però l'idea di libertà esiste e va presa in considerazione, anche se l'idea non rappresenta una verità! Mi sembra che l'uomo viva una condizione di indeterminatezza più che libertà. L'uomo non possiede istinti, come nella storia hanno sostenuto Platone,

Tommaso d'Aquino, Kant, Herder, Nietzsche …, cioè non ha nel suo bagaglio di apprendimenti innati una risposta rigida agli stimoli, come invece hanno gli animali, e questo lo mette nella condizione di indeterminatezza. Noi non abbiamo risposte rigide, ma possiamo scegliere. Anche Freud non parla in termini di istinti, ma di pulsioni a meta indeterminata[1]. Quindi noi viviamo nel mondo in modo disarmonico con la natura e per vivere in modo armonico l'uomo si è dato delle regole. Anticamente sono stati introdotti i miti, prime regole che l'uomo si è dato, metastorie come dice Ernesto de Martino[2], che insegnano all'uomo come uscire dalle difficoltà, anche il cristianesimo può essere considerato una metastoria. Poi il mito si è concretato nel rito che indica in modo molto dettagliato ciò che si deve e non si deve fare[3]. Dopo di che si è passati a codici razionali, cioè istituzioni, che in una comunità risultano essenziali, proprio perché non avendo istinti gli uomini hanno bisogno di codici di comportamento. L'importanza delle istituzioni risiede proprio in questa autodecodificazione dell'individuo. Platone racconta, quando narra del grande capovolgimento, cioè quando Dio abbandonò gli uomini che fino ad allora governava con il bastone, come si fa con le pecore, che gli uomini, una volta abbandonati, per vivere tra tanti dovettero darsi delle regole e così inventarono la politica, dal greco πολλά (pollà) che vuol dire molti, cioè ciò che consente la convivenza tra molti dunque regole istituzionali. Anche Rouesseau domandandosi, nella metà del Settecento, quale fosse l'"Origine della diseguaglianza sociale", la trovò nelle leggi. L'uomo si è allontanato dallo Stato di natura, riunendosi in comunità sempre più ampie, ed ha avuto la necessità di definire gli spazi ed i possessi e quindi di strutturare attraverso la legge, i comportamenti riducendo la libertà a ciò che si deve fare e quindi l'uomo più è normato più è privo di libertà, il paradosso consiste che è convinto di percorrere invece la strada verso la libertà. Le leggi furono istituite dunque per gestire i rapporti sociali, paradossalmente nella norma l'uomo perde la sua libertà illudendosi di trovarla. Le istituzioni sono essenziali perché danno un codice di comportamento, l'uomo non nasce codificato ed ordinato ma libero da norme e leggi, così per vivere in comunità organizzate si autocodifica attraverso le istituzioni. Gli uomini che partecipano della comunità si identificano attraverso le istituzioni e le loro leggi. Le norme istituzionali permettono dunque la vita in comunità e la formazione della propria identità. Chi è fuori dalle regole è fuori dalla comunità. Ma allora che cosa è la libertà, se non il fatto di non avere istinti? L'uomo è libero, ma pericolosamente libero. Perché se esercita la sua libertà all'interno del mondo istituzionale va bene, ma se l'esercita al di fuori del mondo istituzionale corre dei pericoli soprattutto man mano che la società si fa più evoluta e complessa. Però di fondo è un'indeterminatezza non, è non codificazione, non dobbiamo confondere il nostro stato di indeterminatezza con la libertà. Siamo se posso dirlo obbligati a scegliere perché non ci guidano gli istinti, ma se vogliamo vivere in comunità dobbiamo sottostare a regole e leggi. E allora siamo realmente liberi?

I greci lo avevano ben capito questo concetto e così per loro il mondo era regolato dalla categoria della necessità che a sua volta regolava la natura, non creata da Dio, ma la natura era sempre stata e sarà. Le leggi naturali sono immutabili e l'uomo è ospite della natura, sottostà al pari di tutti gli esseri alle leggi naturali, come il ciclo vitale, e la morte, che dunque non prevede speranze ultraterrene, l'uomo per loro è mortale. La morte è il limite della vita, limite oltre il quale non andare, quando tenta di oltrepassare il limite, l'uomo prepara la sua sciagura, la rovina. È l'etica del limite quella che i greci propongono, anche nell'arte i greci propongono l'etica del limite, noi che viviamo nella civiltà dell'illimitato, dell'onnipotente con la globalizzazione e la tecnica che ci ha portato al di là di ogni misura umana, dovremmo recuperare la filosofia del limite. Il mondo giudaico-cristiano però supera la cultura greca perché con il concetto dell'immortalità dell'anima, riesce a dare nuove speranze agli uomini, come ci dice Nietzsche. Il cristianesimo fu il grande fondatore dell'idea di libertà, perché la natura, in esso, è creatura di Dio e quindi come tale è buona. Nella Genesi, alla fine di ogni giorno di creazione si legge che Dio contempla la sua creazione e se ne compiace perché ciò che aveva creato era cosa buona. Quindi la natura è il prodotto di una volontà, non più di una necessità come per il mondo greco, la volontà di Dio e quando si introduce la volontà si introduce la contingenza. La natura è perché Dio l'ha voluta liberamente, Dio consegna la natura ad Adamo sotto il sigillo del dominio. Nella Genesi si legge che Adamo dominerà sugli animali della terra, sui volatili del cielo e sui pesci delle acque marine. Ecco perché sotto l'impulso cristiano la scienza e la tecnica sono nate nel mondo occidentale, perché all'uomo Dio ha donato il potere di dominare la natura. Dice Bacone che attraverso la scienza e la tecnica noi possiamo rimediare a tutte le conseguenze del peccato originale, perché possiamo alleviare la fatica del lavoro e del dolore attraverso la tecnica, quindi concorriamo alla redenzione dell'uomo. Sembra quasi che l'uomo, libero di dominare si possa liberare, invece senza rendersene conto si rende schiavo! Il cristianesimo e di conseguenza la nostra cultura occidentale tiene tanto alla libertà che determina l'uomo nuovo libero di governare e dominare, perché chi è libero è necessariamente responsabile e quindi punibile. Quindi chi trasgredisce la regola è punibile perché è responsabile in quanto libero! Oggi siamo tutti abbiamo un approccio cristiano alla vita, anche gli atei secondo Galimberti[7], perché pensano esattamente allo stesso modo dei cristiani: il passato è male, il presente è redenzione ed il futuro è salvezza; e la scienza pensa allo stesso modo del cristianesimo: il passato è ignoranza, il presente è ricerca ed il futuro è progresso; anche Marx, come dice Galimberti[1] ha un'impostazione cristiana nel pensiero infatti il passato è ingiustizia sociale, il presente è rivoluzione, il futuro giustizia sulla terra; lo stesso Freud, ritiene che il trauma si produca nell'infanzia, che corrisponde al passato, il presente è rappresentato dall'analisi ed il futuro è guarigione. Tutto questo per spiegare come la matrice cristiana del dominio sulla natura sia, nella nostra civiltà, molto più di quello che naturalmente pensiamo. E se la nostra civiltà è costruita su una matrice di dominio allora l'uomo è libero? È una carica ottimistica quella che ci ha dato il cristianesimo ecco perché tutti l'hanno accolta. Il cristianesimo quindi è il fondatore della libertà, ma al contempo è il suo contenitore. Attraverso la libertà l'uomo raggiunge la responsabilità ma, un uomo libero, responsabile delle proprie azioni è punibile. Quindi quello che interessa all'istituzione è che possa punire l'uomo, cioè controllarlo e lo può fare solo ritenendolo libero e responsabile delle sue azioni. Nel Cinquecento Martin Lutero riteneva che l'uomo per salvare la propria anima non avesse bisogno delle proprie azioni, ma la salvezza dipendesse dalla Grazia di Dio e quindi dalla predestinazione. Ma quando le nostre azioni non sono incidenti per la nostra salvezza l'uomo non è più controllabile, non fu un caso che la Chiesa combatté Lutero e lo dichiarò eretico. Gli umanisti italiani chiamarono Lutero, eleuterius, perché l'eleuteria in greco vuol dire libertà; cioè Martin Lutero era considerato il liberatore colui che aveva liberato l'uomo dalla responsabilità, dalla libertà e quindi dalla punibilità.

Questa cultura cristiana è a fondamento di tutto l'ordine giuridico europeo che giudica in funzione all'intenzione della propria azione. Pensiamo all'omicidio colposo, intenzionale, preterintenzionale, cioè tutto si basa sulla propria intenzione, cioè sulla propria libertà di decidere di agire in un modo oppure in un altro. Oggi, nell'era della tecnica, non è più utile il concetto di intenzione, perché nell'età della tecnica poco interessa l'intenzione con la quale è stata inventata per esempio la bomba atomica, mentre interessa l'effetto sull'uomo e la natura del suo lancio, stesso discorso vale per gli organismi geneticamente modificati, non ci interessa sapere l'intenzione degli scienziati, ma gli effetti sull'uomo, sulla produzione e sull'organismo stesso. Cioè le azioni, oggi si considerano in base ai loro effetti, come dice Max Weber, non in base alle intenzioni con cui le produciamo. L'uomo risponde degli effetti delle sue azioni non delle sue intenzioni. È infatti molto difficile scrutare l'uomo nel suo interno. Quindi la libertà è un inganno? Gli inglesi nella Magna Cartha[5] parlano della "libertas a legge", cioè libertà dalla legge, che apparteneva ai ricchi e ai nobili, però creava delle disparità sociali e non attutiva i conflitti, quindi per risolvere questo problema lo Stato intervenne, tutti i cittadini erano disposti a rinunciare ad una fetta della propria libertà in suo favore, quindi lo Stato assunse una parte di libertà dell'uomo, perché rappresentava un altro non coinvolto nei conflitti e in grado di stabilire le proporzioni adeguate e necessarie a sedare le controversie. Ciò accadde nell'assolutismo. Poi nella rivoluzione francese venne riproposto il concetto di libertà. Su quello di uguaglianza si formarono i movimenti socialisti e poi comunisti, su quello di libertà quelli liberali e conservatori, ed infine Marx criticherà la libertà della rivoluzione francese, perché si rese conto che la vera uguaglianza è quella economica, e quindi chi è ricco è più libero di chi è povero, quindi cercherà di stabilire un nuovo concetto di uguaglianza sul quale fondare quello di libertà.

In questo clima di legge che costituisce le regole necessarie alla libertà, si può inserire la mia riflessione sui totalitarismi e la loro accettazione da parte degli uomini. Se l'uomo non è realmente libero, allora per vivere se non altro in modo dignitoso e parzialmente felice sceglie di sottostare a regole, anche rigide, purché giuste. Ma oggi gli attori in campo sono i medesimi del passato? Voglio dire che nel modo globalizzato dalla scienza e dalla tecnica, in cui il mercato e l'economia gestiscono la vita, le regole cambiano obiettivo? L'economia è ciò che decide le sorti di un popolo, e quindi se cambia il campo di intervento dello Stato bisogna prendere in considerazione nuove leggi e nuove regole che si basano sui nuovi valori: efficienza, organizzazione e produttività. Lo scopo è ottenere il massimo dei risultati con l'impiego minimo dei mezzi. Tutto quello che non rientra in questa logica non conta più. Ecco perché l'uomo attuale ha la sensazione di perdere la sua libertà, perché deve inserirsi e riconoscersi in un nuovo apparato di appartenenza. La libertà dell'uomo moderno dipende dal proprio ruolo nella società, e da come lo interpreta al meglio. Diminuisce la sfera della morale e cresce quella della tecnica. La morale fa attenzione all'uomo anche se non lo libera, ma se sbaglia lo perdona perché comunque considera l'uomo nella sua interezza, la tecnica invece non si preoccupa più dell'individuo complesso, essa sposta l'attenzione dall'uomo alla sua produzione. La tecnica non perdona per il semplice fatto che non possiede sentimenti, quindi se l'uomo sbaglia perché non produce al meglio è fuori del sistema. Dunque tirando le somme l'uomo non potrà mai essere libero poiché la stessa libertà non esiste, o meglio esiste la sua forma, la sua idea, la sua entità ma fisicamente e concretamente non esiste e non potrà mai esistere, può apparire come la perfezione o la bellezza concetti assoluti e percepiti dall'uomo ma inarrivabili poiché entità perfette troppo complesse per l'uomo che invece è imperfetto. Inoltre lo stesso ideale di libertà può esser considerato in una qualche maniera soggettivo poiché ciò che mi rende libero può limitare la libertà di qualcun altro, e poi da cosa vogliamo essere liberi? Dalla morte? A questa non si può sfuggire poiché fa parte del ciclo vitale della natura unica cosa di cui possiamo comprendere ed accertare la sua inaspetabile esistenza. Rispetto a cos'altro vogliamo esser liberi, forse liberi da noi stessi? da nostri obblighi? Dai nostri impegni? Da questi anche non si può sfuggire poiché anch'essi sono fondamentali nell'interesse e nella continuazione della nostra vita, quindi rispetto al nostro presente ed al nostro avvenire, perché per quanto si possa decider d'esser spensierati si dovrà sempre rivolgere uno sguardo al futuro o quanto meno poterci garantire una quanto più duratura serenità. Altro aspetto della libertà che da sempre come ho precedentemente narrato è stato inseguito da politologi, filosofi, religiosi è la libertà legata al cittadino e non all'uomo in se per se impossibilmente libero, ma appunto il cittadino che può si esser riconosciuto come uomo, con però la possibilità di poter raggiungere o quanto meno conquistare una libertà all'interno dello stato, una libertà intesa diversamente che come detto prima una libertà che si acquista ed una che si perde, una liberta che si perde abbandonando il nostro spirito inconscio, animale, dionisiaco, acquistando invece uno spirito apollineo, razionale. Dunque non sono si libero di fare qualsiasi cosa voglio ma proprio grazie a ciò come ci insegna Hobbes sono anche protetto dallo stato che limita la libertà altrui, libertà che potrebbe nuocermi o quanto meno nuocere i più deboli; come detta lo stato di natura. Nelle forme delle libertà nazionali dunque si distinguono quelle libertà nelle quali io ed il resto dei cittadini dotati di capacità d'agire possiamo renderci partecipi della creazione delle norme, norme che potrebbero migliorare il nostro benessere, la nostra libertà d'agire pacificamente, negli interessi dello stato e degli altri cittadini. Dunque della comunità alla quale si aderisce. La libertà di cui spesso parliamo è decisamente questa dettata dal grado di partecipazione delle masse rispetto allo stato legislatore dunque la libertà d'agire sulle proprie azioni. Questa è l'unica libertà arrivabile e raggiungibile dall'essere umano. Ed è proprio qui che gli autoritarismi e i totalitarismi o come preferisco chiamarli per facilità comunicativa i totalautoritarismi agiscono. Poiché quest'ultimi mettendosi a capo dello stato centralizzano il potere nel partito o nel movimento da essi rappresentato, limitandone la partecipazione e la possibilità ai cittadini comuni di parteciparvi liberamente. Quesito inerente a questo argomento ma di cui mi occuperò di trattare inseguito è: il cittadino è libero di poter scegliere di poter limitare la propria libertà affidandola a qualcun altro che pensa che la possa e che la sappia utilizzare in miglior modo, accettando consapevolmente che quest'ultimo avrà poteri illimitati che come nella maggior parte dei casi possa tramutarsi in terribili orrori? Dunque è questa la liberta? Il rapporto dunque tra detentori del potere assoluto denominati come "capi" rispetto ad i veri detentori del potere anche se infinitamente disperso definiti nella "massa" questo argomento e questa domanda sarà definita ed analizzata nel capito successivo, ove comprenderemo il ruolo di questi due protagonisti nelle società in cui viviamo.

Capitolo Terzo

Il capo e la Massa

«... il XIX secolo, con lo sviluppo dei movimenti di massa e della politica di massa, parve trasformare il processo politico stesso in un dramma che ha ulteriormente sminuito l'individuo, che solo con azioni pienamente consapevoli potrebbe influire sul corso del suo destino ...» (G.L.Mosse)[1]

La massa quanto si è sempre discusso di questo fenomeno sociale, quanto potere gli si è attribuito o sminuito credo che sia ora di comprendere realmente cosa essa sia e cosa essa rappresenti in una più possibile e totale visione di realtà; l'analizzeremo sotto differenti occhi senza dubbio dei più grandi politologi, sociologi e studiosi del nostro tempo per poter poi trarre quanto meno una nostra opinione. Iniziando con il pensiero di Elias Canetti che crede che quest'ultima si formi nel momento in cui gli uomini abbandonano la paura originaria dell'altro, quella di essere toccati, della stessa paura come abbiamo già visto ne parla anche Z. Bauman, che li ha portati a costruire barriere e limiti con la funzione di proteggersi e decidono di stringersi l'un l'altro, dimenticandosi della paura che li aveva tenuti separati, perché il loro obiettivo più grande è ora cambiato, ed è quello di essere i più forti. Così gli individui si serrano e si stringono in una massa densa con lo scopo di divenire un unico corpo formato da molti ed indistruttibile. La massa per essere tale deve muoversi all'unisono e verso un'unica direzione, mantenendo lo stesso ritmo, o come nel caso delle masse statiche rimanere calma il più possibile ed unita, pena la sua disgregazione. L'evento più significativo che si verifica

all'interno di una massa è ciò che Canetti definisce la scarica.
Essa consiste nella liberazione o eliminazione di ogni differenza
tra i suoi componenti, che da quel momento in avanti si
considereranno uguali, nonostante le differenze riscontrate
inizialmente. Si possono trovare essenzialmente due tipi di
massa quella aperta e quella chiusa. La prima è sempre in
espansione e quindi progredisce ed accresce sempre, vive però il
forte rischio dell'atomizzazione per dirla con Fusaro, perché
potrebbe non controllare più completamente i propri componenti
essendo questi sempre in maggior numero; la seconda invece,
serrandosi ed insediandosi in un luogo ben definito, elimina il
rischio di disgregazione e guadagna tempo di esistenza a
discapito però del suo accrescimento. Le istituzioni, ed i
contenimenti esterni della massa producono una reazione forte
della stessa, che consiste nell'eliminazione e nell'abbattimento
dei limiti imposti. Ne sono un esempio la distruzione delle
immagini o di statue simboliche di quella stessa politica che
cerca di chiuderla e definirla in qualcosa di gestibile. La massa
è guidata da un uomo o un gruppo di uomini che usano l'energia
proveniente dalla stessa a proprio favore indirizzandola verso il
proprio progetto politico o come direbbe Galimberti di dominio.
Quindi l'essenziale per il capo, il leader o il partito che vuole
governare è riuscire a mettersi in sintonia con la massa,
catturarla, fidelizzarla, solo in questo modo può assumere il suo
comando completo, perché gli sarà fedele, giustificando in nome
di questa fedeltà ogni sua azione[2].Dunque a parer mio se proprio
lo vogliamo dire la vera arma a partire dalla democrazia ed a
seguire con i totalitarismi ad eccezione di alcuni autoritarismi, è
proprio la massa. Nelle mani di un politico o qualsiasi altra
figura che abbia il desiderio di acquisire potere questa può
portarlo al compimento dei propri obbiettivi che posson'essere

tal volte positivi o tal volte incredibilmente nocivi tanto per la massa come ad esempio la brexit o anche incredibilmente nocivi e dannosi per l'umanità stessa come l'olocausto. Dunque quest'ultima ha su di essa un incredibile peso e fardello che nelle mani sbagliate può portare alla tragedia. Ricordiamoci che la massa tanto come può conferire potere lo può anche sottrarre con uno spostamento ideologico in questa maniera passerebbe nelle mani di un altro politico o di un'altra ideologia, facendo collassare quella precedente. La storia senza dubbio ci offre innumerevoli esempi calzanti.

I totalitarismi, nati nel Novecento come forma di governo, e ricordo, mai apparsi sulla scena politica prima di allora ad eccezione di uno in particolare di cui ne trattengo il mistero per poterne discorrere successivamente. Questi hanno ad ogni modo compreso bene la grande energia e la forza che le masse avevano intrinsecamente e quindi proprio alle masse fecero riferimento nel loro percorso di ascesa al potere. Ma chi era la massa? La Arendt ci racconta come Hitler capì bene che per raggiungere il successo politico avrebbe dovuto raccogliere consensi proprio in chi fino a quel momento non era stato considerato dalla vecchia politica, che continuava a prendere in esame coloro che partecipavano al voto ed al dibattito politico. Hitler comprese che questi erano veramente un numero esiguo in confronto a quella gran parte di uomini e cittadini che si erano allontanati dalla politica e che se risvegliati e sollecitati, potevano, come fu, essere la sua grande forza. Questo popolo dimenticato doveva essere risvegliato ed era necessario inventare nuove forme di ritualità, nuove feste, nuovi gesti, che dovevano divenire nuovamente tradizione, lo stesso Mussolini parlava di adattare le vecchie tradizioni ai nuovi scopi, è così che nacque lo stile fascista e un nuovo modo di fare politica. Si aveva bisogno di un popolo che si sentisse di appartenere ad un apparato forte, che riuscisse a definire una propria identità attraverso esso. Già Rousseau aveva parlato di sovranità popolare che definì «volontà generale»[3], essa è rappresentata dall'azione del popolo che esplica la volontà di ogni singolo cittadino. Quindi quando non c'è differenza tra la volontà dell'uno e quella dei tanti e lo Stato o il capo l'incarna a tal punto da divenire il sacerdote sommo di una religione laica, dove essere cittadino vuol dire essere nazione e partecipare attivamente allo Stato, nasce il culto della nazione e si crea un nuovo stile politico che in pratica è una religione laica. Non è un caso che i totalitarismi elaborarono una liturgia che avrebbe permesso al popolo di partecipare attivamente alla mistica nazionale, attraverso riti, simboli, cerimonie che avevano lo scopo di dare un'espressione concreta al concetto di «volontà generale» di cui parlava Rousseau.

La folla popolare tradizionalmente divisa, suscettibile, irrequieta e capace di cambiare idea in modo repentino, divenne con i totalitarismi una massa concorde nella fede e nell'unità dello Stato-nazione. Così il popolo ha creduto di essere attore protagonista dell'azione politica, perché la sua volontà era stata concretizzata nell'azione politica. Si demonizzò il governo parlamentare che invece di unire divideva gli individui discutendo e analizzando le possibili politiche da intraprendere per la risoluzione dei problemi di qualsiasi stampo: sociale, economico, culturale, di integrazione, di relazioni internazionali, o altro. Ma in questo modo l'uomo, il popolo, non si accorse di essere tenuto prigioniero nella massa, e se da essa fosse uscito per determinare il proprio destino avrebbe rischiato la dispersione e la scissione dello Stato, del popolo ed in ultima analisi di se stesso, ritornando inevitabilmente alla precedente politica che non l'aveva però reso né felice né libero. Certo è che la politica totalitaria, attraverso il terrore sulla popolazione stessa ha snaturato questo concetto, accettando il rischio, insito nel terrore, del termine del totalitarismo a causa della possibile fine di quell'alleanza tra capo e massa che avrebbe potuto giustificare ogni azione, ma forse la massa avrebbe opposto resistenza all'autodistruzione. Dico forse perché in realtà la storia ben ci ha insegnato che quando la politica ha travalicato i limiti, la massa una volta legata all'ideologia e allo Stato è stata in grado di marciare orgogliosa e dignitosa nella direzione propostale, anche se questo voleva dire sacrificio estremo. Questo può sembrare antitetico rispetto a ciò che ho espresso nelle prime righe del capitolo, esistono senza dubbio diverse ed intrinseche differenze nelle masse poiché queste formate da individui alloro volta differenti dunque non è possibile uniformare un singolo pensiero in sé di massa; è molto chiaro che in questo argomento è bene non generalizzare per non entrare in confusione. Dunque questa può si legarsi e stringersi ad un ideologia fino alla sua fine o semplicemente abbandonarla e spostarsi egoisticamente altrove. Ricordo uno dei casi in cui alcuni individui facenti parte della massa non hanno per nulla allontanato la loro ideologia, come nel primo processo contro gli ingegneri stranieri dell'U.R.S.S., si erano usate le simpatie per il comunismo come argomento capace di indurre ad un'autoaccusa: «… Per tutto il tempo le autorità continuavano ad insistere perché, ammettessi di aver commesso tali atti di sabotaggio che non avevo mai compiuto. Rifiutai. Mi dissero: "Se sei favorevole al governo sovietico, come pretendi, provalo con le tue azioni; il governo ha bisogno della tua confessione"…»[4]. E molte altre testimonianze simili possiamo trovarle nella storia queste ci fanno aprire gli occhi sul fatto che, l'individuo-massa una volta che si riconosce come tale o semplicemente si abbandona alla sua condizione, è in grado di sopportare in nome di questa appartenenza ogni atrocità o accusa. Lo storico liberale G. Gervinius, scrisse in tono di condanna che i movimenti politici della sua epoca erano sostenuti «dall'istinto delle masse»[5]. Strettamente legato al concetto di massa troviamo necessariamente quello di capo. Il capo è colui che assume sulla propria figura la responsabilità di guidare il popolo perché incarna la sovranità popolare tanto cara a Rousseau. Ma come può fare questo? Solo se il capo diventa il sacerdote di una nuova religione laica, perché in questo modo la religione lega insieme capo e popolo, fornendo però al contempo uno strumento di controllo sociale sulle masse. Questa religione fa leva su una grande quantità di riti, miti e simboli. Ben sappiamo che essi hanno costituito la base di una nuova identità nazionale nei totalitarismi, ha cercato il suo consolidamento nel passato, con lo scopo di riunificare il mondo sotto il sigillo di questa nuova religione che, tra l'altro colse elementi da quella cristiana, però laicizzandosi. Il popolo può, anzi deve partecipare riconoscendo i simboli che altro non sono che l'oggettivazione dei miti popolari, in questo modo il popolo assumerà la propria identità. I simboli non sono solo le canzoni, le cerimonie pubbliche o le bandiere, ma si incarnano soprattutto nelle opere pubbliche, nei monumenti, nelle statue. La politica di massa agiva nel mondo dei miti e dei simboli e fissava una partecipazione politica all'interno di scenari dedicati al culto, con lo scopo di svegliare le emozioni latenti o assopite nel subcosciente popolare. Già nel 1889 dice Le Bon che l'azione inconscia delle folle si sostituiva all'azione cosciente degli individui.[6] Il capo risulta il detentore del potere, e capace di decidere le sorti della nazione e del popolo. Vorrei fare qui una distinzione della figura del capo nei regimi autoritari e nei sistemi totalitari, perché il suo ruolo ne definisce le differenze e la loro differente efficacia. Mentre il primo stabilisce un legame stretto con il popolo, lo rappresenta e il popolo cerca in lui una identificazione , non sentendo la differenza tra sé e il capo, facendo del capo una sua proiezione e il proprio desiderata, facendo grande affidamento sul suo carisma e la sua forza accentratrice, il capo dei sistemi totalitari travalica la persona. Pur mantenendo le doti di calamita più che emotiva sentimentale, egli stesso diviene simbolo della sua religione laica e quindi alla sua morte il sistema da lui fondato può continuare a vivere non si disperderà con le sue ceneri, anzi da esse la massa prenderà ispirazione e forza, perché il capo totalitario crea un sentimento e non risveglia semplicemente emozioni, crea un legame capace di perdurare oltre la morte, nei simboli, nelle cerimonie, nei racconti, nei ricordi. Per Goebbels, il fascismo, che come più volte sottolineato è un regime autoritario, non somiglia nemmeno lontanamente al nazionalsocialismo: «… mentre questo (il totalitarismo) va in profondità fino alle radici, quello (il fascismo) rimane alla superficie …»[7]. Il capo, del sistema totalitario o del regime autoritario, è carismatico e forte, capace di decidere dove gli altri discutono, possiede un potere quasi ipnotico e sa comprendere bene i tempi giusti di intervento. Il cittadino, deluso, e disamorato dal perseverante tradimento perpetuato dalla politica nei suoi confronti, da quella politica alla quale si era affidato, che gli aveva promesso benessere e felicità, ma che costantemente lo aveva disatteso e continuamente illuso, potrà decidere di agire in due modi, o distaccarsi completamente dal quel mondo che non ha mantenuto alcuna delle promesse fattagli, o affidarsi ciecamente ad un uomo, singolo che vede capace, di pensiero e di sicura azione e concretezza. Badate bene che anche colui che abbandona la partecipazione alla politica quando si presenta un capo efficace e deciso si lascia trascinare, poco importa al capo se il tacito accordo è sostenuto da fede o da indifferenza. La propaganda, la parola e la religione laica di cui il capo è il sommo sacerdote faranno il resto. Pronto ad agire nell'immediato, a scapito del confronto politico e democratico, conquista una fattività ormai dimenticata e troppo spesso desiderata e sperata. Se il capo, merito il suo fascino ed il suo carisma, ottiene fiducia, allora può esigere una fiducia incondizionata e sa che il cittadino sarà disposto a perdonare anche ciò che anticamente era considerato imperdonabile, perché è lui il fattore di questa nuova politica indiscutibile. È dal «potere magico»[8] esercitato da Hitler sulle folle, e caratteristico dei sistemi totalitari in genere, dalla fama e dalle qualità del loro capo probabilmente che deriva la fiducia incommensurabile del popolo. Inoltre come capo di quella religione laica di cui si è discorso prima, egli sa che nessuna fede profondamente radicata è aperta al dialogo razionale, così lui, il capo, rifiuta ogni discussione con gli avversari politici e ogni confronto di opinioni, non è infatti necessario, perché la sua religione si autogiustifica con la fede dei suoi adepti. Dice la Murgia che una grande differenza tra le democrazie e il totalitarismo sta non solo nel farsi dei nemici, ma di negare ad essi la possibilità di confronto. Il confronto democratico per lei «… è una rogna, anche quando (l'avversario che si è trasformato in nemico) perde, perché ti fa opposizione …»[9]. La religione che il capo e la massa si fregiano di professare, seppur laica, ha i suoi riti ed i suoi cerimoniali che si basano su criteri estetici, così come i suoi monumenti e le sue statue. Il bello, l'ideale di bellezza, è alla base della vita di un sistema totalitario, essa guida ogni cosa persino le azioni politiche che risultano efficaci proprio perché sono belle, basti pensare alle parate militari o a quelle del primo maggio. Ecco perché gli atti di devozione debbono avvenire in un contesto bello, teatrale e drammatico, per dare unità politica e simboleggiare l'ordine, la gerarchia e la restaurazione. La forza e l'energia di un leader nel sistema totalitario si mette al servizio dello Stato talmente tanto che nonostante la grande influenza che egli ha sulla massa, non stringe personalmente un legame con essa, altrimenti lo Stato non potrebbe sopravvivere alla morte del suo capo e si sgretolerebbe come un biscotto nelle mani di un bambino. Dice George Mosse che il totalitarismo non è mai stato un sistema di governo «… nel quale il capo carismatico potesse incantare i suoi seguaci come il pifferaio di Hamelin …»[10], ma certamente il capo era il sommo ispiratore e referente di quella religione laica che si concretizzava nel partito politico e che riuscì a controllare le masse ed i popoli nella loro vita sociale ed individuale. Questo concetto risulta ancor più chiaro se si riflette sul fatto che nemmeno il "Mein Kampf", opera teorica di Hitler, fu considerata mai il testo sacro del partito, perché il partito si nutriva del sentimento ideologico e contemporaneamente pragmatico che Hitler era riuscito ad instaurare togliendo l'attenzione da sé per catalizzarla poco nell'idea e molto nel fare. I discorsi del Fürher avevano più una valenza liturgica che politica, trascinavano i suoi ascoltatori in un piano più alto, oserei dire misterico, rispetto a quello a cui la politica aveva educato da sempre le masse e il popolo. Le formulazioni ideologiche acquistavano un maggior valore se espresse di fronte alle masse piuttosto che se scritte su un testo e lette singolarmente dagli individui. Quello che Hitler aveva posto nella pagina scritta fu traslato nelle cerimonie, nella realtà dei riti, di un sistema religioso e liturgico che rappresentava l'ideologia. Questa fu la forza dei totalitarismi in genere: la loro grande capacità di coinvolgimento delle masse. Una volta svegliate le hanno incanalate, organizzate, disciplinate secondo i propri piani e obiettivi con la stessa facilità di un santone di fronte ai propri adepti.

Noi sappiamo che un sistema totalitario compie la sua gestalt con il terrore, il nazismo chiuse la sua forma, attraverso il peggio che l'umanità si potesse attendere, attuando nei lager la disumanizzazione degli internati e il comunismo nei gulag agì parallelamente, anche se con l'ideologia che li sosteneva non era la stessa. Lo stesso Hitler riconobbe all'inizio degli anni venti un'affinità tra il suo movimento, quello nazista e quello bolscevico: «... nel nostro movimento i due estremi si incontrano: i comunisti dalla sinistra, gli ufficiali e gli studenti dalla destra. Questi due estremi sono sempre stati gli elementi più attivi ...»[11]. Durante l'ultima guerra i nazisti erano disposti a considerare alla loro stessa altezza, soltanto i Russi e nessun altro popolo nazionale! Quindi i movimenti totalitari mirano ad organizzare le masse, non si occupano più delle classi o del ceto, ma la loro attenzione è rivolta ai tanti e un movimento per essere totalitario deve poter far affidamento su un gran numero di persone che può sacrificare ai suoi scopi, la forza numerica è la forza del movimento totalitario, ecco perché Mussolini non riuscì a fondare un movimento totalitario, non aveva infatti una massa numerica, che superasse il milione, come invece la Russia o la Germania, o oggi la Cina, da poter sacrificare ai propri scopi senza che il sistema ricevesse scosse interne da perdite ingenti. Mussolini, non aveva abbastanza materiale umano, provò ad acquisirlo attraverso le campagne coloniali, ma in realtà anche se avesse ottenuto dei successi, queste azioni gli avrebbero fruttato solo territori utili per essere colonizzati dagli italiani, ma non certo per trovare quel materiale umano utile invece per essere sacrificato in esperimenti totalitari. Ecco perché Mussolini e tutti i capi di quei piccoli Stati dittatoriali europei, abdicarono al totalitarismo in favore di uno stile politico arcaico e dittatoriale. Invece i movimenti totalitari trovano spazio per svilupparsi dove c'erano masse che per un motivo o per un altro si sentivano unite, non più da un'esigenza classista, ma da interessi comuni che come ricorda Canetti le rende una massa densa e governabile come un unico corpo che avanza. Le masse si formarono dal sistema delle classi e del ceto che aveva diviso e atomizzato gli individui rendendoli estranei gli uni agli altri e così in questa totale assenza di rapporti sociali l'uomo, ha avuto bisogno di riconoscersi in un sentimento nazionale. L'uomo è stato riconosciuto e protetto dal sentimento nazionalistico che ha tenuto gli individui uniti attraverso la figura di un capo anche se estremamente violento. I tedeschi ed il Fürher per primo erano convinti che gli uomini comuni restassero affascinati dall'uomo forte, violento, che ne fossero attratti a tal punto da idolatrarlo. Effettivamente l'attrazione del male e dell'azione violenta ha da sempre suscitato sull'uomo semplice, quello del popolo, quello istintivo, ma non solo anche su quello che oggi consideriamo parte dell'élite intellettuale, fascino ed ammirazione, persino compiacimento. Mi viene in mente il grande successo riscosso ultimamente da alcune serie tv, o fiction, che narrando di storie reali, che mettono in luce la cattiveria o la crudeltà delle azioni dei protagonisti, non necessariamente fuorilegge, vengono idolatrati dai telespettatori, con il segreto desiderio di imitarli o di essere come loro. Molti si vantano addirittura di aver conosciuto un tale che fatalmente abitando nello stesso quartiere era stato amico del giustiziere di turno. Molti addirittura raccontano di averli conosciuti personalmente, manifestando uno strano orgoglio e provocando in chi li ascolta invidia o ammirazione. È indubbiamente il fascino del potere e della forza ad entrare in gioco in queste situazioni e allora se non sono io il capo posso però partecipare della sua forza seguendolo e chinandomi alla sua volontà e capacità decisionale, che comunque sia è sempre qualcosa, piuttosto che mera e apatica discussione politica.

Con la nascita dei totalitarismi e con il successo che essi ebbero sulle masse crollò l'illusione tipica dei governi democratici, che la maggioranza della popolazione prendesse parte alla vita politica e ne fosse appassionata, indipendentemente dal partito che sceglieva di seguire; ma non solo, si resero conto che le masse politicamente neutrali od indifferenti, ignorate da tutti fino ad allora, erano state fino ad quel momento governate da una minoranza, la stessa che pretendeva di rappresentarle in Parlamento. I partiti tradizionali ebbero la presunzione di credere che queste masse non contassero nulla e che costituissero un magma informe, cheto ed inutile all'interno del panorama sociale e politico, e si dimenticarono di loro. Di loro non si dimenticarono però i movimenti totalitari che, pur disprezzando il parlamento e ciò che rappresentava, entrarono in esso appoggiati proprio da quella maggioranza inefficace, convincendola che i parlamentari fossero distanti dalle realtà che vivevano i cittadini e non comprendessero i loro bisogni veri ed immediati, tanto che reputarono giusto credere più nel dominio della maggioranza che in quello della costituzione. Quindi il crollo della società divisa in classi, determinò i presupposti per l'ascesa del nazismo e dei movimenti totalitari. I totalitarismi considerarono la massa, sapendo bene che gli uomini appartengono tutti ad essa ed è per questo che si possono considerare uguali senza alcun tipo di divisioni, uniti in uno stesso organismo organizzato, disciplinato e ordinato. Nell'U.R.S.S., poiché non c'erano le condizioni storiche favorevoli all'avvento del totalitarismo, infatti gli uomini non erano atomizzati, condizioni indispensabili per il suo sviluppo, Stalin le preparò in modo artificiale. Due anni prima della sua morte, propose di sciogliere le fattorie collettive in unità più grandi, ma non visse abbastanza a lungo per attuare il suo piano, era solito dire che non c'era classe sociale che non si potesse sbaragliare uccidendo un sufficiente numero di suoi membri. Riuscì invece a sciogliere la classe operaia, che considerava, non a torto, molto più debole di quella contadina, confiscando le fabbriche di cui si erano appropriati durante la rivoluzione, dichiarandole proprietà statale, col pretesto che tutto il potere dello Stato appartenesse al proletariato. Nel 1938 introducendo il libretto di lavoro trasformò ufficialmente l'intera classe operaia dell'unione in una «… gigantesca massa di condannati al lavoro forzato …»[12]. In circa due anni Stalin (dal 1936 al 1938), dopo aver epurato oltre il cinquanta per cento dei membri del partito e dopo aver liquidato almeno altri otto milioni di persone, effettuò la trasformazione. Questa epurazione non ha alcun significato politico o strategico se la guardiamo con gli occhi della vecchia politica, ma lo ha se spostiamo lo sguardo nell'orizzonte totalitario. Anche se a Stalin occorreva un ulteriore passaggio, per dichiarare la trasformazione attuata: doveva sciogliere quei legami umani tra gli individui, legami familiari o di amicizia, perché gli uomini completamente isolati, sciolti da ogni vincolo di amore, affetto o responsabilità, si ritrovassero in una massa la cui uniformità eterogenea è una delle condizioni essenziali del totalitarismo. Stalin riuscì nel suo intento utilizzando il criterio della colpa: appena un uomo veniva accusato i suoi amici si trasformavano automaticamente nei suoi più acerrimi nemici e per sostenere le proprie parole presentavano denunce, anche se inconsistenti, non importava, questo era il solo modo per dimostrare la propria fedeltà. Il merito era valutato infatti in base al numero di denunce effettuate. Questo è anche il concetto di potere nello Stato totalitario, perché esso si concretizza nel concetto di fedeltà che racchiude in sé anche l'esigenza psicologica del singolo uomo, solo ed atomizzato che sente di avere un senso solo se all'interno di una massa composta da uomini uguali a lui così si affida al partito o al movimento totalitario.

Ma la fedeltà totale e indiscussa è possibile solo nel momento in cui essa si svuota di significato, perché solo in presenza di un significato si potrebbe pensare la nascita di un dissenso, di un'opinione contraria. Ecco allora che i movimenti totalitari si svuotano dei programmi politici che specificano i punti concreti di intervento, perché sarebbero un ostacolo alla loro realizzazione e le masse, cieche ormai catturate e adepte della nuova religione laica, non ricercano nemmeno un programma o un contenuto. I totalitarismi hanno buttato via i programmi della vecchia politica senza però sostituirli con altri e ben si sono guardati dal farlo, pena la nascita dell'avversario politico, del nemico. Anche se dobbiamo per onor di cronaca dire che l'assenza di programmi non è di per sé necessariamente un segno di totalitarismo. Himmler espresse l'atteggiamento di assoluta obbedienza e devozione, andando oltre la semplice disciplina e la fedeltà personale, con la parola d'ordine, da lui coniata per le SS: « il mio onore si chiama fedeltà »[13].

Il capo totalitario non è a dispetto di quello che molti credono un capo folle che desidera il potere e lo brama a tal punto da diventare tiranno e despota che impone la sua volontà in modo arbitrario al suo popolo. Ma poiché è un funzionario o sacerdote sommo, ma sempre sacerdote della religione laica da lui fondata, è legato in modo indissolubile alla massa e alla sua volontà. L'equivalenza perfetta è quella che vede la volontà del capo eguagliata a quella della massa. È una relazione direttamente proporzionale il capo dipende dalla volontà della massa tanto quanto le masse dipendono dalla figura del capo che incarna tale volontà. Senza il capo le masse resterebbero senza forma e direzione e soprattutto senza interlocutori esterni che permettono loro il respiro vitale, ma allo stesso tempo senza le masse egli non sarebbe nulla. In un discorso Hitler disse rivolgendosi ai suoi interlocutori: «… tutto quel che voi siete lo dovete a me; tutto quel che io sono, lo devo a voi …»[14]. In questo modo il capo, incarnando la volontà della massa elimina la distinzione tra dominare ed essere dominato, ma non solo anche quella tra impartire un ordine ed eseguirlo! In ultima analisi è bene sottolineare che i movimenti totalitari, sia quello nazista che quello comunista, proprio in virtù del loro essere movimenti sono sempre in lotta, anche quando raggiungono il governo dello Stato, perché la loro missione è rappresentata non solo dal dominio sugli altri Stati, ma sul dominio permanente di ogni singolo cittadino in qualsiasi aspetto della vita: l'obiettivo finale è il movimento, cioè raccoglier il maggior numero di persone nelle sue file e farle marciare tutte all'unisono, non il dominio inteso come aveva fatto fino a quel momento la politica. Ed è stato proprio questo il suo fascino, lo stesso fascino che ha incantato molti uomini illustri e pensatori che hanno scelto, la storia ce lo ha insegnato, di far parte di quella schiera compatta che sosteneva tali movimenti. Il capo sembrerebbe sorgere quasi come una richiesta necessaria da parte di un popolo, questo bisogno è insito non solo nella natura umana ma interamente nella natura stessa. Un esempio può essere il mondo animale, ove c'è quasi sempre nei mammiferi un capo branco che gli guida e gli comanda, in questo caso gli guida per il bene del branco. Ma chi diviene il capo branco ? generalmente il più forte, dunque anche noi esseri umani in quanto animali e per quanto civilizzati ed evoluti continuiamo ad eseguire le leggi naturali della ricerca del più forte, "dell'uomo forte" al comando. Dunque è un processo più che naturale, poiché l'essere umano prendendo anche i più semplici esperimenti sociali di qualsiasi genere finisce sempre anche se con la conoscenza intrinseca non scontata della democrazia in ordinate gerarchie piramidali. Queste gerarchie vedono al culmine il capo subito dopo gli altri gerarchi sottoposti al capo, successivamente la massa ed all'estremo più basso tutti coloro che non si ritrovano nell'ordine prestabilito o che semplicemente è proibito loro accedervi. Un semplice esempio di ciò si può riscontrare nelle grandi multinazionali o semplicemente non allontanandoci troppo , anche nelle imprese non troppo grandi ove vedono al principio l'imprenditore o proprietario successivamente, i direttori o i dirigenti; a seguire i dipendenti ed in fine tutti coloro che non sono stati assunti o licenziati. Non è difficile comprendere quanto il concetto di capo ci appartenga e quanto tanto per tradizione tanto per natura siamo legati ad esso. Dunque l'autoritarismo ci riesce tanto più naturale quanto più della tanto valorosa democrazia. Tirando le somme se il totalitarismo punta a mutare la natura dell'uomo possiamo pensare che la democrazia faccia lo stesso e che magari quest'ultima potrebbe appartenervi, anche per il semplice fatto che non consente ed in alcuni paesi vieta l'adesione, ad altre forme di governo. Anche se tutto ciò ci potrebbe far pensare che forse ci siano dei nessi tra le due istituzioni, sappiamo per certo che differiscono completamente ed anzi hanno delle differenze molto accentuate, di cui mi presterò a parlare nei capitoli successivi. In tutto questo discorso abbiamo parlato delle masse ed il capo del loro rapporto e degli ésiti della loro congruenza, soprattutto abbiamo notato come si sono legati in passato ed individuato la loro natura. Ora credo sia necessario parlare del nuovo rapporto tra leader/capo e massa, attraverso i nuovi mezzi di propaganda, pubblicità e divulgazione, di quanto essi siano mutati o di quanto non lo siano affatto.

Capitolo quarto

Il populismo
Nasce un nuovo atteggiamento politico?

«… Tutto il potere emana dal popolo, ma dove va a finire? …» (Bertold Brecht)

Nella storia il populismo ha rappresentato un movimento politico o comunque un atteggiamento di alcuni esponenti politici che avevano lo scopo di difendere e tutelare il popolo, e le grandi masse, ma non solo cercavano di sostenere il carattere positivo degli stessi sia come portatori di valori "veri" che come detentori dei bisogni "giusti", più sinteticamente possiamo dire positivi.

Storicamente nasce in riferimento ai movimenti socialisti e antizaristi in Russia, la Russia della seconda metà del XIX secolo, essi erano tesi alla difesa e contemporaneamente alla esaltazione delle masse, del popolo e dei valori di cui entrambi erano ritenuti portatori. In realtà la parola populismo fu originariamente impiegata, anche se a posteriori, per indicare il movimento che travolse la Russia zarista e che nacque dal popolo, una volta abolita la schiavitù ed i servi della gleba (1861). Il "narodnicestvo", populismo in russo, "narod" in russo significa appunto "popolo", era sostenuto da intellettuali radicali come Michail A. Bakunin, Nikolaj G. Cernisevskij ed Aleksandr I.Herzen, questi teorizzavano una sorta di socialismo agrario fondato sulla comune contadina e su quell'antico mito che credeva le comunità rurali e le popolazioni dedite all'agricoltura possedere delle innate virtù morali e politiche, che le rendevano in grado di autogovernarsi. In Russia il movimento populista fu sempre più orientato verso la propaganda rivoluzionaria all'interno delle masse contadine, ma non fu accolto calorosamente nelle campagne che anzi lo vedevano di cattivo occhio, giunse infine ad essere fortemente criticato da tutti quei socialisti di fede marxista, tanto da essere allontanato; in questo modo il "narodnicestvo" si trasformò in una organizzazione terroristica che assassinò lo zar Alessandro II nel 1881, per essere poi distrutto dalla repressione zarista.[1] Spostiamoci ora negli Stati Uniti, e scopriamo che il populismo sorse nel 1891 con la fugace esperienza del "People's Party", e tramonterà col chiudersi del secolo, per poi rinascere, come sostengono oggi in molti con l'elezione del Presidente Trump. Il populismo nacque per schierarsi dalla parte dei più deboli, dei contadini, degli agricoltori e degli allevatori, di una buona fetta della classe operaia ed anche dei ceti medi contro le grandi industrie, le grandi corporazioni, le ferrovie ed anche contro la finanza e la politica imperante, e fece il tentativo di destabilizzare il bipolo politico americano che è contraddistinto dai democratici da una parte e dai repubblicani dall'altra, tentativo miseramente fallito. Ricordo che, il "People's Party", appoggiò il candidato democratico William J. Bryan, in corsa per le presidenziali, ma dopo la sconfitta dell'uomo, anche il movimento populista ne risentì, tant'è che si può considerare finito da quel momento anche se una piccola parte di esso restò attiva fino al 1912. Ecco qua che dopo le esperienze russe e americane il populismo lo troveremo presente in America Latina, e particolarmente incisivo negli anni Trenta e Quaranta del Novecento, infatti in Brasile il regime di Getulio Vargas (1939-1945 e 1951-1954), in Messico quello di Lázaro Cárdenas (1934-1940) ed in ultimo quello di Juan Domingo Perón in Argentina (1946-1955), lo rappresentarono pienamente, anche se è doveroso sottolinearlo l'etichetta di "populismi" è stata attaccata a questi regimi solo a posteriori proprio come accadde in Russia.[2] Vorrei dedicare una piccola riflessione al populismo, permettetemi la licenza "peronista", questo ebbe una espressione simile al nostro fascismo, miscelava infatti autoritarismo, corporativismo e nazionalismo, una attenzione particolare la riservava alle necessità dei ceti più deboli e popolari, mantenendo però viva e forte la figura del leader e il culto del capo, che era in grado di identificarsi a tal punto con le masse da considerarlo uno di loro e questo permise al "capo" di mobilitarle e incanalare le energie contro i tradizionali partiti e le vecchie istituzioni che rappresentavano le élite del potere.

Anche in Europa il populismo farà i suoi seguaci intorno agli anni Quaranta e Cinquanta del Novecento in Italia si esprimerà nel movimento del "Fronte dell'uomo qualunque", siamo nel 1944, fu fondato dal commediografo e giornalista Guglielmo Giannini. Il messaggio che caratterizzava il "Fronte dell'uomo qualunque" era la lotta ed il dissenso verso i così detti mesterianti della politica. Si opponeva al concetto di democrazia rappresentativa, vista come una dittatura esercitata dai politici di professione sul popolo, le persone comuni. Giannini considerava la politica, in senso tradizionale giunta al termine della sua vita, credeva necessaria una trasformazione perché ormai vedeva la politica relegata solo ad un compito amministrativo, e se così era e voleva continuare ad avere un senso, allora l' uomo comune che era ben in grado di occuparsi di politica, poteva "scendere in campo", perché l'obiettivo consisteva, come detto, in una mera amministrazione della cosa pubblica. Pensate che propose il sorteggio come forma elettiva e i cittadini "a giro" avrebbero amministrato, una volta eletti, la Comunità, per un periodo ben definito di tempo. Certo che il richiamo all'attuale gestione di certi movimenti, attraverso piattaforme web, sembra evidente! Questo movimento a onor del vero ebbe un notevole successo nel 1946, periodo dell'Assemblea costituente, infatti ottenne circa un milione di voti ed una trentina di deputati, ma sempre ad onor del vero, devo ricordare il suo dissolversi a seguito delle alleanze politiche con partiti di centrodestra, alleanze che nelle elezioni del 1948 decretarono la sua fine ed il suo insuccesso totale! Abbiamo anche in Francia, attraverso l' "Unione et fraternité française", più conosciuta sotto il termine di "poujadismo", una espressione di populismo e siamo nel 1956, anno in cui Pierre Poujade fonda tale movimento. Anche lui come Giannini criticherà la democrazia rappresentativa ed esalterà il popolo considerato il detentore del giusto, capace di governare e di prendere quelle decisioni che i politici di mestiere non hanno saputo prendere; la critica con Poujade si allarga agli intellettuali e ai presunti "esperti", che noi in Italia oggi chiamiamo opinionisti o "radical chic", distaccati dalla realtà incapaci di immedesimarsi con gli umili , i semplici, con la loro vita e i problemi della quotidianità, che lasciano soli i deboli in favore di una idealità utopica. Ma ancora, la critica in Francia si sposta anche all'economia e all'allora Mercato Europeo Comune, (oggi UE), che costringe l'uomo-cittadino a sottostare ai giochi di una finanza globale di cui non è protagonista, ma solo mera comparsa, attore alla bisogna e vittima del sistema "banche" quando alcune contingenze lo richiedono, infatti è spesso costretto a sacrifici inauditi che troppo spesso ritiene inutili seppur ineluttabili. Il poujadismo sposta l'ago della bilancia verso un atteggiamento nazionalista, voglio dire che i destinatari del messaggio populista erano i francesi intesi come comunità nazionale, unità, e non semplicemente gli "uomini comuni" presi singolarmente ad uno ad uno. Anche se la vita del movimento fu breve, durò infatti solo due anni si sciolse nel 1958, è dalle sue fila che uscirà l'uomo politico destinato ad una vita più duratura, mi riferisco a Jean-Marie Le Pen, fondatore nel 1972 e poi segretario, fino al 2011 del "Front National". Questo partito vive ancora oggi sotto la guida della figlia, Marine Le Pen, che dal 2018 ha cercato di dargli un nuovo assetto cambiandone anche il nome in Rassemblement National, questo resta uno dei principali spaccati di populismo nell'Europa contemporanea.

Certo è che col tempo questo atteggiamento politico "populista" ha assunto pian piano una connotazione negativa, oggi il termine "populista" è addirittura utilizzato dai media come insulto, o quasi, di sicuro con un significato dispregiativo, imputando ai populisti una comunicazione demagogica, priva di contenuti e lì dove questi compaiono risultano essere irrealizzabili ed utopici. In realtà oggi i populismi sono ampiamente diffusi, senza fare riferimento specifico ad una ideologia, che sia essa di destra o di sinistra, ma piuttosto ce ne accorgiamo considerandolo in relazione a quel legame solido e diretto che il leader riesce ad istaurare con le masse, col popolo che lo acclama salvatore, antagonista della vecchia politica corrotta, che si è rivelata ingannatrice e ha disatteso ogni speranza o ideale di cui si era fatta portatrice. Populista è un termine spesso utilizzato da giornalisti e politici, soprattutto nei dibattiti in cui sono protagonisti e in cui compare l'avversario di turno, così appellato al fine di insultarlo; anche se in Europa ha assunto il significato di "difensore" degli interessi della popolazione in contrasto con quelli dell'establishment e delle così dette élite. Molti sono gli storici che ritengono il populismo vanti più antiche origini di quelle sopra citate: alcuni lo rintracciano nel periodo di Napoleone I e Napoleone III, in accezione cesaristica; altri nella Rivoluzione Francese, specialmente in coloro che sostenevano o si appoggiavano alle idee roussoniane, come ad esempio i giacobini, ma quello che ci interessa nel nostro dibattito è entrare nell'anima dei populismi e capire il perché sussistano e se possiamo ritenerli un fattore positivo o negativo della crescita sociale e politica della civiltà. quindi, dicevo, oggi sono molti quelli che danno al termine "populismo" una accezione negativa, demagogica, perché ritengono che i "populisti" appoggino le idee, le aspettative del popolo senza minimamente indagare se esse abbiano un valore positivo o meno, quindi indipendentemente dal contenuto politico o dell'opportunità o possibilità di realizzazione delle idee popolari, perché spinti più dal bisogno di consenso più che da un vero credo politico, e così tutto sembrerebbe risolversi in forme più o meno spinte di propaganda politica se non addirittura in una propaganda elettorale eterna.

A questo punto mi voglio soffermare e riflettere sulla parola "popolo", dalla quale evidentemente deriva "populismo", termine che, come dice bene Giacomo Papi ha un « suono buffo di polpo rotondo che può accarezzare tutti»[3], perché può avere un significato ambiguo, infatti da una parte è significante della moltitudine, della pluralità, dei tanti, degli umili e dei diseredati, dall'altra però questa moltitudine proprio perché definita e definibile, resta separata, contenuta, limitata in confini ben prestabiliti quelli del suo essere popolo. E la moltitudine può giungere a detenere il potere, perché quando compare a combattere il potere costituito, si presenta ella stessa nuova élite che vuole sovvertire, con l'aiuto della sua forza numerica, la vecchia élite. In latino *populus*, che deriva dal greco πλῆθος, vuol dire "folla", "moltitudine", ma sono moltitudini che possono essere, come dicevo sopra ben delimitate, ed è per questo che alcuni studiosi sostengono che l'etimologia di popolo derivi dalla radice indoeuropea –*par* o –*pal*, che in sostanza esprime il concetto di mettere insieme, riunire[4]. Ed ecco, allora, possiamo comprendere perché anche il popolo si fa potere, se riunisce tanti, tantissimi, infatti possiamo considerare il popolo la maggioranza dei cittadini, lo stiamo confinando in un territorio ben preciso, altresì possiamo pensare che da questa maggioranza qualcuno resti fuori, sia escluso, e questo qualcuno diventa la minoranza, e sono proprio coloro che per caratteristiche di nascita, scelte politiche, censo,…, erano la maggioranza di prima, ma si ritrovano necessariamente espulsi al di là di questo confine non solo linguistico, ma concettuale. È come, per dirla con Giovanni **Papi** «… *noi siamo tutti* e gli altri nessuno, oppure nemici che non devono esistere …»[5]. Quindi la storia dell'uomo è basata sul possesso del predominio e l'uomo lotta, una volta definiti bene i confini, per raggiungere il potere, cosa fare allora per ristabilire una equità? Forse e dico forse, non dovremmo avere nelle nostre teste l'esigenza di mettere etichette, chi siamo e chi sono gli altri, che noi siamo giusti e tutti gli altri sono sbagliati, ma fare un salto di qualità e prospettive, elevarci e combattere non per gli interessi di uno, di pochi, di molti o addirittura della moltitudine, ma per quelli dell'umanità tutta, senza etichette di sesso, razza, nazione, ceto sociale, numero, senza escludere, ma con l'intento di includere nel nostro villaggio globale, come direbbe Bauman, appartenenti alla tribù umanità abbattendo con coraggio finalmente i confini. Confini che a mio avviso non possono essere identificati con quelli geografici, o esclusivamente con essi, ma con quelli intellettuali che dividono il mondo, oggi più che mai in buoni e cattivi. Gli universali "occidentali", e lo metto tra virgolette "occidentali", perché è una mera definizione localistica, comoda per comprenderci, ma ascrivibile esclusivamente ad un'etichetta logica di cui abbiamo bisogno per sentirci sicuri e tranquilli, sono considerati da noi occidentali quelli giusti, con una valenza etico-morale indiscutibile, forti della loro storia passata, e di quella che quotidianamente col progresso andiamo conquistando e costruendo, ma siamo proprio sicuri che sia così? E se per caso fossimo nati nel "non-occidente", come la penseremmo in merito? I confini mentali chiudono, delimitano, proprio come fanno tutti i tipi di confini, demarcano un al di qua e un al di là. Ecco perché vi voglio portare a ragionare sui concetti e sulle parole che non sono casuali, ma veramente indicativi, indici di comportamento non solo personali, ma del "popolo".

Democrazia e Populismo hanno la stessa radice, infatti sia in latino che in greco si riferiscono al popolo: in greco demos ed in latino populus. Ecco un altro punto da non sottovalutare. Per Revelli, il populismo rappresenta un sintomo nella società democratica «... di un male più profondo, anche se troppo spesso taciuto della democrazia ...» [6], l'unica che storicamente si è affermata sulle ceneri delle passate utopie rappresentative, come abbiamo all'inizio accennato. Revelli fa una distinzione tra il populismo del tardo Ottocento e del primo Novecento. Il primo, quello del tardo Ottocento lo considera comunque una malattia delle democrazie, infatti si presenta nella storia allorché le democrazie traballano, è una «... rivolta degli esclusi ...» [7], e lo differenzia da quello del post Novecento che è per Revelli una «... rivolta degli inclusi, ... (che erano stati) ... messi ai margini ...»[8], di fatto comunque si voglia vedere inclusi o esclusi, sono sempre parte di un al di qua o al di là e purtroppo l'equivalenza non ha in questi termini soluzione positiva; infatti accadrà che gli esclusi diventeranno inclusi, cacciando chi era dentro e ponendoli all'esterno, e questi a sua volta combatteranno per rientrarvi in un eterno carosello di dentro e fuori che non ha alcun equilibrio se non l'andamento oscillatorio stesso. In questo senso Revelli parlerà di populismi al plurale, perché declinati nella storia in diverse e molteplici situazioni, soluzioni ed esperienze. Quindi volendo essere pignoli potremmo suddividere in due classi di definizioni il populismo, su base temporale ed esperienziale, ma solo per comodità di esposizione, considerando: i populismi tradizionali o classici ed i populismi emergenti, cioè quelli contemporanei di ultima generazione, che Revelli chiama dando il titolo anche al suo libro "Populismi 2.0", in relazione alle nuove modalità tecnologiche che si affiancano alla propaganda politica di chi sostiene questi movimenti. Mi riferisco anche all'utilizzo del web, di twitter, di facebook, di istagram, delle dirette sui social e qualsiasi forma di mediazione tra il capo e il popolo. In questo modo la distanza un tempo esistente si va assottigliando e tra il leader del partito o del movimento di turno si instaura un vero e proprio contatto di familiarità e somiglianza che non può essere trascurato, assolutamente no. Ma sulla figura del nuovo leader affronterò un paragrafo a parte quindi ne parleremo più in là. Certo è che questa apparente, a mio avviso, vicinanza ha abbassato tantissimo il dibattito politico, sia da un punto di vista linguistiche-culturale, che dei contenuti: si semplificano le azioni ed i provvedimenti da intraprendere, le proposte si limitano a tutelare il piccolo spazio vitale del cittadino o si trasformano in eclatanti e risonanti attività governative tanto imponenti quanto inutili e vuote di significato sia politico che culturale ma, ahimè, anche pratico. Si punta a risultati immediati e di breve durata più per abbagliare che per risolvere, sempre nella certezza e nella convinzione che si sta dalla parte giusta e che gli altri debbano essere annientati, con tutte le armi a disposizione. E così anche il dibattito politico, in qualunque luogo si svolga fisico, come il parlamento, o virtuale, come il web, non manca di scivoloni scurrili, termini mal utilizzati, congiuntivi sbagliati, accuse infamanti e non corroborate da alcuna prova. A volte sembra di partecipare ad un reality in cui la finzione supera la realtà ed il gioco delle parti è stato deciso a tavolino dallo scribacchino di turno. L'obiettivo non è la protezione e la crescita dell'umanità all'interno di un mondo da rispettare e recuperare alla natura, ma la lotta per il potere. Purtroppo se così è nessuno risulterà vincitore, ma cosa ancora più grave avremo soltanto un'umanità e un mondo che perdono, perderanno e continueranno a farlo!

Bisogna comunque dire che l'attenzione al o ai populismi, che dir si voglia, è stata fino agli anni passati, maggiormente quella rivolta da intellettuali e studiosi della materia, storici o politologi, perché come Ernesto Laclau nel suo "On Populist Reason" del 2005, sostiene, lo hanno considerato un problema oppure una degenerazione della democrazia. Alcuni, pochi in verità, hanno cercato di definire i caratteri positivi dei populismi, primo fra tutti è l'equivalenza tra populismi e "democrazia della gente ordinaria"[9], cioè i populismi contrastano la politica istituzionale, quella esistente perché ritenuta non più democratica, quanto invece sbandiera di essere: «... *folk democracy* versus *institutional democracy*...»[10]. Un altro carattere positivo risiede nel fatto che l'attenzione è rivolta ai molti, non più ai pochi benestanti. Inoltre, (ma qui si insinua l'idea del regresso di cui i populismi forse si fanno portatori?), essi considerano il ritorno al concetto di villaggio, e della esperienza politica in esso praticabile, la soluzione dei problemi, o comunque una delle risposte possibili, perché la globalizzazione allontana come suggerisce bene il paradosso di Wirth[1], che vede un rapporto inversamente proporzionale tra densità della popolazione da una parte e conoscenza e relazione tra individui o gruppi di individui dall'altra. Secondo Wirth l'associazione tra la densità e l'eterogeneità produce un contrasto tipico della vita urbana: quello appunto tra vicinanza fisica, infatti gli abitanti nella città camminano, si muovono, lavorano, prendono il caffè, gli uni accanto agli altri, e la distanza sociale, infatti gli individui che vivono in città non sperimentano facilmente quella conoscenza personale ed intima, quella comunanza di pensieri ed intenti, tipica invece delle comunità rurali e dei villaggi. Inoltre la cittadinanza del villaggio globale risulta troppo spesso astratta e distante dalle esigenze immediate e personalizzate. Qui mi viene in mente il sociologo Latouche[2], quando affronta il concetto di "decrescita felice" che analizzando gli squilibri sociali ed ambientali dell'economia globalizzata ha messo in discussione, insieme ad altri intellettuali, i presupposti su cui essa si regge compresa l'idea di sviluppo sulla quale essa pone le sue fondamenta. Per Latouche esiste un equivoco di base nella società contemporanea, ossia il fatto che si consideri il PIL e la sua crescita un parametro fondamentale e significativo di analisi della società. Ma esso in realtà è puramente un numero e come tale si limita ad indicare la quantità di beni e servizi prodotti in un certo Stato in funzione dei consumi dei cittadini. Il suo aumento non equivale direttamente e necessariamente al benessere dei cittadini, del popolo, anzi molto spesso si trova in contrasto col bene comune, dei più, della nostra famosa moltitudine. Lautoche si sofferma a fare questa riflessione: è possibile che l'aumento dei consumi aggiunga in quantità, ma tolga in qualità della vita ad ognuno di noi in termini di stress, energia e costi economici, ma soprattutto emotivi, che non riusciamo a colmare in nessun modo? Probabilmente il sociologo ha visto giusto, infatti ci accorgiamo che gli individui delle società 2.0 per dirla con Revelli, "appaltano" ad altri delle esperienze alle quali un tempo si dedicavano in prima persona, pagando altri, esperti, per la cura di sé, delle incombenze quotidiane, delle persone vicine e per organizzarsi il tempo libero, perché il nostro modello di sviluppo persegue esclusivamente la performance che determina aumento della produttività, della quale ci sembra non possiamo più fare a meno. Ma questo non solo comprometterebbe la qualità della vita, ma metterebbe, secondo Latouche, oggettivamente in crisi un mondo che essendo fisicamente finito non può permettersi di donare le sue risorse all'infinito, perché semplicemente le finirà o ancora peggio, mentre il pianeta subisce l'industrializzazione si stanno formando ferite che difficilmente saranno curabili. Il concetto di Latouche è semplice, anche un bambino si accorgerebbe che non si può chiedere al finito, cioè la Terra, qualcosa di infinito; dovremmo accontentarci dello stare "bene" e non pretendere costantemente "il meglio", perché mentre il bene è un concetto finito, il meglio è un concetto senza limiti e questo secondo Latouche e i suoi ci porterà al disastro globale sia in termine di distruzione del pianeta che in termine di distruzione dell'uomo e della sua qualità di vita. Infatti il sociologo, anche in base ad esperienze direttamente fatte con le popolazioni del Laos, propone una decrescita e non una crescita, perché, sostiene, è 'unica cosa che potrà portare l'uomo alla felicità. Quindi in questo caso possiamo considerare i populismi positivi, se li guardiamo in termini di ricerca di limite e di concretezza, portando nel cuore il motto "stare bene e non meglio, per vivere bene tutti e non solo una parte; ritorniamo al semplice!".

Altro goal il populismo lo fa quando si determina, perché si costruisce dal basso, parte dalla volontà popolare, che si trova sopra le norme costituzionali o le procedure democratiche, la sovranità popolare, tanto cara alla rivoluzione francese, diviene corpo politico che definisce e rimodula i valori e le scelte etiche. In questo clima di nuova etica i cittadini richiedono un comportamento ad essa conforme, è necessaria la «direttezza»[11], cioè un agire trasparente, ma di più, sano, politicamente parlando, senza cedere al compromesso. Quello che si richiede è la purezza pre, durante e post politica, perché i politici mesterianti sono abituati a fingere, abbassarsi al compromesso, dire e non dire, ma il nuovo politico, quello del popolo è scelto dal popolo non può e non deve tradirlo altrimenti, in nessun caso sarebbe perdonato, entrerebbe direttamente nella lista dei peggiori di tutti i tempi, ingannatore e falso, traditore e persino peggiore dei rappresentanti e dei partiti della vecchia politica, perché da loro in qualche modo ci si aspettava un comportamento oscuro e non chiaro. Quella che anticamente si chiamava "casta", rappresenta appieno il fare e l'essere, che un populismo non deve e non può accettare: la "casta" è il suo nemico numero uno. Un altro pregio, o almeno così i difensori dei populismi lo definiscono è il mito del decisionismo, legato a stretta mandata con la velocità di esecuzione che si contrappone all'iter parlamentare lento e sovraccarico di discussioni tipiche degli intellettuali che infangano, secondo populisti, i meccanismi di reazione e azione, che bloccano l'avanzare del cambiamento con la burocrazia e che si sottopongono al confronto continuo considerato però un disvalore. Qui mi permetto di dissentire. La discussione, intesa non come valore politico, ma in se stessa, come valore di confronto e crescita a mio avviso risulta fondamentale, la parte vitale, l'ossigeno per chi realmente voglia affrontare il cambiamento e risolvere in modo pressoché definitivo, o almeno duraturo un problema. Analizzare, girare, confrontare, chiedersi i perché e i percome di fronte ad una soluzione e non solamente di fronte ad un problema è la propulsione di un'azione colma di significato; il rischio, al contrario sta nell'agire senza pensiero, ma solo per la necessità dell'azione, trascurando i significati latenti e laterali sia dell'azione che dei suoi risultati, e così mi vien da sostenere che non è sufficiente agire, perché l'agire non ci tutela dall'errore in agguato, ma è necessario agire pensando, prendendosi, per dirla con Feuerstein, il tempo necessario all'azione e più un'azione è complessa più ha bisogno di un pensiero complesso che l'accompagni, il problema forse sta proprio qui visto che le ultime ricerche americane sostengono che i nostri giovani, i giovani di tutto il mondo industrializzato, non siano più in grado di comporre o semplicemente affrontare un pensiero complesso! Ricordo che il motto dello psicoterapeuta Feuerstein è : "Un momento sto pensando", questo per sottolineare da una parte la necessità di affrontare il da farsi secondo i tempi cognitivi e pratici del problema e di chi pensa, dall'altra per sottolineare che un'azione intelligente è guidata da un pensiero che necessita di tempi adeguati non solo di esecuzione, ma soprattutto di costruzione dell'azione! Ciò che distingue l'uomo dagli animali è, scientificamente parlando, oltre al pollice opponibile (a parte alcune rare specie), la capacità di previsione. L'uomo è in grado, costruendo dei legami logici e seguendo il pensiero ipotetico, di prevedere in base a certe condizioni ciò che potrà accadere, anche su catene e pensieri a lungo termine. Faccio un esempio anche se banale, se ho intenzione di diventare un ingegnere e trovare in poco tempo lavoro, dopo gli studi liceali mi iscriverò all'Università, mi organizzerò per sostenere in tempi e modi adeguati gli esami, preparerò la tesi scegliendo un argomento che potrà essere utile al mio futuro lavoro, magari un tema di nicchia o sperimentale, e cercherò di farlo nel migliore dei modi per ottenere risultati adeguati utili per inserirmi nel mondo lavorativo, non trascurando magari lo studio delle lingue che mi permetterà di ampliare la mia offerta per un lavoro soddisfacente, considerando la possibilità di inserirmi in un mercato lavorativo estero... la scienza ci dice che anche gli animali sono in grado di fare queste concatenazioni, ma non riescono a prevedere a lunga distanza, si tratta di come organizzare la ricerca del cibo, la costruzione del nido,... catene logiche lunghe solo l'uomo è in grado di sostenerle.

Risulta a questo punto necessario sottolineare l'appello dei populisti all'anti-intellettualismo, un appello tutto di matrice positiva o almeno così è considerato dai populisti DOC. Essi sono infatti contro il linguaggio sofisticato, astratto e artificiale perché non comprensibile ed ingannatore, e allora i populisti cercano di uniformare tutto e anche questo è declinato in forma positiva, sentiamo spesso dire "il popolo", "il cittadino", "la Nazione", perché il pluralismo, portatore di diversità racchiude in sé un grande inganno che si concretizza nei molteplici e diversi interessi di tante individualità o piccoli gruppi. La diversità genera conflitti e bisogni diversi e tra l'altro in alcuni casi possono manifestarsi in contrapposizione gli uni agli altri, mentre l'unità è di facile gestione. In ultimo ci tengo a dire che per i populisti la politica si trova al di sopra delle parti e per questo non prende posizione, non sbaglia ed è oggettiva, un po' quello che ci si aspetta dai governi dei tecnici, che non stiano lì a perdere tempo nelle considerazioni delle parti avverse, ma si fermino esclusivamente alla parte del dato oggettivo del fatto o dell'evento e per questo le sue decisioni sono inattaccabili. Addirittura la Urbinati nell'introduzione al testo di Müller si spinge ad una analogia tra antipolitica populistica e antipolitica tecnocratica poiché come scrive «… in entrambi i casi si tratta di forme antideliberative, insoddisfatte del pluralismo ideologico e partitico e della dialettica maggioranza/opposizione; forme che non vogliono stare né a destra né a sinistra …»[12]. Insomma si è diffuso il pensiero che ci fosse una correlazione diretta tra la politica antipartitica e la competenza, perché la sfiducia nei confronti delle passate democrazie aveva superato ogni limite e nella delusione dilagante la fa da padrone, ma rappresenta l'eccesso opposto e forse poco logicamente lucido. La credenza risiede nel fatto che "vox populi, vox dei" e poiché il popolo non parla da sé ma sempre attraverso la voce di qualcuno, la leadership assume un ruolo fondamentale e assurge alla perfezione, in lei è assente la corruzione e l'errore, un valore diventa l'essere completamente all'oscuro della cosa politica, non una leadership di un mestierante ma di un uomo che proviene dal popolo e magari ci si auspica che il leader sia la prima volta che si affaccia in modo istituzionale alla politica. Insomma si suppone e si presuppone una democrazia epistemica, si pensa che esista una correlazione diretta tra l'antipolitica, l'antipartitocrazia e le competenze della leadership, e tale correlazione si fa più forte quando maggiore è lo scontento e la delusione, il senso di tradimento della democrazia rappresentativa. Questo modo di analisi dei populismi rappresenta il sistema di Cas Mudde che li definisce attraverso il concetto di "ideologia sottile" (thin ideology); infatti i populismi per lui sono caratterizzati da un pensiero ed una ideologia semplice, thin, che sia le ideologie di destra che quelle provenienti dalla sinistra possono fare propria, perché si basa su un'altrettanto semplice contrapposizione morale che si identifica nella purezza del popolo contro la corruzione della "casta", dell'èlite. Questa contrapposizione i movimenti populisti la adattano alla propria ideologia di appartenenza senza affrontare enormi difficoltà. Müller invece sostiene, nel suo volume *"Democracy Disfigured"* un concetto diametralmente opposto. Cioè sostiene che il populismo si manifesta nella storia esclusivamente se all'interno del popolo esiste una sua rappresentanza legittima e quindi sostiene che il populismo sia interno alla democrazia, cresce legittimamente al suo interno come opposizione e scontento e alternativa al vecchio ed è rappresentato in modo unitario ed omogeneo dal leader all'interno del Parlamento. Le richieste del leader populista si sostanzia nella richiesta dell'esclusione delle minoranze extra-etniche, nei Paesi occidentali e noi lo sappiamo bene, basta far riferimento alle politiche di gestione degli arrivi degli immigrati in Italia, soprattutto nell'ultimo periodo; o nella richiesta di inclusione nel popolo, come nel caso delle minoranze indigene e povere dei Paesi dell'America Latina. Ma alla base di tutto come già detto c'è il concetto che il popolo sia portatore di conoscenza e sapienza e quindi risiede sempre e comunque nel vero. Chiaro è che il tutto si concretizza nella figura di un leader, un populismo senza leader non è sostenibile.

Ma allora spingiamoci un pochino oltre e consideriamo il populismo nella sua duplice veste di populismo di opinione e quindi opposizione, e di populismo al potere, e quindi quando con il consenso della maggioranza, arriva in Parlamento e rischia di dissolvere la dicotomia e il contrasto con l'èlite di potere, possedendo esso stesso il potere. Nel primo caso, quello di populismo di opinione, vanno inclusi tutti quei movimenti provenienti dal basso che si oppongono, scrutano e indagano l'agire e la politica delle rappresentanze in Parlamento, anche coloro che rappresentano la parte politica, destra, sinistra o centro, nella quale esso si riconosce. Perché si combatte il comportamento, la morale e la coerenza e l'incoerenza politica dei propri e non rappresentanti. Sono un esempio di questa specie di populismi i "Girotondi" in Italia del 2002, "Occupy Wall Street" negli Stati Uniti e gli Indignados in Spagna nel 2011[13]. Questi movimenti non aspirano a divenire rappresentanza politica ad entrare in Parlamento, ma semplicemente si rappresentano come giudici e ispettori dell'agire politico e si rivolgono come già detto sopra a chiunque si occupi di politica, e ai cittadini , senza denunciare uno schieramento preciso: è l'azione e la moralità ad essere messa sotto processo, senza produrre volontà di sostituzione al vecchio. Posso dire che questi movimenti rappresentano le idee e la purezza e restano fondamentali proprio per la loro lontananza geografica dalla poltrona. Dall'altra parte invece esiste il populismo che vuole entrare in Parlamento e sovvertire il vecchio, che ormai ha dato una triste dimostrazione di sé e del suo fallimentare operato. Il leader si fa portavoce delle esigenze e dell'ideologia popolare e incarnandolo conquista il potere e le istituzioni, e può incarnare il popolo perché esso si presenta come unità, uno. Un esempio di questo tipo di populismo lo abbiamo visto in Ungheria nel 2012 con Fidesz, che conquistata la maggioranza in Parlamento si insediò e modificò la Costituzione cancellando tutte le norme che lo potevano ostacolare, riuscendo in questo modo ad avere garantiti tutti i diritti una volta conquistata l'autonomia del suo partito. Il rischio in questo caso però è alla porta, esiste una sottile linea di confine tra l'azione di un partito o movimento populista che sostituisce l'antico regime e si innesca nei meccanismi di potere per ridare fiato e dignità al popolo e il populismo che, ottenuto il potere, lo usa senza controllo di alcuna altra parte politica, avendo esso stesso eliminato di fatto ogni pluralismo, a suo piacimento, trasformandosi in un qualcosa che ha tutto meno che di democratico. Come vedete la linea di demarcazione è sottile, scritta a matita e un leader con una gomma in mano è in grado di cancellarla e confondere le cose a tal punto che sarà difficile un dietro front se non a scapito della pace. Il populista della nuova generazione ha inoltre un raffinato alleato: internet come appunto abbiamo chiarito nel capitolo precedente. Attraverso esso, e le sue piattaforme, il leader riesce ad instaurare un legame diretto con il popolo dimenticando di voler instaurare una democrazia diretta, ma ripiegando a suo vantaggio su una rappresentanza diretta del popolo attraverso il leader. È lui che incarna il popolo, i suoi desideri, i bisogni e i pensieri. Per Müller il populismo può essere identificato come una ideologia politica, il voto serve, come in un rito religioso a sottolineare ciò che il popolo già nel suo intimo conosceva: la sovranità del leader. Quindi da una parte combatte la democrazia traditrice e falsa, dall'altro utilizza le sue stesse modalità per raggiungere il potere, modalità come il voto, ma poi se ne scorda. Eccoci alla fine di questa lunga riflessione la mia domanda resta ancora quella del principio: i populismi li dobbiamo guardare con occhio negativo o positivo, come dobbiamo orientarci in merito? Li dobbiamo considerare antipolitica? O peggio, come sostiene Benjamin Arditi, riprendendo Jacques Derrida, che parla del populismo come de «… il parassita (che) "prende posto"». Certo che, se prendiamo come valida questa definizione allora questo prender posto va interpretato nel modo più duro e definitivo, i populismi, proprio come fanno i parassiti, si mettono al posto di ciò che vi era prima e succhiano la linfa dell'albero che hanno attaccato. Sta in questo mettersi al posto di ciò che vi era inizialmente la realizzazione dei populismi, non nel loro dispiegamento come forza politica, altrimenti cambierebbero, secondo Derrida, la loro essenza. Quindi dobbiamo entrare nell'ottica che ciò che viene dal basso e si instaura come forza di potere all'interno delle istituzioni, sostituendosi al vecchio sistema politico, porti con sé il rischio di perdere la sua dimensione di populismo nel momento in cui inizia ad essere, governare, dispiegare sé stesso nella pragmaticità dell'azione politica, cioè quando diviene esse stesso forza politica, detentore di potere. Il populismo insomma con il suo "parlare alla pancia" ottiene un facile consenso, ma rischia di perdere la sua identità una volta che varca la soglia del Parlamento. Nell'Unione Europea il termine populismo traccia una differenza oserei dir ontologica tra i partiti e sé, i populismi propongono una visione completamente diversa della società divenendo come dicevo sopra degli antisistema e questo li rende fragili agli attacchi dei politici della vecchia guardia e dei partiti che li accusano di immaturità, inesperienza, di essere utopici, ma ancor di più di essere dei bugiardi, creatori di fake news, mistificatori, ingannatori e quindi di non essere in grado di mettersi a capo di un Paese e traghettarlo onorevolmente e in modo capace nel futuro. Questo atteggiamento mi ricorda quello avuto dalla vecchia DC nei confronti del comunismo di Togliatti che, nonostante si sforzasse di staccarsi dal comunismo sovietico proponendo la "via italiana", fu accusato e allontanato perché la teoria marxista rappresentava una forte incompatibilità con gli italiani e la loro spinta democratica. Oggi l'etichetta di populista è stata affibbiata da politici, giornalisti e opinionisti, non necessariamente radicali, alla Syrza di Tsipras, al Front National della Le Pen, al Movimento Cinque Stelle, addirittura al sindaco di Napoli De Magistris , o allo Upik di Farage e a Podemos di Iglesias. Perché? A guardare bene l'elemento che è alla base di ognuno di questi partiti e movimenti è il loro tratto di oppositori, con ideologie e modi a volte diversissimi tra loro, ma tutti oppositori al sistema vigente, e allora posso a ragione sostenere che più che di populismo si accusano di demagogia e nulla più.

Una breve parentesi la vorrei aprire per ciò che riguarda la cultura italiana che ha visto nel populismo addirittura una corrente letteraria, "letteratura populista", per l'appunto, in cui un critico come Asor Rosa[15] inserisce in "Scrittori e popolo" del 1965, Elio Vittorini, Antonio Gramsci, Pier Paolo Pasolini, e molti altri intellettuali di confessione marxista, democratica o addirittura del "fascismo di sinistra". Di quest'ultimo inizialmente faceva parte anche Vittorini. La letteratura populista ammirava il popolo, perché era convinta e certa che esso fosse detentore e portatore di energia, forza e intelligenza collettiva e solo lui sarebbe stato in grado di sovvertire l'ordine; cioè il popolo subalterno, sarebbe passato al posto dell'èlite e piano piano sarebbe stato in grado di governare adeguatamente lo Stato; la visione comunista gramsciana si inserisce in questa visione idealizzatrice del popolo, ma allo stesso tempo preannuncia una egemonizzazione culturale del popolo stesso che gli avrebbe permesso la scalata politica alle istituzioni, ma ancor di più la sua permanenza nella storia della politica del mondo. Scrive Alberto Asor Rosa «... l'uso del termine populismo è legittimo solo quando sia presente nel discorso letterario una valutazione positiva del popolo, sotto il profilo ideologico oppure storico-sociale oppure etico. Perché ci sia populismo, è necessario insomma che il popolo sia rappresentato come un modello...»[16]. La letteratura populista è coerente con la visione iniziale che abbiamo analizzato di populismo delle origini, mi riferisco a quello nato in Russia nel XIX secolo, che aveva come obiettivo l'emancipazione delle masse contadine e la trasformazione dallo stato di povertà a quello di dignità, sovvertendo la Russia zarista in favore di una società democratica non importa se di stampo socialista o liberale.

Tirando le somme dunque i populismi non sono affatto un fenomeno nuovo anzi l'unica differenza che però sorge rispetto al passato è che prima non riscuotevano ampio successo in molti casi, mentre adesso io credo grazie alla tecnologia quest'ultimi non solo sono molto perdonatemi il gioco di parole più popolari ma anzi molto spesso arrivano a governare intere nazioni. Adesso non starò io a dirvi se sono un fenomeno positivo o meno poiché non è mio intento in tutta l'opera influenzare il lettore ma anzi, informarlo; fornendo la più vasta e reale quantità di dati possibili e far si che quest'ultimo formi al riguardo una propria opinione. Ad ogni modo posso dire che i populismi sono un po' come una scommessa poiché lasciando che esso sia esplicitamente volontà del popolo quest'ultimo può tramutarsi in positività o nell'esatto contrario. Ad ogni modo credo che siano fenomeni a breve durata che producono un grande rumore ma di fatti non producono vaste progressioni.

Dobbiamo vedere questi assetti non solo legati alla nazione ma vederli in un mondo così globalizzato in un assetto molto più vasto: mondiale. Se la vostra opinione in merito all'argomento non vi risulta ancora completa ecco qui che fornisco altre domande che mi sono posto e di cui mi sono ricercato risposta:

I populismi e la globalizzazione: come la globalizzazione influisce sull'assetto politico mondiale?

In questo dibattito sull'essenza, la definizione e la storia del populismo non posso non citare Branko Milanovic, economista serbo-americano, che fa a mio avviso un'ottima analisi del populismo 2.0. Innanzi tutto è doveroso dire che Milanovic è uno studioso delle diseguaglianze del mondo contemporaneo generate dalla globalizzazione, dal web e dalla comunicazione in genere. La sua analisi è innovativa e soprattutto legge i populismi non più dal punto di vista letterario o politico o storico, ma in chiave economica. Così per lui il populismo è una reazione interna ad un mondo ricco, ma che è determinata da fattori esterni, fattori di cambiamento che però non dipendono dall'interno. Insomma all'interno di uno Stato avvengono dei cambiamenti che partono dal basso, e fin qui è chiaro a tutti, ma questi cambiamenti hanno una origine esterna ai confini di questo Stato, provengono da cambiamenti, sociali, ma soprattutto economici che accadono in altre parti del globo. Bauman si direbbe d'accordo con una visione del genere visto e considerato che per lui l'era contemporanea ha talmente assottigliato lo spazio e il tempo da annullarli quasi del tutto. Beh se pensiamo all'invenzione della tecnologia del 5G, ce ne rendiamo conto: il tempo di latenza di una risposta ad uno stimolo col 5G è pressoché nullo, possiamo supporre una sovrapposizione tra il tempo dello stimolo e quello della risposta, si sfiora la contemporaneità! Secondo Milanovic questa rivoluzione che proviene dal basso porta con sé un paradosso: i ricchi che dovrebbero perdere colpi, in realtà hanno garantite le loro ricchezze e i poveri che dovrebbero migliorare le loro condizioni, vedono peggiorarle, con l'allontanamento sempre più marcato tra queste due classi sociali a discapito della fine della classe media, che sta pian piano scomparendo. Così Milanovic descrive il paradosso è «… la combinazione tra populismo e politiche a favore dei più ricchi: lo si vede negli Stati Uniti con Trump, in Italia con la flat tax …» [17]. E bene lo spiega con l'ormai nota teoria della "curva dell'elefante", che rappresenta una moltitudine di poveri sempre più poveri e un numero esiguo di ricchi, ma sempre più ricchi, mentre come dicevo le classi medie tendono a sparire. Nella gobba dell'elefante, Milanovic individua i poveri cinesi ed indiani che tendono sempre più a crescere appunto come accade seguendo la linea della gobba dell'elefante, qui individua anche il formarsi della nuova classe media asiatica, che sta crescendo e prendendo forma; poi nella parte che cala della proboscide individua il precipitare delle classi medie occidentali, è un precipitare violento e imprevisto; al termine, quando la proboscide risale individua il picco di crescita dei ricchi e dei super-ricchi di tutto il mondo, che vanno verso l'alto. La situazione è grave secondo lo studioso perché le persone subiscono i cambiamenti che provengono da fuori e l'unica possibilità di dissenso la possono esprimere all'interno del proprio Paese. Così si è formato un dipolo, per esempio i salari dei cittadini, qualunque sia la loro occupazione, dipendono sempre più strettamente da ciò che

104

accade nel globo, e dalla competizione con i Paesi del resto del mondo, ma la protesta il cittadino la attua e la può effettivamente attuare solo nel proprio Paese d'appartenenza. Questo dipolo crea un contrasto e anche un controsenso sovraccarico di problemi sociali di non facile risolvibilità. A questo proposito riporto un discorso di Milanovic: «... se guardiamo alle diseguaglianze da un punto di vista globale, capiamo che c'è interdipendenza tra le varie parti del mondo, per esempio che la crescita della classe media nei Paesi dell'est, ha un impatto diretto sulle classi medie in Italia. Può darsi che il declino delle classi medie nel mondo sia stato il prezzo da pagare all'ascesa delle classi medie in Cina ... »[18] ora è più chiaro come la globalizzazione influisca in modo determinante sui cambiamenti, tutti, in questo caso quelli che a noi interessano sono quelli politici. Con Milanovic abbiamo un altro modo di affrontare il "populismo", per lui esso è una reazione a qualcosa che accade o è accaduto in qualsiasi parte del mondo. Quando si sofferma a riflettere sull'atteggiamento per esempio xenofobo o razzista che ultimamente appartiene a certi populismi, lo studioso ci fa capire che questo modo di agire è solo una manifestazione dei populismi, non la causa della loro nascita ed avanzata, cause che invece vanno ricercate in un malcontento generale dovuto alle difficili condizioni economiche della maggior parte della popolazione; in una globalizzazione tecnologica che ha messo al centro la tecnica, come sostiene Galimberti, e ha decentrato l'uomo mettendolo in periferia, soprattutto se povero.

Anomalia tutta italiana

L'Italia si è trovata non molto tempo in una situazione anomala, speciale, perché il governo Conte 1 , che è stato eletto sulla base del programma elettorale, ora per garantire le promesse fatte si è trovato, da una parte a portare avanti la proposta del reddito di cittadinanza dei Cinque Stelle, e dall'altra doveva mettere in campo la proposta della Lega della flat tax. Quindi da una parte il reddito garantito avrebbe dovuto accontentare la parte povera della cittadinanza e la tassa unica invece la parte più ricca. Questo mix tra reddito garantito e flat tax è sicuramente un approccio tutto nuovo della politica ai problemi del Paese, da una parte i poveri perderanno una parte dei loro benefici sociali, che saranno sostituiti con il reddito garantito, dall'altra i ricchi pagheranno meno tasse. Questo approccio si è dimostrato del tutto inefficacie poiché poco dopo il governo è crollato dunque non ha avuto seguito questo dualismo tra le parti.

Il populismo: agisce in modo equo e popolare?

Torniamo a noi e ai populismi, che vogliono un mondo equo e eticamente adeguato partendo dal basso e tutelando i più, i tanti, e torniamo anche alle teorie di Milanovic che vedono nella globalizzazione la causa delle differenze sociali. Come i populismi allora dovrebbero porsi in un'ottica di cambiamento migliorativo? Sicuramente eliminando le differenze o almeno permettendo una mobilità sociale adeguata e soprattutto un punto di partenza che dia a tutti, indipendentemente dal censo, le stesse opportunità ed in qualsiasi parte del mondo si trovino. Uno dei punti di partenza fondamentale è l'istruzione. È necessario che ognuno sia messo in condizione di imparare, attraverso un'istruzione pubblica di qualità, garantita da un accesso uguale per tutti alle scuole e al sapere. E qui mi riferisco soprattutto agli Stati Uniti, dove le Università sono accessibili a pochi, e ricchi oltre che migliori; questo sistema permette ai ricchi di diventare sempre più forti e sempre ricchi, inoltre è un sistema che si basa sulle donazioni, e tra l'altro su queste sono previsti degli sconti fiscali, insomma un sistema che gira solamente in una direzione, gli emarginati ahimè resteranno tali. La seconda mossa che si potrebbe ipotizzare porta in gioco direttamente la ricchezza. Poiché nella gran parte del mondo industrializzato la ricchezza risiede nelle mani di pochi, in Italia per esempio siamo nell'ordine del 10% della popolazione che detiene l'80/90% della ricchezza, ma l'Italia è solo un esempio, si dovrebbero proporre riforme che prevedano vantaggi fiscali per i piccoli investitori, oppure incentivi alle società, così che esse siano in grado di ridistribuire alcune quote ai lavoratori, o magari, questo risparmio di ricchezza potrebbe essere trasformata nell'"eredità di cittadinanza" come ci suggerisce Tony Atkinson[19]. Questi pensa sia utile dotare i giovani tra i diciotto ed i venti anni di soldi che i ragazzi possono decidere di spendere o risparmiare, od investirli nello studio, per provare a ridurre le disuguaglianze almeno quelle di partenza[20]. A questo proposito vorrei considerare la proposta dell'economista Piketty che con la tassa sulla ricchezza, a livello globale, cerca di eliminare le differenze sociali a livello internazionale. Questo mi è utile anche per spiegare che i populismi in realtà sono tanti, non solo perché geograficamente dislocati, ma perché appartengono all'esistenza dell'uomo nella sua complessità, ci sono quelli politici, quelli etici, quelli letterari, e perché no anche quelli musicali. Non è un caso che la musica classica sia amata solo dall'èlite, per anni infatti è stata appannaggio dei ricchi. Diverso è oggi il concetto di musica lirica, anch'essa è stata rinchiusa nei teatri dove un tempo si esibivano solo cantanti lirici o orchestre o suonatori di musica classica, da qualche tempo alcuni cantanti, populisti, l'hanno sdoganata, e resa accessibile ai più,mi riferisco a cantanti come Pavarotti, lo abbiamo visto e sentito duettare con Zucchero o cantanti Pop star della musica contemporanea. Ma penso anche a Placido Domingo e Carreras che sono riusciti a rendere accessibile la musica lirica e l'opera ad un pubblico molto più vasto ed eterogeneo. La principale proposta di Piketty è l'introduzione di un'imposta globale sui patrimoni. Per patrimoni intende certamente quelli industriali, macchinari, capannoni …, ma include anche gli immobili, le strutture residenziali, i brevetti e il know-how, ed anche la ricchezza finanziaria in tutte le sue numerose declinazioni. L'economista sostiene che il rapporto patrimonio/reddito stia tornando ai livelli raggiunti nel periodo della belle époque, tra l'Ottocento e il Novecento, e che questo andamento cammini parallelo alla crescita della diseguaglianza nella distribuzione del reddito. Piketty non vede di buon occhio questa tendenza spontanea, perché non la ritiene giusta, nel senso di equa, così, a parte che preferirebbe tornare ai primi decenni del secondo dopoguerra, propone una imposta progressiva sul patrimonio. Imposta da introdurre non a livello nazionale, ma internazionale, anche se crede che imporla all'Europa e agli Stati Uniti, per via della loro estensione, potrebbe almeno all'inizio essere sufficiente. L'imposta ha il pregio di potersi pagare in condizioni normali con il rendimento del patrimonio[20].

In contrapposizione a tutto questo si fa strada il nuovo concetto dei populismi, quelli che non esistono; come i populismi non esistono? Ma in che senso? Come si fa a sostenere un'idea simile? Penso che i populisti si offenderebbero a queste parole, infatti per loro esistono eccome, e soprattutto ritengono di essere loro a tutelare la democrazia; dall'altra parte c'è l'antipopulista, l'europeista che dalla sua difende l'esserci del populismo, perché è ciò contro cui combatte, l'unico avversario degno della sua azione. Martino Cervo ha scritto un libro, ultimamente su tutte le cronache, intitolato proprio "Il populismo: non esiste"[21], nel senso che la semplificazione del dipolo sovranisti da una parte e populisti dall'altra ha, secondo l'autore, poco riscontro nella realtà e sembra più una semplificazione, una fuga dal voler affrontare una risoluzione dei problemi che una soluzione reale. Cervo si è reso facilmente conto, come noi tutti, dell'uscita dei voti dai partiti tradizionali, dalle due grandi famiglie del centro destra e del centro sinistra europei, e la loro riconversione nei partiti o movimenti, o fronti che dir si voglia di nuova generazione. In Italia la cosa è evidente, questo spostamento di voti va a rinforzare nuove formazioni che vengono etichettate come populiste. Nuove formazioni o riedizioni di vecchi partiti, e i votanti sembrano impazziti perché votano chi propone soluzioni facili anzi facilone, scegliendo in maniera irrazionale. D'altra parte l'ascesa e il simmetrico calo di alcuni partiti sono un sintomo secondo Cervo, non la causa dei problemi che abbiamo oggi socialmente, ma anche politicamente e sono causa anche della nascita dei populismi. I partiti tradizionali, infatti non sembra che siano più in grado, restando nello schema che li definisce, semplicemente di essere performanti, e dare risposte concrete, nella crisi attuale sia economica che ideologica, risposte di un certo calibro. In questo senso per Cervo il populismo non esiste, perché è solo un'etichetta messa ai possibili vincitori, da chi si vede sottrarre il potere ed i consensi. Quindi in realtà è un ulteriore modo di definire il populismo quello che intende Cervo. Per lui il "populismo" è pieno di buone ragioni, esso è in ascesa perché le società del dopoguerra ad oggi che hanno sì prodotto innegabili effetti positivi sulla popolazione, ma hanno oggi problemi strutturali che possiamo identificare con la disoccupazione, tanto per dirne uno. Oggi infatti interi Paesi, tra cui la nostra Italia, hanno tassi di disoccupazione elevatissimi, accompagnati dal calo dei redditi e dal calo di welfare e dell'assistenza, e quindi il lamentio trova espressione elettorale e nelle piazze, nel cittadino che soffre e subisce questo stato di cose. Quindi il populismo così identificato non è altro che una manifestazione entro canoni democratici, di una insoddisfazione profonda del popolo che percepisce una sempre maggiore difficoltà a trovare il suo posto nel mondo. Quindi non si parla solo di un'insoddisfazione economica, ma oserei dire antropologica. Mi viene in mente la piramide dei bisogni di Abraham Maslow che nel 1954 suddivide in cinque categorie fondamentali i bisogni dell'uomo, bisogni da ordinare gerarchicamente. Alla base collocò i bisogni fisiologici, essenziali per la sopravvivenza, come fame, riposo, sete e riposo; subito a seguire troviamo i bisogni di sicurezza, intesa come avere buona salute e avere un lavoro; quindi quelli di appartenenza, cioè avere un partner, dei figli, una cerchia di amici; poi sempre più in alto i bisogni di stima, che includono l'avere stima di sé ed essere stimati dagli altri; infine in ultimo posto, nel vertice della piramide c'è l'autorealizzazione, cioè realizzare sé per quello che si desidera, a tutto tondo anche da un punto di vista morale, etico e politico! È bene che sappiate che per Maslow non accade mai che un individuo colmi a caso i bisogni, ma essi sono progressivi, infatti non si può pensare di sentirsi autorealizzati se non ci si sente sicuri, bisogno che appartiene ad uno strato inferiore. L'uomo ha infatti dei bisogni da colmare e solo attraverso la loro realizzazione, ordinata, potrà effettivamente vivere una vita dignitosa e felice. La politica ha il compito di creare le condizioni che permettano all'uomo di soddisfare quei bisogni, primari e oltre, che per diritto di nascita, vuole raggiungere. Quando questo non accade la politica non riesce a portare a compimento il suo agire e resta mutilata da se stessa, mutila sé, i politici e ahimè anche i cittadini. Quando il cittadino esprime l'insoddisfazione allora il problema non è la democrazia, che invece permette il dissenso, ma la politica in sé. Allora, vista così, i populisti non sono per nulla antidemocratici, come gli avversari politici vogliono farci credere, addirittura sembra che in Italia[22] il 79 % degli elettori del nostro governo "populista", o che comunque si definiscono tali, cioè populisti, ritenga che la democrazia sia positiva, mentre in Germania i populisti che abbracciano la democrazia sono il 90% e in Spagna sono il 74%, tutti, nessuno escluso ritengono che la democrazia sia positiva e da sostenere. Penso, come Cervo, che dal 2016, anno in cui due eventi verificatesi e allo stesso tempo ritenuti impensabili dal sistema, cioè la vittoria della Brexit e pochi mesi più tardi l'elezione a presidente degli Stati Uniti di Trump, che sia questo l'anno da cui si è cominciato a considerare la sconfitta o la vittoria politica non più come un'alternanza naturale all'interno della dinamica politica, ma come una sfida tra bene e male. La Brexit, è stata apocalitticamente presentata come la fine della civiltà occidentale, non si tratta più di un semplice voto, o un'elezione, ma una scelta tra la scienza e la barbarie, e così il termine populismo ha assunto la connotazione negativa che oggi gli è propria. Il sondaggio sopra citato della pew research[23] sul populismo ha avuto il merito di togliere l'etichetta negativa ai populisti, che vengono spessissimo denunciati come antidemocratici, perché i ricercatori hanno fatto una indagine mai fatta prima con questi parametri: hanno chiesto, a campioni che si definivano populisti, cosa ne pensassero della democrazia e poi hanno messo a confronto i risultati con quelli ottenuti da campioni che si dichiaravano non-populisti, ma democratici. Il risultato, come detto ha spiazzato i più, perché spesso si sono trovati più democratici nei populisti che viceversa! Appiccicare le etichette è pericoloso, ma in questo caso è pericolosissimo perché si rischia di mettere in discussione l'intero sistema della politica. A domande che rappresentano i cardini della democrazia, domande sull'uguaglianza, le pari opportunità, la differenza di genere, ... non sono emerse differenze riscontrabili, ma a volte è accaduto che ci fosse un'adesione ai principi democratici di uguaglianza, di antirazzismo maggiore nelle fasce ritenute populiste che quelle che si dichiaravano democratiche. Quindi la parte avversa non è necessariamente incapace di stare nel gioco democratico! Ultimamente sta circolando l'idea, soprattutto nel web, della "patente per votare", cioè l'establishment sembra voglia proporre un diritto di nuovo voto, questo diritto lo dovrebbero avere, secondo questa visione, solo i più colti, i più sofisticati, cioè coloro che sono ritenuti in grado di votare cioè capaci di pensare e pensare bene. Per restare solo per un momento in Italia ricordo che l'articolo 48 della nostra Costituzione, dice che il voto è personale ed eguale, libero e segreto, quindi la nostra Costituzione si basa sull'idea che tutti, ma proprio tutti, a prescindere dal censo o dall'istruzione che si possiede, possano esprimere un voto che ha lo stesso valore di tutti gli altri, il famoso "uno vale uno" spesso citato anche a sproposito dai grillini. Bobbio diceva «… nulla fa peggio della democrazia che l'eccesso della democrazia …»[24], ma questo è un pensiero che andrebbe maneggiato con cura, perché in questo modo l'esercizio democratico diventa parte del problema e non della soluzione. Per esempio molti hanno ipotizzato che in

Inghilterra il referendum sulla Brexit abbia dato modo a persone non competenti, perché non in grado di saper valutare le conseguenze del loro voto, è stata loro chiesta una risposta secca, con una decisione che si semplificava, infatti il referendum chiede di scegliere tra un "sì" o un "no", ma questa volta il tema era assai complesso, come si è poi visto, e forse il referendum era troppo semplificante. Ma siamo proprio sicuri che questa idea di "patente per votare", sia ascrivibile alla parte più progressista della comunità o forse, come credo , sia invece testimonianza di un regresso messo in atto solo dalla paura e dalla mancanza di un pensiero complesso forse anche nella parte più colta, o ritenuta tale, della società? Nel passato, tutti ricordiamo, si poteva votare per censo, ed oggi la soluzione risiederebbe nel voto sulla base di un censo culturale o di competenza? Sinceramente non vedo nulla di così progressista e moderno in questo pensiero, anzi. Addirittura per restare sul tema Brexit, si diffuse al tempo il pensiero, tra l'altro sostenuto da Alessandro Rosina, che fosse necessario ponderare il voto in base all'età del votante, così da stabilire per quanti anni un individuo avrebbe subito gli influssi della decisione del voto. Quindi un giovane, essendo nella parte iniziale della vita accuserebbe di più il colpo della Brexit, rispetto ad una persona anziana che, si ipotizza, abbia di fronte a sé un tempo minore di esistenza e quindi subirà meno le conseguenze del voto! Ecco perché si diffuse l'idea che i giovani avevano votato per non uscire dall'Unione Europea, mentre gli anziani per uscirne. È un pensiero non solo pericoloso, ma si scontra con i cardini della democrazia, è come se dicessimo che la democrazia si debba difendere da se stessa. Inoltre se la mettiamo in questi termini e quindi, che si deve riorganizzare la democrazia per non dare eccessivo spazio ai rozzi e agli incolti, chi allora e come, deciderà chi è dentro ed ha voce in capitolo e chi resterà fuori? Ecco perché ritengo che sia un concetto pericoloso. Per non essere semplificatori dobbiamo guardare ad ampio raggio, ai grandi poteri che la finanza possiede, e come essa con le sue decisioni si prende gioco dei piccoli cittadini che non hanno modo di reagire e protestare per politiche che ritiene ingiuste. Basta osservare la Banca europea e la sua politica con gli Stati Nazionali, come agisce, e noi l'esempio lo abbiamo molto chiaro in Italia. Forse è stata l'Italia incapace di comprendere alcune mosse strategiche della Banca Europea, che in realtà tutela l'Europa e non il singolo Stato? Non siamo in presenza di un dittatore, però si sono altresì create delle dinamiche all'interno dei vari ordinamenti europei, molto diverse e conflittuali, la speranza è che si possano affrontare questi temi smettendo di considerarli lontani o sciocchezze poste da altri, altrimenti non si riuscirà mai a vedere i problemi per quello che sono; dando cioè colpe e responsabilità a quello o quell'altro, populista o sovranista che sia considerato. Il dibattito dovrebbe divenire una sfida totale e non un'accusa inutile. Non dovrebbero essere più i tempi di conquistare ragioni vuote di significato, quanto invece, i tempi della ricerca di soluzioni comuni e comunitarie. Ma non tutti sono d'accordo con questo modo di affrontare la situazione e la soluzione ai problemi politici ed economici degli Stati. Per esempio Rodrik[3] parla di un trilemma esistente tra democrazia, globalizzazione e autodeterminazione nazionale e che tutte e tre contemporaneamente non possono sussistere, ma dice che è possibile la convivenza di solo due contemporaneamente. E così per buona pace dei progobalizzazione, sostiene che la globalizzazione debba essere ridimensionata e lasciare il posto alla democrazia e agli Stati Nazionali che separatamente possono e devono, se non si vuole rinunciare allo Stato-Nazione o alla democrazia, mettere in secondo piano l'economia internazionale depotenziando la globalizzazione[25]. Secondo Rodrik, la globalizzazione può essere tollerata solo da quelle società che riescono a garantire dei benefici condivisi. Il paradosso risiede nel fatto che, la globalizzazione funziona per tutti solo se tutti rispettano le stesse regole, applicate da un governo tecnocratico e globale, non entro ora nel merito di come Rodrik determini l'elezione dei suoi rappresentanti, perché si aprirebbe un dibattito ancora più ampio. Ma la realtà dei fatti, e in questo mi sembra che Rodrik non sia lontano da essi, presenta la maggior parte dei Paesi che non vogliono rinunciare alla sovranità Nazionale né alla possibilità di gestire la propria economia, pensando più agli interessi del proprio Paese che a quelli internazionali. Per Rodrik alcuni Stati non lo faranno mai, non lo faranno mai né la Cina, né l'India, ma neanche l'Europa o gli Stati Uniti, anche perché risulta assai complesso integrare una economia nazionale a quella internazionale. La soluzione proposta dall'economista starebbe nel contenere la globalizzazione per lasciare il posto alla democrazia e alla determinazione nazionale. Gli Stati hanno tutto il diritto di difendere le esigenze della propria Nazione anche quelle economiche e non piegarsi all'economia mondiale. Quindi propone uno strato sottile di regole internazionali, che però riescano a lasciare un ampio spazio di manovra agli Stati Nazionali così da non annullare la globalizzazione ma riequilibrarla. Un po' quello che proponeva in altri termini l'approccio di Latouche con la "decrescita felice". Ma non tutti sono seguaci di questo pensiero, per esempio Rosa Lastra, docente di International Financial and Monetary Law alla Queen Mary University of London, critica fortemente Rodrik scrivendo «… secondo me la dicotomia tra mercati internazionali e leggi nazionali può essere meglio affrontata proprio attraverso l'internazionalizzazione delle regole e delle istituzioni che governano i mercati mondiali … la risposta è quella di più leggi internazionali e meno nazionali…»[26]. Insomma un approccio diametralmente opposto a quello di Rodrik, che ha una estrema fiducia nelle leggi nazionali, seppur accompagnate da un più debole sostegno di leggi internazionali, infatti la studiosa vede in questo modo di affrontare i problemi, la causa stessa dei problemi e della crisi; anzi la Lastra si spinge ancora oltre ritenendo che a gestire il cambiamento delle regole da nazionali ad internazionali debba essere il fondo monetario internazionale, lo definisce uno "sceriffo globale"[27] che ci potrà portare alla stabilità. Certo è che la globalizzazione è oggi un dato di fatto connaturato nei Paesi e non si può sottovalutare la sua esistenza e quindi non si può tornare di sicuro al passato, perché non sussistono più le condizioni di un tempo e i nostri governanti se ne dovrebbero rendere conto, senza invece incastrarsi in inutili battibecchi per dare le colpe del presente a qualcuno considerato al momento pericoloso, per poi magari diventare suo alleato in un futuro prossimo, qualora lo si considerasse utile alla propria causa nazionale. Piuttosto bisognerebbe cercare il modo di gestire questa globalità che ci sfugge di mano e che non comprendiamo da una parte, e che ci avviluppa trascinandoci in un terreno a noi completamente sconosciuto e imprevisto dall'altra. Talmente tanto sconosciuto da non sentirci ancorati a terra, come dice perfettamente Bauman, viviamo ormai in una società fluida senza punti di riferimento sballottati dalle onde della globalizzazione, senza coscienza o capacità di gestione. Il problema è che la politica ed in gran parte l'intellighenzia europea e globale non ha ancora compreso la portata del fenomeno globalizzazione e chi dovrebbe guidarci è fermo e non

riesce a comprendere come muoversi e agire. Umberto Eco
definirà questa situazione come il terreno dell' "Ur-Fascismo",
Bauman come una condizione di doppio legame, cioè una
situazione di incoerenza emotiva ed incongruenza nelle proprie
decisioni. Infatti da una parte i governanti del proprio territorio,
sono legati da una parte ai poteri globali, dall'altra però ai loro
elettori, locali, ecco perché sono indecisi e sembrano delle volte,
sballottati dagli eventi, non fanno altro che stare
contemporaneamente in due situazioni che non possono essere
l'una assimilabile all'altra. Così non riescono a soddisfare
appieno né una parte né l'altra e si limitano ad ascoltare, annuire
e magari a realizzare qualche richiesta ma in modo superficiale
e discontinuo, così che nessuna delle due parti sarà mai
completamente soddisfatta. Rinunciare alla globalizzazione è
dunque impossibile, ma in noi dovrebbe sorgere il dubbio che
tutto quello che la globalizzazione ci ha portato non è detto che
sia necessariamente positivo, e iniziare a capire ciò che di essa
può essere tenuto e ciò che di essa sia necessario eliminare,
trasformare. Questo potrebbe, a mio avviso, essere un buon
punto di partenza per affrontare in modo intelligente il futuro,
soprattutto per chi ha il dovere di governare. Credo inoltre che
un grande aiuto possa giungere dagli intellettuali, ma quali
intellettuali? Forse dovremmo anche qui rivedere i parametri di
identificazione di un intellettuale, perché oggi sembrano scollati
dalla realtà, basti pensare alle elezioni americane di Trump, i
giornalisti di tutto il mondo, gli "intellettuali, e gli opinionisti di
grido, davano per scontata la vittoria della Clinton, senza
rendersi minimamente conto della realtà e di ciò che stava
accadendo nell'elettorato americano. Infatti il presidente degli
Stati Uniti oggi è Trump, quel Trump tanto denigrato e offeso
dalla carta stampata e dai media. O anche, la maggior parte dei

giornali europei, non solo era ostile alla Brexit, ma addirittura si diceva certa che non ci sarebbe stata mai la sua vittoria alle urne; ed anche qui gli elettori hanno risvegliato dal torpore i giornalisti e gli intellettuali che sognavano un'altra realtà nelle loro torri d'avorio. Il problema è che la classe intellettuale non riesce ad interpretare appieno ciò che accade, e quando cade nell'errore, colpevolizza poi l'elettore, per come ha votato, perché non lo ritiene all'altezza del suo compito, infatti per molti intellettuali il popolo non sa votare. Ma il problema esiste anche dall'altra parte, quella di chi arriva al governo. Sono uomini che dimostrano di non possedere un linguaggio e una capacità per dire le cose, per arrivare al popolo, e ciò spesso va a scapito della possibilità di risolvere e di intervenire nelle problematiche e nelle relazioni internazionali. Come ci insegna Vygotskij, psicologo specializzato sugli studi che correlano lo sviluppo del linguaggio e quello del cervello, il pensiero ed il linguaggio seguono due linee di sviluppo differenti, ma si supportano l'uno con l'altro. Il linguaggio si sviluppa nel bambino per una funzione di utilità sociale e solamente dopo diventa linguaggio interno. Quando il linguaggio viene interiorizzato, quando cioè diventa linguaggio interiore, il bambino lo utilizza anche per sviluppare il pensiero. Il pensiero, intanto ha seguito un suo sviluppo, ma poi i due si incontrano e camminano parallelamente. Quindi il pensiero, in parte si sviluppa e cresce grazie alle acquisizioni del linguaggio, in parte grazie ad altri stimoli come le immagini, i suoni, i problemi concreti da risolvere[30]. Ora capite bene, come mai senza un linguaggio maturo, e per maturo intendo che contenga un gran numero di parole, e si sia capaci di organizzarle in proposizioni logiche di senso compiuto, capite che se questo manca, non sia possibile produrre un pensiero complesso. E se i nostri governanti non sanno parlare, non possiedono un vocabolario ampio, e non hanno in sostanza sviluppato il linguaggio, il loro pensiero risulterà carente, e carente tutte le azioni, decisioni o altro che da esso dipendono. Pensiero e linguaggio pur percorrendo strade differenti sono direttamente proporzionali, come ci ha spiegato e dimostrato Vygotskij, e non si può pensare l'uno senza l'altro. Paradossalmente senza linguaggio la produzione del pensiero rimane primitiva! Quindi non possiamo stupirci di certe incapacità strutturali di alcuni politici dopo che li abbiamo sentiti parlare! E allora chi è il competente e chi no? E siamo sicuri che chi si dichiara competente lo sia veramente o la presunta competenza nasce da una necessità di difesa delle proprie posizioni? Tutte le sinistre europee, che hanno oramai perso terreno, basta vedere le dinamiche elettorali dell'ultimo periodo, seguono l'idea che chi non li vota o non vota, non sa, è ignorante, non capisce la cosa politica. Le sinistre postulano la propria competenza, tant'è che Martino Cervo la chiama la "dittatura dei competenti", ma non quella dei propri elettori; ma possibile che le nuove sinistre, antipopuliste, in questo caso è giusto dirlo, si scaglino contro il popolo? Possibile che si siano dimenticate il messaggio gramsciano di egemonia culturale, che voleva il voto di tutti, rendendoli partecipi e consapevoli, istruendoli attraverso la scuola e il partito al pensiero, perché le scelte del popolo fossero scelte competenti? Come mai oggi la sinistra si scolla in questo modo così evidente dalla sua base, dalle sue origini e ahimè anche dalla realtà? Non esistono più ideologie chiare e definite come un tempo, e questo non aiuta alla comprensione della società, inoltre oggi tutti, èlite e popolo, ricercano esclusivamente la massimizzazione delle soddisfazioni materiali. Infatti il liberalismo[4], aveva promesso una alta qualità della vita e dei benefici che gli uomini non sono riusciti a raggiungere, quindi ha disatteso tutte le aspettative. Oggi, ed il dibattito negli Stati Uniti è aperto, su questo argomento almeno da una decina d'anni, ci si chiede se il liberalismo sia al termine della sua corsa, visti i risultati da esso ottenuti. Se così fosse in che direzione spinge il cambiamento? Forse è il caso di rimettere l'uomo al centro del dibattito politico e della vita e decentrare l'economia? Quindi, la situazione è ben più grande di quella che superficialmente la cultura oggi ipotizza, inoltre il problema è lievitato a causa delle fake news scritte, in etere e nelle trasmissioni televisive: dibattiti intestini che poi si incentrano sempre su piccole questioni passatemela, personali; il problema è che restando senza una cornice di senso nella quale il mondo possa muoversi l'uomo si sente inadeguato complessivamente a questo mondo così instabile e chi dovrebbe fare informazione non la fa in modo corretto, ma schierandosi, e questo non sarebbe neanche un grave problema, quanto piuttosto quello di cambiare la realtà sottolineando ora un evento, enfatizzandone dopo un altro, dimenticando i dati oggettivi e lasciandosi prendere dalla faziosità. La lotta alla disinformazione apre un'ulteriore porta quella per comprendere chi e come controlla democraticamente le fake news. Esiste sulle istituzioni adibite al controllo un ulteriore controllo delle stesse?

La Chiesa punto di riferimento nel mondo caotico della globalizzazione?

La Chiesa in questa incertezza di ideali e punti di riferimento persi, diventa oggi la rappresentante vera dell'uomo e dei suoi bisogni e delle sue esigenze. Nel manifesto della Chiesa cattolica del 2017, "La Dichiarazione di Parigi", il fior fiore degli intellettuali cattolici, parla della falsa Europa e del deficit di democrazia nelle istituzioni europee e lo fa non da populista, ma scende in profondità senza essere nel suo intento funzionale a questo o a quel partito o movimento di questo o di quel Paese. L'idealità cristiana non deve essere un orpello per aiutare i politici, ma si pone come obiettivo quello di mettere in luce la situazione e le difficoltà dell'Unione Europea che non è riuscita a difendere l'uomo, anzi lo sta travolgendo dimenticandolo. Il sistema liberale oggi si scontra con le difficoltà reali, perché non ha garantito e non riesce a garantire la qualità di vita promessa. In realtà non credo sia facile la risposta a tutto ciò, certo una risposta sarebbe quella del messaggio della Chiesa che mette invece al centro l'uomo e la sua dignità, non sottovalutiamola, solo perché non crediamo, potrebbe darci degli ottimi spunti di riflessione! Bisognerebbe mettersi a tavolino e cercare di comprendere, ma con la volontà di farlo e non quella di raggiungere un obiettivo piccolo, personale o partitico! ma come vedremo successivamente la chiesa cattolica spesso sarà al centro del nostro dibattito. Ora come promesso al termine del capitolo precedente fornirò un attento e concreto identikit del leader populista di nuova generazione.

Capitolo Quinto

Il Capo: il Leader populista 2.0
Quale l'identikit del leader populista di ultima generazione?

> «… oggi non sono necessari dibattiti politici …, Sono sicuro che vi sia capitato di constatare che cosa succede quando cade un albero su una strada e in molti si riuniscono intorno. Ci sono sempre due tipi di persone. Quelle che hanno grandi idee su come spostare l'albero e che condividono con gli altri le loro fantastiche teorie, dando consigli. E altre che capiscono semplicemente che la cosa migliore da fare è cominciare a spostare l'albero dalla strada … per ricostruire l'economia non sono necessarie delle teorie ma trenta giovani robusti che comincino a lavorare per realizzare ciò che tutti sappiamo deve essere fatto …»[1].

I leader dei populismi, sono la figura centrale di questi movimenti o fronti che dir si voglia e dirò di più: i populismi di nuova generazione, quelli che Revelli definisce 2.0 hanno il loro leader specifico, che inserito nella comunicazione internettiana e di massa riesce a gestire il dialogo con il popolo da solo senza bisogno di intermediari o media che editino interpretandolo il suo pensiero o le sue scelte politiche. Semplicemente potremmo dire che sono uomini o donne che sono proprio come gli uomini e le donne del popolo, ma non sempre è così, perché per esempio il Presidente Trump questa immagine non la rispecchia proprio. E Trump è ritenuto uno dei più potenti popolusti della nostra epoca. Trump tutto è tranne che "uno di noi", è carismatico, simpatico, trascinatore, imponente, deciso, categorico, infantile,

…, insomma un po' tutto quello che un uomo o una donna normale non sono. Madeleine Albright racconta che il Presidente amasse recitare una poesia, durante la sua campagna elettorale, che narra di una donna, istintiva è vero, ma di animo molto buono. Un giorno uscendo di casa trovò un serpente che era quasi assiderato, così lo raccolse, lo portò nella sua dimora, e lo curò. Appena il serpente stette meglio la donna lo prese in braccio, ma quello la morse al petto. Così mentre stava morendo, la donna chiese al serpente il perché del suo gesto. Lui le rispose: «… taci, stupida donna, sapevi bene che ero un serpente quando mi hai portato in casa tua! …». Ecco questa la poesia che Trump usava per fare breccia nei cuori e allo stesso tempo riusciva a mandare il messaggio sulla sua politica, come si sarebbe comportato. La Albright continua raccontando, che la platea come al solito applaude, e lui ride con il suo popolo, con chi come lui non vuole accogliere i serpenti tra le mura di casa. Infatti poi il presidente concludeva sempre con «… è vero o no che spiega tutto, gente? È vero o no? Costruiremo il muro amici ne potete essere certi. Andate a casa e dormite sonni tranquilli … »[3]. Racconto questo, perché come più volte ho sostenuto il linguaggio del leader è fondamentale. Da una parte è familiare, comune, semplice, dall'altra veicola contenuti sostanziosi che in questo modo vengono digeriti e assimilati dalle folle in modo quasi naturale. Pensate che George Orwell disse che il termine che meglio descriveva un fascista fosse "bully", cioè bullo, prepotente, mi domando se la stessa parola non definisca altrettanto bene il capo populista! Se andiamo ad analizzare il linguaggio con il quale si esprime il Presidente Trump possiamo comprendere quanto sia studiato e di finta estemporaneità, infatti utilizza concetti semplici, rassicura in prima persona, mettendoci la faccia, si presenta come l'amico del popolo, in realtà ancora più raffinato, di ogni singolo appartenente al popolo, infatti utilizza il termine al plurale: «… amici …». Insomma sa dove colpire e quali sono le leve della comunicazione che è necessario muovere per ottenere il risultato voluto. Non è un caso che questo suo modo di parlare e fare lo abbia condotto alla Casa Bianca, al contrario di quanto pensavano i suoi avversari politici e la stampa internazionale. Quindi a prima vista anche se il nostro leader non è "come noi", ci aspettiamo che sarà in grado di fare quello che "noi vorremmo", perché lo sa interpretare e ha la forza, l'energia e la scaltrezza di metterlo in atto. Per prima cosa allora, il leader deve essere carismatico, ma allo stesso tempo una persona normale. Chávez amava dire « … sono un po' come tutti voi …»[4]. Il capo populista inoltre è scelto dalla maggioranza, che lui dovrà cercare di far divenire totalità, perché immagina che possegga delle capacità superiori agli altri, infatti riesce a comprendere quale sia il bene comune in base a quello che percepisce dal popolo col quale è in costante contatto. Gli slogan elettorali sono un esemplificativo segnale di come si muove il leader populista. Per esempio il populista austriaco di estrema destra Heinz-Christian Strache presentò durante la campagna elettorale questo slogan: « ER will, was WIR wollen»[5], cioè "Lui vuole ciò che Noi vogliamo", o ancora «Er sagt, was Wien denkt »[6] che significa "Lui è oppure lui dice, ciò che Vienna è". Si capisce bene che la vicinanza del leader al popolo o al singolo appartenente, funziona e trascina, perché il capo riesce a rappresentare appieno ciò che la maggioranza desidera, avere lo stesso pensiero, essere ciò che è l'altro, è un po' il dictat del capo populista. Ma in questa forma di identificazione leader-popolo resta ben nascosta la vera identità del leader che si camuffa pur esprimendo il linguaggio e gli atteggiamenti che il cittadino desidera, cioè si rende portavoce delle istanze del popolo. Ma questo non è sufficiente, il leader populista è attento anche ai bisogni interni, quelli umani della gente, perché si è reso conto che le persone hanno bisogno di essere prese in considerazione. Quindi sintetizzando il populismo è incentrato su un capo carismatico e contemporaneamente sull'esaltazione del popolo; la superficialità delle masse e la demagogia, si direbbero i contrari del populismo, io invece che analizzo in modo asettico o almeno cerco, i fatti, sostengo che le persone stanche dei politici di maniera, capaci solo di utilizzare il politichese, hanno sperato in quelli che si sono presentati in maniera diversa: parlano semplice, si vestono come la gente comune, fanno ciò che piace a tutti noi, mettono un like su facebook, pubblicano la loro storia con i figli davanti ad un succulento piatto di pasta, si indignano apertamente di ciò che va contro gli italiani; insomma in loro l'uomo comune si è rivisto, e ha sperato dopo anni di buio pesto nella politica, che ha visto aumentare la sfiducia rispetto a qualsiasi altro atteggiamento propositivo, ha sperato nell'uomo nuovo, meglio colui che dal partito e dalla gavetta non proveniva, perché lui almeno era onesto e capace o perlomeno giusto nei riguardi del popolo. Meglio ancora se parla come l'uomo comune e alle volte sbaglia per esempio i congiuntivi, perché è la stessa cosa che farebbe un onesto appartenente al popolo.

Dopo tutto il politico della vecchia guardia usava il linguaggio "politichese", per presentare i fatti in modo a lui favorevole, con il pensiero, guidato dal suo senso di superiorità culturale, di essere migliore del popolo che invece riteneva ignorante. Questo atteggiamento mi sembra simile al concetto di alcuni filosofi greci che vantavano una superiorità nei confronti del popolo. Il filosofo è saggio, sapiente, indaga ciò che l'uomo comune non sa indagare, può percorrere la strada della conoscenza, seppur con fatica, ma è in grado di affrontarla e ha il compito di insegnare all'uomo comune il cammino, guidarlo alla verità. Insomma basta pensare al mito della caverna di Platone, che tra l'altro ha un brutto epilogo, dato che il filosofo una volta liberato dalle catene che lo tenevano rinchiuso nella caverna, dopo aver percorso tutti i gradi della conoscenza, riesce a contemplare l'Idea del Bene, la più alta tra le idee. Lo schiavo liberato cioè il filosofo, ha però il compito morale di risvegliare il popolo, liberarlo dalle catene e condurlo alla vera conoscenza. Ma quando prova a mettere in atto questo piano, il popolo schiavo, non lo comprende e dopo averlo deriso lo uccide, proprio come era accaduto a Socrate, nella realtà, maestro di Platone. Ecco questo è l'atteggiamento della vecchia politica che attraverso i suoi esponenti non si mischiava col popolo schiavo, né voleva spiegare la propria azione politica o condurlo alla Verità, pena la sua morte, e quindi con l'illusione di essere lui il sapiente che teneva sotto scacco il popolo, che doveva chinarsi ad accettare l'illuminata azione del politico. Però negli anni è accaduto che gli uomini hanno studiato e incolti non sono più, e sono tutti in grado di leggere una azione politica, che detto tra noi oggi non è neanche così illuminata ed indecifrabile; l'uomo non sente di aver più bisogno di una guida spirituale nel senso classico, ma di un leader che, messosi negli stessi panni dei cittadini, sia in grado di fare, agire ponendo il benessere dell'uomo al centro. Non sono più tollerabili i compromessi politici, che chiedono un'abdicazione alle proprie idee e ai proprie convinzioni etiche, tipici del politico di mestiere. Nessun privilegio, nessuna poltrona, nessuna casta, questo invoca oggi il popolo e questo il suo leader gli dà. Tutte quelle mediazioni, gli zero e virgola in economia, questo che sembra quello, ma forse non lo è o forse sì, la tassa che viene abolita, ma un attimo dopo sostituita con un'altra che ha un altro nome, ma che è la stessa della precedente, tutto questo non può essere più ammissibile e il leader populista lo sa , ha compreso la necessità di una chiarezza di intenti, di proposte fattibili e fattive, sembra quasi che non importi il contenuto della proposta, quanto piuttosto come viene fatta, cioè in modo chiaro, semplice e veloce.

Quali le tecniche di comunicazione del leader populista?

La comunicazione deve essere pop, ogni intervista al capo populista diviene gossip, inoltre l'intervista non è detto che riguardi necessariamente un argomento politico, il leader può essere chiamato per esempio come accadeva con Berlusconi, ed essere intervistato sul calcio, Matteo Renzi scriveva sulle prime pagine della rivista "Chi", o addirittura fu intervistato Mario Monti, e pensate che non si trattava neanche di un populista, ma di un uomo del governo tecnico, dicevo fu intervistato alle "Invasioni Barbariche", mentre sorseggiava una birra e poi adottò addirittura il cagnolino "Empy"[6]. Come si vede anche chi e lontano dal populismo in realtà inizia a comprendere quanto la comunicazione, ma soprattutto il modo di comunicare sia fondamentale, per arrivare al cuore del popolo. È necessaria una rivalutazione del popolo, altrimenti il popolo ti abbandona! Ma allora se così è il leader populista deve per essere performante e amato a tutto tondo deve essere, passatemi l'espressione, il manager dello Stato. Un manager pur non possedendo la sua azienda, ne è il diretto responsabile, essa che dipende in tutto e per tutto dalla organizzazione e gestione che di lei fa il capo, e a lui si affida ciecamente, perché sa che il proprio manager possiede un interesse diretto nell'ottimizzazione del lavoro. Se l'azienda funziona non solo guadagneranno i dipendenti, ma in prima persona il suo manager; quindi l'operaio, o il popolo, se vogliamo fare questo parallelo ha una fiducia spassionata in lui perché è consapevole che qualsiasi azione del manager-leader, ha come obiettivo il miglioramento economico dell'azienda, quello personale del leader e quello dei propri dipendenti. L'interesse privato si ritiene che sia il motivo per il quale il manager-leader non può tradire l'operaio-cittadino. Il bene o il male sono dunque comuni. Ricordo, quando Berlusconi "scese in campo", che una delle più grandi garanzie era proprio la sua storia di imprenditore capace, molti erroneamente, erano convinti che se era stato così capace con le sue aziende, figuriamoci quanto lo sarebbe stato nel governo dell'Italia. In campagna elettorale per esempio Berlusconi, inviò per posta ai cittadini un libercolo che narrava la sua storia, da dove provenisse e come fosse stato in grado di costruirsi da sé. Tale libretto si intitolava"Una storia italiana", ed anche il titolo ci dà da pensare. Un uomo del popolo che viene dal popolo ha fatto la sua fortuna ed ora farà quella dei suoi fratelli e amici italiani. Dopo tutto si sa che il manager deve possedere le abilità per essere un leader, e allora posso pensare che sia vero anche il contrario e cioè che un leader debba possedere le abilità di un manager. Perché il leader sia riconosciuto come tale dai suoi collaboratori, deve essere un esempio concreto di quello che profetizza e quindi i suoi comportamenti quotidiani devono essere comunicati e trasmessi in ogni modo: social, media, interviste, manifestazioni, … Il manager, poiché responsabile delle persone, a lui legate da un contratto lavorativo, ha il compito di assicurarsi che i suoi collaboratori, il suo gruppo raggiunga determinati risultati in termini di performance. Anche qui ricordo come il Presidente Berlusconi, primo fra tutti, strinse il famoso "contratto con gli italiani", in diretta televisiva. Era l'8 maggio 2011, cinque giorni prima delle elezioni politiche, nel corso della trasmissione televisiva "Porta a Porta", condotta da Bruno Vespa presentò tale documento. Con esso l'allora capo dell'opposizione si impegnava, in caso di vittoria elettorale, a varare diverse riforme, riassunte in cinque punti, e in caso di mancata realizzazione di almeno quattro punti, prometteva che non si sarebbe ricandidato alle successive elezioni politiche. Ecco qua i cittadini erano divenuti in diretta televisiva, mentre il futuro premier firmava un documento sotto gli occhi di tutti, i dipendenti del manager Berlusconi, che li legava a sé con promesse di un'Italia più giusta, più equa, più moderna e più competitiva! In un'azienda che funziona, tutto è calcolato fino al'ultimo dettaglio: il prodotto deve essere impacchettato in un certo modo per il consumatore tipo, chi vende si auto induce il sorriso per accogliere il cliente, perché un formatore gli ha detto che è meglio così, i cassieri possono avere frasi standard e un tempo predefinito di interazione col cliente, gli operai hanno un numero di secondi prefissato per condurre i propri compiti, da soli o in squadra, infine il migliore verrà premiato. Tutto questo ricorda gli psicologi comportamentisti, Pavlov fra tutti, e le tecniche di condizionamento. Nel campo aziendale esistono inoltre i metodi, desunti da Taylor e Ford, che sì hanno portato al boom della produzione, ma hanno fatto tutti e due lo stesso errore: hanno sottovalutato gli aspetti emotivi, però come ci insegna bene Antonio Damasio, le cognizioni e le emozioni non hanno istanze separate. Lo studioso ci dimostra come la ragione non sia in grado di funzionare senza l'emozione, chi perde la capacità emozionale, perde ragionevolezza. Bene torniamo al nostro leader populista e pensiamo che si ponga come un capo d'azienda, cercherà di applicare le tecniche appena descritte, al suo agire politico, ma con un'arma in più perché lui oggi sa, forte delle ricerche avvenute nel campo, quanto sia essenziale l'emotività di chi ha di fronte. Le emozioni in politica come in azienda sono fondamentali perché rappresentano l'elemento motivante, pensate che l'etimologia del termine motivazione è proprio emozione. Vista da questo lato la leadership politica deve soddisfare il cittadino, e più egli è emotivamente legato al popolo, e viceversa più il popolo si sente coinvolto emotivamente, più questo si sente soddisfatto del suo agire. È necessario che il cittadino venga coinvolto dal leader, ma badate bene non più con la ritualità della propaganda e delle manifestazioni tipiche dei totalitarismi e degli autoritarismi come ho ampiamente spiegato, oggi siamo nel XXI secolo, e questo il leader lo sa e per non risultare anacronistico, distante o peggio incomprensibile, utilizza twitter, facebook, instagram, …, ed attua un dialogo diretto e familiare, raccontando più di sé e delle sue abitudini, famiglia inclusa, che di politica. E quando parla di politica protesta contro chi non lo mette in condizione di agire come vorrebbe, colpevolizza l'opposizione che gli impedisce di realizzare i suoi piani e che non li comprende. Il leader ha il compito di essere l'uomo del cambiamento, solo così chi lo acclama è più propenso a partecipare, alle operazioni di change management, per usare un termine aziendale, rottamazione insomma cambiamento. Un altro compito del leader è ridurre lo stress dei cittadini, perché lui, prendendo in mano la situazione con coraggio e tempestività, come farebbe un manager nella sua azienda, diventa il diretto esecutore e responsabile, almeno in apparenza, e libera i cittadini dalle preoccupazioni o dai pensieri che lo perseguitano: come i problemi economici, la disoccupazione, lo spread, … In ultima analisi il leader deve avere un atteggiamento d'aiuto o altruistico nei riguardi di chi si affida a lui attraverso una serie di manovre come: l'abbassamento delle tasse, il suo coinvolgimento emotivo, quando ahimè accadono disastri idrogeologici o terremoti, magari andando in loco, pensate a quando il premier Berlusconi ha organizzato con i suoi, il G8 del 2009 in Abruzzo dopo il terremoto che ha messo in ginocchio quella regione compreso il suo capoluogo, L'Aquila. Tutti gli effetti del coinvolgimento emotivo, se in azienda coincidono fortemente con la performance aziendale, in politica coincidono con un aumento del consenso popolare e quindi di voti; perché giocano sul presunto benessere raggiunto dalle persone, cittadini o operai che siano. L'obiettivo principe del leader politico dovrebbe consistere, mi spiace ma uso il condizionale perché troppe volte nella storia il leader si è dimenticato di essere guida e punto di riferimento dei propri cittadini che con lui e da lui imparano il comportamento etico, non solo nell'affrontare i problemi emergenti ed attuali, ma nell'educare il suo popolo, in tal mode le cose potranno continuare a funzionare. In merito a ciò ci viene in aiuto Albert Manduria con la sua teoria dell'apprendimento sociale e del concetto di autoefficacia. In sostanza lo psicologo ha dimostrato, attraverso diversi esperimenti che i bambini imparano in un ambiente sociale imitando il comportamento altrui, e che se si sentono in grado di avere successo o di fallire in una prestazione, allora aumentano le possibilità rispettivamente di vincere o fallire. I risultati dei suoi studi, dunque si discostarono da quelli dei comportamentisti, che come sappiamo ritengono che l'apprendimento avvenga attraverso il condizionamento, i rinforzi ed i premi. La sua teoria, la teoria del modellamento, si basava sul fatto che l'apprendimento ha bisogno anche di osservazione, da lui chiamata osservazione vicaria, di un modello e di imitazione di quel modello; a tal proposito lo studioso coniò il termine modellamento: cioè qualcuno acquisisce la funzione di modello ed influenza il comportamento di colui che l'osserva, poiché si impara in un ambiente sociale imitando spesso il comportamento degli altri (pensate al concetto di massa di cui ho diffusamente parlato), questo processo è noto come teoria dell'apprendimento sociale. Chi più di un leader, populista per giunta, ha questo potere nelle sue mani? Potere che tra l'altro vale più di qualsiasi altro potere. Il popolo secondo Bandura, dunque lo imita, ne apprende i comportamenti, e si comporta eticamente, socialmente per dirla con Bandura, come lui. Allora essere efficaci, capaci e attraenti risulta fondamentale, perché un leader per essere preso a modello deve essere riconosciuto tale. Quindi tutto ciò fino ad ora detto collima alla perfezione. Per Bandura l'agire morale è il prodotto dell'autoregolamentazione attivata in un contesto sociale. Bandura sostiene che le persone possono agire in modo umano o inumano. Il comportamento inumano diventa possibile quando una persona riesce a giustificarlo. Questa giustificazione comporta una sorta di ristrutturazione cognitiva, che segue uno schema specifico e tutto parte come al solito dal linguaggio che "igienizza", rende pulita un'azione, rimuove il peso della crudeltà da una azione, il linguaggio è una componente chiave di questo processo. Penso alle politiche di Trump nei riguardi degli immigrati, o anche degli italiani, penso alle repressioni cinesi, piazza Tienanmen e la primavera democratica cinese soffocata nel sangue di giovani sorridenti e pacifici, o ancora al genocidio con la conseguente pulizia della razza. Accade come se si verifichi una sorta di giustificazione morale, in cui si minimizza il danno causato all'altro e si sposta la responsabilità sull'altra persona o su un intero gruppo di persone. Tutti abbiamo sentito le parole di quanti accusano gli immigrati della propria morte o peggio di quella dei propri figli, giustificando la propria posizione, perché a loro avviso, non sarebbero dovuti partire, sono stati a detta loro irresponsabili sia nei propri confronti che ancora peggio in quelli dei propri familiari, (e giù applausi …). Mi domando siamo umani o inumani? Incolpare o disumanizzare la vittima è spesso l'ingrediente base delle azioni brutali volte a rendere moralmente accettabile qualcosa che non lo è affatto. E allora il comportamento morale del leader diventa importantissimo perché egli è esempio e educatore, e ha in sé gli strumenti per far accettare pacificamente ciò che in un'altra situazione o con un altro modello il popolo non accetterebbe. Quello che penso è che il leader populista o no abbia una grande responsabilità, ed è una responsabilità sociale che lo dovrebbe mettere nella condizione di pensare a ciò che rappresenta per il popolo e allora solo allora può capire la strada giusta da intraprendere, quando dentro di sé comprenderà il compito che la storia gli ha assegnato. E allora torna utile la teoria dell'autoefficacia, self-efficacy, di Bandura, ma soprattutto quella dell'autoefficacia percepita. Le persone sono in grado, secondo la capacità che Bandura chiama autoriflessione e autoregolazione della mente umana, di dirigere e motivare se stessi, mediante obiettivi ed incentivi, in base a standard interni, restando autonomi rispetto ad ogni altro fattore esterno. L'autoefficacia percepita scaturisce da una serie di autoreferenze e autoregole che guidano e dirigono il comportamento umano[32]. Quindi la persona può convincersi di poter aver successo, per esempio un leader efficace o di fallire una prestazione, leader non efficace. Questa auto previsione avverrà perché è auto condizionante. In sintesi se si crede di farcela si hanno notevoli possibilità di riuscire, e allo stesso tempo se l'obiettivo sembra impossibile e quindi si immagina di non farcela allora aumentano le possibilità ma in senso negativo. Ora abbiamo più chiaro, perché alcuni leader populisti appaiono sicuri di sé, decisi ed infallibili, per dare l'impressione che loro siano il meglio e siano insostituibili. Inoltre questo atteggiamento oltre a produrre approvazione e sostegno permette l'errore, giustificato come non proprio, ma causato da altri, come prima accennavo, ma soprattutto permette l'errore perché il cittadino che nel leader si immedesima gli è amico lo giustifica al di là dell'evidenza. Quindi la leadership, se prendiamo in considerazione Bandura, deve abbiamo detto essere etica e morale. Etica, dal greco ηθοςς, ethos, significa "comportamento", "costume", "consuetudine", quindi si sta parlando di ciò che i leader dovrebbero fare. Per ciò che riguarda la leadership, l'etica è stata identificata come la sola variante in grado di condurre le azioni del leader e del popolo. Una leadership etica produce effetti in vari campi: aumenta nei sistemi aziendali e non, la soddisfazioni e il benessere lavorativo, incoraggia comportamenti pro sociali. Le persone che comprendono di far parte di un'organizzazione giusta attivano comportamenti in cui si aiutano a vicenda e attivano in questi casi molto spesso comportamenti di cittadinanza attiva, comportamenti pro sociali, che non sono pagati, né retribuiti in nessun modo. È l'azione che possiede in se stessa la forza morale e non richiede altro che la sua realizzazione, è il contributo, la partecipazione si sarebbe detto un tempo, che i cittadini amano dare in forza di se stesso, non si aspettano nulla in cambio se non il benessere che dalle loro azioni scaturirà come conseguenza inevitabile. Tutto questo giova all'azienda, allo Stato, l'altruismo ha come conseguenza la performance e la produttività, in questa dinamica il leader diventa il modello e di lui ci si fida. Il professor Antonino Giannone avanza la teoria degli stereotipi, nella quale sostiene che ogni persona, identifica in tempi reali che sia l'altro, se sia un amico o un nemico. L'immagine che creiamo negli altri dipende secondo Giannone da due tratti: la competenza e il calore. Da come si combinano competenza e calore, nell'altro, l'elettore, percepisce il leader nasce un'emozione. Se il leader è percepito come poco caloroso e poco competente, le reazioni sono nella maggior parte negative e provano pietà nei confronti del leader; se invece è percepito molto caloroso e poco competente, le reazioni emotive sono ambivalenti anche se alla fine prevale il disprezzo. Badate bene che una emozione di questo tipo riesce a mantenere un leader nelle sue mansioni, però farà cilecca quando gli obiettivi riguarderanno il gruppo, perché da esso non è riconosciuto. Il leader può essere percepito, molto competente e poco caloroso, anche in questo caso le emozioni appaiono ambivalenti, per poi emergere l'invidia. Il leader invidiato non riesce a instaurare una relazione con il popolo; infine può essere percepito come competente e caloroso, in questa situazione nasce il sentimento di ammirazione e quindi siamo di fronte ad una relazione perfettamente diretta e riconosciuta con i suoi elettori[34].

Se a qualcuno è venuta la fantasia di leggere il libro di Michela Murgia "Istruzioni per essere fascisti"[33], ha avuto una ulteriore opportunità per riflettere sulla figura del leader populista ed indagarla più a fondo. Quando per esempio l'autrice parla del fascismo sostiene che un fascismo sia sempre populista, mentre non sempre un populismo è fascista. Descrive, il fascismo per l'appunto, come il sistema statale da scegliere in base al fatto che sia il meno costoso, il più veloce e sicuramente il più efficiente. E continua costruendo una alleanza con i lettori quando sostiene che bisogna dare spazio al popolo, perché essi rappresentano la parte buona della società infatti chi appartiene al popolo sa per nascita come affrontare la vita, lo fa tutti i giorni, ritiene in seconda analisi che oggi ci siano le condizioni perché il popolo oggi ritorni al fascismo, perché si è reso conto di quanto esso abbia fatto per la gente e per i semplici; leggendolo mi aspettavo la voce di nonno che esordisse con un : - eh quando c'era lui! –. In realtà non si discosta dal pensiero del nostro D'Alema, come avrete modo di leggere nell'intervista che è riportata nel testo più in là, sì quel D'Alema , Presidente del consiglio rimasto in carica dal 21 ottobre 1998 al 22 dicembre 1999, primo esponente dell'ex PCI a raggiungere tale incarico, che con la classe e l'aplom che da sempre lo rappresenta spiega il suo punto di vista sul popolo, e come governare bene. Insomma per la Murgia un nuovo Mussolini leader, sarebbe l'ideale, ma non il leader inteso come nei sistemi democratici, il suo dovrebbe mettersi a capo dell'Italia. Un leader, che sia una guida superiore, perché la gerarchia è fondamentale è infatti lui (e scrivo al maschile perché si evince dal testo della Murgia che la donna non è presa in considerazione per questo compito), che decide, e deve essere anche carismatico. Sostiene che le democrazie abbiano indebolito il leader, perché imponendogli leggi e condizioni, lo hanno legato facendolo diventare pressoché inutile, quasi un fantoccio. Il leader deve essere e sentirsi libero, utilizzare i media, perché questi oggi rappresentano i suoi pulpiti, dai quali il capo può rivolgersi direttamente all'elettorato, non servono i giornalisti, che tra l'altro, come molti capi populisti sostengono lavorano assoldati dai "poteri forti", e quindi non riportano i fatti per quello che sono, ma li piegano alla loro visione politica. Addirittura la Murgia propone «… meglio arrivare dritti al popolo di persona e senza formalità, con uno stile disinvolto tipo *Chiedi al capo*, come nella rubrica di consigli del cuore delle riviste femminili di una volta…»[33]. Il concetto è che il popolo che si riconosce in un capo, così proprio come i dipendenti di un'azienda si riconoscono nel manager, vive più sereno e tende naturalmente per imitazione o apprendimento ad esso, imitandone lo stile di vita, il comportamento, le scelte. Inoltre attraverso i social le opinioni, le parole e le risposte del capo saranno condivise migliaia di volte! I nuovi media hanno il vantaggio di far sentire tutti importanti, dando a tutti, uno spazio di parola, scritta, video o audio, e tutti hanno la sensazione di parlare ma soprattutto di essere ascoltati. Il leader populista, perfetto, secondo la Murgia, è in grado di gestire anche il messaggio democratico, per esempio quello base che sostiene che uno è uguale ad uno; siamo sicuri che la democrazia sostenga che siamo tutti uguali? Si domanda la Murgia. Allora se così è che « … si percepiscano tutti uguali (gli uomini) …»[35], così nessuno avrà un valore superiore ad un altro, ma se così è si possono demolire tutte le idee e le persone. Per esempio i medici, vengono etichettati come servi delle case farmaceutiche; gli economisti, come manipolatori di numeri, assoldati dalla casta; gli ecologisti, sono degli inutili allarmisti, ricordo per esempio l'atteggiamento di Trump nei confronti del protocollo di Kyoto redatto l'11 dicembre del 1997, firmato da più di 180 Paesi[5], quando Trump non era ancora Presidente degli Stati Uniti, ma sul quale ha preso una netta posizione di distacco parlando di allarmismo e di esagerazioni rispetto all'ambiente e ai suoi presunti problemi[6]. Ed infine gli scrittori, gli uomini di cultura sono radical-chic!

Infatti il concetto è quello che gli intellettuali non servono a nulla, e non capiscono più degli altri, proprio come sostengono i democratici, dice la Murgia, che non possono lamentarsi perché sono loro a sostenere che uno vale uno! Come deve usare il leader populista i social media? La Murgia non ha dubbi, secondo lei, il capo non deve comunicare attraverso messaggi semplici, ma deve riuscire a banalizzare i messaggi. Sono i democratici che fanno il grave errore di semplificare, che oltre ad essere molto faticoso come percorso, significa togliere il superfluo e lasciare passare l'essenziale; invece banalizzare fa esattamente il contrario, toglie l'essenziale e lascia il superfluo. E quest'ultimo, il superfluo, lascia libero spazio di manovra al capo. Inoltre scrive la Murgia: « ... per ogni situazione complicata ci sono almeno venti idee diverse su come risolverla, ma di solito c'è una sola grande paura. Trovare quella paura e farne messaggio è molto più efficace che cercare di semplificare le venti idee o soluzioni diverse, che comunque non interessano a nessuno. La gente vuole che le si faccia passare la paura, ..., la soluzione è del capo ... e se il capo non ha ancora una soluzione , la migliore delle banalizzazioni strategiche è: dare al popolo un nemico da incolpare...»[36]. Mi sono permesso di riportare una lunga citazione perché mi è sembrata essenziale, per comprendere come il capo, che ha in mano il potere e rappresenta il punto più alto, almeno così come lo descrive la Murgia, rischia grosso, e più di lui il popolo. Perché se dimentica l'etica, che dovrebbe condurre la sua azione, il suo pensiero, le sue scelte, diventa quantomeno discutibile il suo agire, se non addirittura pericoloso, sopratutto per chi da tale capo è governato. Molti uomini, dittatori del passato, per questo loro fare assolutistico hanno pagato con la propria vita i propri comportamenti. Il leader deve, dice la Murgia costruire paure al fine di un controllo totale, ma questo non è un comportamento etico, non solo, sott'intende il messaggio che il popolo non conta nulla e questo in una società moderna e globalizzata risulta quanto meno anacronistico e credo irrealizzabile, e lasciatemelo affermare con convinzione, scollato dalla realtà. Secondo Bauman, la modernità è composta da due concetti fondamentali: il consumismo, che crea rifiuti umani, e la globalizzazione che determina l'industria della paura, perché la modernità sta smantellando tutte le sicurezze che l'uomo aveva. E lo sta facendo velocemente, in tempi che a mano a mano tendono ad assottigliarsi. La paura nasce dalla distruzione di tutti quei punti di riferimento passati e così le persone per sentirsi parte del gruppo, tendono ad accettare o almeno ad adeguarsi alle attitudini del gruppo per non sentirsi esclusi, Bauman la chiama omogeneizzazione. Allora se la vediamo con gli occhi della Murgia in leader populista 2.0 ha terreno facile in quest'epoca liquida che da sola già genera paure. La capacità di un capo, qualora si dovesse presentare l'esigenza di un unico capo, sta proprio nell'avvalersi di un gruppo di lavoro che lo aiuti ad essere coerente e attento ai bisogni e alle esigenze dei suoi cittadini e su queste impronti la propria azione politica. Resta il fatto che, eliminare i pluralismi è un grande rischio, per qualsiasi cittadino si trovi a partecipare a questo tipo di Stato; con la mente non si può non tornare al recente passato, da cui abbiamo imparato che senza pluralismi, il governante, il leader cammina in bilico su un filo e rischia continuamente di passare da un estremo all'altro senza che lo si possa in qualche modo rimuovere o contenere, se non, come sappiamo con un'azione rivoluzionaria.

Qui viene fuori un altro elemento sul quale fino ad ora non ho posato la mia attenzione: il gruppo di lavoro. Mentre il leader totalitario, come abbiamo visto aveva bisogno di collaboratori "tappetino", anonimi, capaci di obbedire ai comandi che provengono dall'alto senza domandarsi la giustezza, penso ad Eichmann, descritto nella "Banalità del male" dalla Arendt, come un uomo semplice, insignificante, piccolo, che non ha mai durante il processo giustificato le proprie azioni, perché ha sostenuto sempre che stava obbedendo agli ordini che provenivano dall'alto e il suo compito non era farsi domande, ma eseguire gli ordini, il leader populista (o anche manager, per continuare il parallelismo), necessita di validi collaboratori, fidati e soprattutto allineati alle sue direttive. Infatti il collaboratore deve essere in grado di raggiungere gli obiettivi richiesti; deve conoscere i processi e le procedure tipiche dello Stato; quali sono i compiti relativi alle sue mansioni; quali le richieste da soddisfare e gli standard adeguati da raggiungere nel lavoro; inoltre deve conoscere le norme ed i regolamenti dello Stato, perché in questo modo il leader riuscirà non solo a mantenere il controllo della situazione, ma soprattutto a lavorare seriamente per raggiungere i propri obiettivi che coincidono con gli obiettivi del suo popolo ma , e questo è essenziale deve proporre soluzioni, essere capace, diremmo oggi, di problem solving, non si tratta tanto di dissenso ma piuttosto di miglioramento. Certo l'esperienza tutta italiana ha dimostrato e dimostra quotidianamente ben altre capacità nei nostri leader e nel proprio gruppo di lavoro o come è più corretto dire, organico!

Qui una riflessione occorre farla: la Murgia si assicura che il suo leader possa idealmente sostituire la figura di

Mussolini e quindi, più che ad un leader populista assomiglia ad una persona autoritaria che detiene il potere e cerca di mantenerlo con qualsiasi mezzo, meglio se pacifico, ma non disdegna la sopraffazione e quando parlo di sopraffazione intendo anche una supremazia intellettuale, non solo fisica. Chissà se l'autrice ha in mente "Il Principe" di Machiavelli, ed il suo concetto di politica come scienza, quando scrive? Il leader di un partito populista 2.0, necessariamente, non può che fare i conti con la modernità, e con un popolo pensante, non più ingenuo, certo ci sarà sempre una parte più semplice, intellettualmente meno formata, ma non per questo completamente ingenua e manipolabile. Vygotskij ci insegna, ma anche Feuerstein lo sostiene in questo, che l'individuo impara non solo a scuola, ma anche da tutte le esperienze che fa. Vygotskij parla di apprendimento distal e apprendimento prossimale. Invece Feuerstein, va oltre, proponendo un'esperienza di apprendimento mediato, essa permette che un apprendimento, oltre ad essere più velocemente acquisito, si possa consolidare e restare nel tempo all'interno della persona, si cristallizza dice lo psicopedagogista. Comunque il mondo esterno, e in questo sono d'accordo entrambi, modifica cognitivamente l'individuo e gli insegna involontariamente tutto quello, da solo per Vygotskij e con l'altro per Feuerstein, è in grado di apprendere. Quindi il leader populista 2.0, deve essere consapevole di chi ha di fronte quando si rivolge al suo popolo del web, della carta stampata, degli schermi televisivi. Deve mostrare che sa che chi ha di fronte non è malleabile come un tempo. Una volta che ha inquadrato il suo interlocutore ha il compito di utilizzare un linguaggio, una immagine adeguata per essere "cliccato e ricliccato". L'immagine oggi, mi è caro sottolinearlo è moltissimo nella comunicazione. È ciò che attrae, che ci fa fermare nel mare magnum delle informazioni che visioniamo su internet; quindi sapere esprimersi, anche attraverso le immagini affascinanti, belle, curiose e perché no, private, diventa per il leader fondamentale. Spessissimo sentiamo parlare esponenti politici e nei loro discorsi accusano l'avversario di considerare i propri elettori degli sciocchi o degli stupidi, e invece, sostengono i loro avversari, che non sia così. Quanto ci sia di strategico o di verità in questi comportamenti non sta a me dirlo, ma certamente è un luogo comune da una parte accusarsi di demagogia o dall'altra parte di essere dei radical-chic. Certamente noi utilizzatori di internet dobbiamo essere accorti rispetto alle notizie a cui diamo affidamento e a come utilizziamo le nuove tecnologie, perché il rischio è che senza accorgercene ci ritroveremo catturati non più da linguaggi propagandistici, come quelli passati, ma da linguaggi moderni, veloci e fattivi, in qualcosa che non abbiamo considerato nella sua vera essenza. Come vedete manager, leader e capo populista sembrano la stessa persona, o comunque seguono le stese modalità comunicative e organizzative.

Tecnica e potere: una nuova relazione? Qual è il luogo della decisione politica?

Platone diceva che la politica fosse il luogo della decisione, tecnica regia, perché sosteneva che mentre le altre tecniche sanno come si fanno le cose, la politica sa se e perché bisogna farle, quindi per Platone la politica è il luogo della decisione[8]. Per esempio un ingegnere sa come costruire una strada, ma non sceglie come e dove costruirla, è la politica che sceglie questo! La virtù dei politici, è la capacità di scegliere. La tecnica non è un insieme di strumenti, questa è la definizione della tecnologia. La tecnica è razionale, perché consiste nel raggiungere il massimo degli scopi con l'impiego minimo dei mezzi. Un'azienda la chiamerebbe ottimizzazione del lavoro. La politica presiede l'agire che sceglie i fini, la tecnica invece conosce le procedure, cioè il fare, per raggiungerle, quindi, per Platone ci doveva essere una subordinazione della tecnica alla politica[8]. Fin dall'antichità l'uomo si è reso conto del suo bisogno di vivere con gli altri, e questo è avvenuto in modo del tutto naturale, quindi lo Stato è nato da un evento naturale: quando l'uomo si è unito in comunità e villaggi ha avuto la necessità di stabilire le regola della convivenza, nella ricerca del bene comune che coincideva col bene della comunità, dello Stato. Con l'avvento del cristianesimo, lo Stato non si dedicherà più alla costruzione del bene comune, inteso come benessere del gruppo, della comunità, ma alla limitazione di tutto ciò che impedisca all'anima di salvarsi, perché l'obiettivo di tutto diviene la salvezza dell'anima del singolo. Pensate ciò che è accaduto quest'anno in Alabama: hanno eliminato il diritto di aborto! Il problema è che l'azione dello Stato, con il cristianesimo, è stata declinata al negativo, era attenta più a limitare ciò che impedisce all'uomo di salvare la propria anima e non più alla costruzione, al progetto di miglioramento, delle condizioni di vita. Rousseau pensava che il cristiano non sia, né potrà mai essere, un buon cittadino, può sì fare qualcosa di buono, ma lo fa per salvarsi l'anima, non per il bene della comunità! Ed è per questo che lo Stato ha applicato un contratto sociale tra sé e cittadini. La politica ha continuato ad avere il primato sulla tecnica fino a quando essa è semplice, posso dire ancora primitiva; ma oggi non è più così, oggi la tecnica è potentissima. Hegel diceva che quando un fenomeno aumenta quantitativamente, cioè si ha un aumento quantitativo, la conseguenza sarà un mutamento qualitativo del paesaggio[9]; è quello che avviene oggi con la globalizzazione, per fare un esempio calzante: se vi è una piccola scossa di terremoto, nessuno se ne accorge, se questa invece è forte, muta il paesaggio tutt'intorno. Quindi quando aumenta la quantità c'è il conseguente cambiamento della qualità del paesaggio. Marx lo aveva ben capito quando sosteneva che il denaro è un mezzo per raggiungere la soddisfazione dei bisogni dell'individuo, la produzione dei beni e produrre beni, però nel momento in cui il denaro aumenta quantitativamente fino a divenire la condizione universale per soddisfare qualsiasi bisogno, il denaro si tramuta da mezzo a fine, e allora diventa esso l'arbitro che deciderà se soddisfare i bisogni e in che misura produrre beni. Accade quello che viene definito, nel mondo filosofico, eterogenesi dei fini: il fine diviene mezzo, e il mezzo diventa subordinato ai beni. Infatti il denaro che era un mezzo è divenuto il primo tra tutti i fini. Oggi questo è evidente, infatti la razionalità del mercato decide la qualità della nostra esistenza, la mia possibilità di acquisto decide come posso vivere. Il mercato è definito razionale, perché è determinato dalla logica, basta pensare che per definire un andamento economico, questo viene rappresentato su un asse cartesiano di ascisse e ordinate e in questo modo si è in grado di misurare il rapporto tra offerta e domanda e al loro incontro si stabilisce il prezzo. L'economia è razionale, ma è inferiore alla razionalità della tecnica che è la forma più alta di razionalità, perché l'economia «... soffre ancora di una passione umana, che è la passione per il denaro, dicendo questo stiamo dicendo che man mano che si cresce in termini di razionalità si deve eliminare la dimensione umana, perché l'uomo non è razionale ...»[10]. infatti l'uomo piange, ride, si coinvolge, è empatico, estemporaneo, … maggiore tecnica e quindi maggiore razionalità corrispondono ad una riduzione dell'irrazionalità umana, è quello che Heidegger definiva come la fine dell'umanesimo!

La politica dunque è ancora tecnica regia e luogo della decisione?

In realtà la delusione è grande, non è più la politica, dunque il luogo della decisione. Basta osservare come i politici si interrogano sull'andamento economico prima di prendere una decisione, quindi dovremmo considerare l'economia il luogo della decisione, e ancora, in base ai ragionamenti sopra fatti insieme ci rendiamo conto che neanche l'economia lo è. Perché l'economia a sua volta guarda all'evoluzione e al progresso tecnico, pensate quello che sta accadendo oggi tra Cina e Stati Uniti, con l'invenzione da parte dei primi del 5G. Quindi possiamo a ragione sostenere che il luogo della decisione sia la tecnica che però non rivela scopi o obiettivi, non ha bisogno di dire la verità o di salvare qualcuno, semplicemente la tecnica funziona di un funzionamento universale è divenuta lei il soggetto della storia spodestando la politica e i suoi partecipanti leader e cittadini. La tecnica non subisce l'influsso delle emozioni e dell'irrazionalità. C'è chi possiede una posizione migliore in questo teatro di ruoli, che è la vita, e risente meno di questa mancanza di "cuore" della tecnica, chi invece la subisce amaramente. Bauman sosteneva che il povero nella vita liquida cerca di standardizzarsi al gruppo, per non sentirsi un escluso e frustrato, e quindi cerca di fare suoi gli schemi comuni quelli che il gruppo approva, ma non si sentirà mai all'interno del gruppo, perché questo si identifica con il consumo, e poiché lui è povero non può adeguarsi allo stile di vita richiesto dal gruppo, infatti la società esiste sul consumo, che trasforma tutto in merce, anche gli scambi affettivi, sono in questa vita mercificati. Pensate a quando fate un favore ad un vostro amico, quello si sente subito in dovere di ripagare, contraccambiare il favore!

Ma allora come può la politica dire no alla tecnica, che è un universo di mezzi? O almeno come può gestirla, ne è in grado? Perché ormai è chiaro che sono i mezzi che decidono i fini. Faccio un esempio se ho la possibilità di fare la fecondazione eterologa, la politica può dire di no, ma non potrà farlo sempre, perché una volta che ci sono i mezzi i fini diventano evidenti, e si manifesteranno. E allora la politica non riuscirà a bloccare la tecnica perché essa possiede i mezzi e è in grado di decidere i fini, perché essi dipendono dalle disponibilità della tecnica. La tecnica in questo senso la possiamo considerare democratica, perché è in grado di dividere il potere ed assegnarlo a chi ne ha una competenza specifica, ed i competenti sono pochi, e selezionati, qualsiasi sia il settore che si va a prendere in considerazione. Così un pilota di aereo con i suoi colleghi se sciopera può mettere in ginocchio un'intera compagnia aerea, perché rappresenta, anzi è lo specialista che si astiene dal proprio lavoro, cioè dal mettere in atto la sua specialità, lui ha il potere di bloccare il sistema, perché da lui il sistema dipende e non è così facilmente sostituibile. Lo specialista è colui che è in grado di usare la tecnica ha cioè in mano un potere. Quindi chi governa deve assolutamente fare i conti con la razionalità tecnica, che è in conflitto oramai continuamente con il mondo della vita. La politica in tutto questo non è più in grado di andare incontro alle esigenze degli individui, si limita a gestire i ruoli e le funzioni dei propri cittadini e a considerarli appartenenti ad un gruppo definito e specifico. L'uomo ha perso il suo significato di individuo, di persona; il politico si interessa della categoria dei medici, o di tutelare gli operai, o i pensionati, ma chi è fuori da una categoria non è nessuno. Ahimè questo è il destino dei giovani oggi, che non sono inseribili in nessuna categoria, perché non hanno mai prodotto qualcosa, non sono stati utili alla ricchezza dello Stato, semmai è lo Stato o la loro famiglia che sono stati a servizio dei giovani. I giovani, e non solo, si stanno rassegnando a questo stato di cose! Il leader non pensa più aristotelicamente alla gestione dell'individuo, perché la sua sia una vita buona e felice, perché non ne è più capace, ma guarda solo i ruoli e le funzioni, e gli individui hanno importanza solo in base al fatto di essere un gruppo numeroso e etichettabile. Quindi la politica è divenuta ancella della tecnica. C'è una grande differenza tra sviluppo e progresso. Il progresso, ci insegnano sociologi e psicologi, si misura sui tassi di felicità, sul miglioramento delle condizioni di vita, non di sicuro sullo sviluppo tecnologico, ma esso determina i fini che si devono raggiungere! Quindi è progresso il passaggio dalla tecnologia del 4G a quella del 5G. La tecnica, dalla sua, non prevede il concetto di sviluppo né quello di emozione, ed è per questo che la politica si è nel tempo subordinata alla tecnica. Oggi in realtà quello che il popolo chiede al suo leader è di essere ben amministrato, cioè di allineare progressivamente la politica alla tecnica. L'uomo ha cambiato i suoi bisogni: dal bisogno di stare bene e raggiungere la felicità è passato a quello di essere ben amministrato perché al raggiungimento della propria felicità non delega più lo Stato, che non ne è più in grado, infatti i singoli cittadini hanno imparato ad auto strutturarsi e autodeterminarsi, poiché

abbandonato dalla sua guida, cioè lo Stato, l'uomo si è sostituito
ad esso, lasciandogli solo un potere posso dire amministrativo.

Ora credo onestamente che attraverso questo lungo percorso
siamo in qualche maniera arrivati a possedere un certo numero
di strumenti per poter analizzare francamente la situazione
attuale. Avrei potuto iniziare il saggio arrivando subito al punto?
Assolutamente no poiché credo ed anzi sono più che convinto,
che per ogni studio che si voglia compiere sia necessario
possedere degli strumenti. Da questa base, possiamo iniziare a
costruire ed identificare il nostro pensiero.

Capitolo sesto

Uno sguardo tra passato e presente

> «... *insulti sconcezze, troll che spacciano rivelazioni e notizie taroccate. Nelle pagine dello "Stürmer" c'era già quasi tutto il peggio del social online. La rubrica delle lettere dava sfogo a tutte le lagne tutte le stupidate, davvero "bagatelle per un massacro". È sui tecnici nella pubblica amministrazione che si abbatte la prima "megavendetta" del nuovo governo, accompagnata dall'astrusa nomenclatura di quelli che vanno eliminati ...».* (Siegmund Ginzberg), "Sindrome 1933", pag. 70 [1]

Siamo giunti, alla fase del nostro percorso che richiede di rispondere o almeno scrutare le opportunità di risposta, rispetto alla domanda fondamentale che, a veder bene, ci accompagna dall'inizio di questo saggio: "esistono nel mondo contemporaneo, elementi, caratteristiche o indizi che possono far prevedere il futuro prossimo politico del nostro pianeta? Esistono analogie e somiglianze che ci possano far comprendere in che direzione sta andando il mondo, come saranno organizzate le strutture politiche nei diversi Paesi e quali saranno le relazioni che si instaureranno tra il popolo e chi lo governa? Continuerà ad esistere un dibattito politico, una pluralità di idee, pensieri e sentimenti? O siamo destinati all'avvento di un nuovo sistema totalitario su scala mondiale che giocherà i suoi interessi infischiandosene delle sorti del mondo? Sarà ancora possibile la ricerca della felicità, come ce la raccontava Montale, o come la esprimono le teorie psicologiche in relazione al soddisfacimento non solo dei bisogni fondamentali, ma anche di quelli di sicurezza, appartenenza, lavoro, famiglia, ed in ultima analisi quelli relativi all'autorealizzazione?" La felicità la possiamo inquadrare come quello stato d'animo o emozione positiva che permette a tutti i nostri bisogni di essere soddisfatti. L'etimologia del termine "felicità" è "felicitàs", che a sua volta, in realtà, deriva da "felix-felicis", cioè felice. La sua radice –fe significa abbondanza, ricchezza od anche prosperità. Quindi la tensione dell'uomo verso la felicità consiste sostanzialmente nella conquista di ricchezza e prosperità, ma di che ricchezza stiamo parlando? A quale prosperità si fa riferimento? E soprattutto a quale costo?

Non c'è dubbio alcuno che nella storia la felicità sia stata interpretata in modo differente nelle diverse epoche e che diversi siano stati gli accenti posti su essa: la felicità del singolo individuo, del piccolo gruppo o della comunità ed oggi del mondo intero …, mi sembra allora evidente che in questa ricerca influisca il tipo di narrazione che si intende affidare al termine felicità.

Se ci interroghiamo sul bisogno di felicità dell'individuo, ci rendiamo ben conto che esso è il motore del mondo, guida la storia ed i suoi eventi da sempre, ma allora perché nella storia si declina in tante strade diverse, e a volte addirittura opposte?

Cosa rende felicità tutto e il contrario di tutto? O meglio: cosa possiamo considerare felicità? Mi vien da pensare che nonostante le innumerevoli semplificazioni o definizioni che l'umanità tutta ha assegnato alla felicità, una può essere presa come filo conduttore, lite motiv, di un sentimento operante nella storia e nell'uomo: il raggiungimento di un benessere interiore o esteriore che sia, che venga ritenuto indispensabile per vivere una vita appagante e di autorealizzazione. Quindi l'uomo vive in una tensione continua verso il raggiungimento della propria felicità e quand'anche fosse empatico, in tensione verso il compimento della felicità globale, rischia di essere egoista. La questione si fa più complessa quando andiamo ad analizzare le modalità e gli strumenti attuati per raggiungerla. Qui i punti di vista si moltiplicano divenendo esponenziali a tal punto che ci perdiamo nell'oceano tumultuoso dei casi e degli avvenimenti storici. Questo lo dico per spiegare e giustificare in parte l'analisi iniziale sui diversi e principali fenomeni storici e politici che si posero l'obiettivo della conquista della felicità, individuale, di gruppo, di popolo, di umanità o di pochi eletti con strumenti più o meno aggressivi, più o meno etici, che caratterizzarono e caratterizzano a tutt'oggi i sistemi politici e governativi.

Tornando a noi, voglio essere chiaro nel mio intento di astensione dal giudizio, poiché mi ritengo invece, un onesto cercatore di indizi, uno Sherlock Holmes della storia, poiché raccolgo dati e informazioni in modo apolitico, so di risultare il più obiettivo possibile nella mia esposizione, infatti cercherò non di trarre conclusioni dall'analisi e dal confronto di ciò che ho raccolto, quanto piuttosto lascerò al lettore la conclusione finale, magari suggerendo alternative possibili e strade nuove per raggiungere la felicità di una umanità in continua ricerca!

Umberto Eco scrisse nel suo saggio "Il fascismo eterno": « … si può giocare in molti modi, ed il nome del gioco non cambia … »[2][1], e poi ancora « … (il fascismo eterno) può ancora ritornare sotto le spoglie più innocenti … e il nostro dovere è quello di smascherarlo e di puntare l'indice su ognuna delle sue nuove forme – ogni giorno, in ogni parte del mondo …»[3], insomma per il grande scrittore la possibilità che il fascismo, o qualcosa che sotto altra forma possa essere identificato come tale, era ed è una possibilità esistente, o come direbbe Heidegger quando definisce la morte, una possibilità permanente nella storia dell'uomo. Come fa un fascismo secondo Eco a considerarsi eterno? O meglio se ammettessimo la possibilità che il fascismo o il nazismo non si siano estinti, o non possano farlo, allora dovremmo ammettere anche che l'antifascismo e l'antinazismo abbiano preso un abbaglio credendo di aver sconfitto per sempre il loro avversario. Anzi come sostiene Emilio Gentile, la teoria del "fascismo eterno" contribuirebbe alla rinascita del fascismo stesso, donandogli forza, vitalità e soprattutto fascino e mi viene da dire sex appeal. Molti sono i giovani, in tutto il mondo, affascinati dall'idea del fascismo e del nazismo, ma mi chiedo quanto realmente conoscano del fascismo storico e quanto invece si basino sulla fascinazione dell'appartenenza, della forza e della visione mitica, e magari anche ingigantita dalla presunta eternità del fascismo. Questi sono i ragazzi che teorizzano il fascismo del Duemila, quelli che si autodefiniscono i fascisti del terzo millennio, che cercano la loro felicità in questa dottrina politica ma è semplicemente immaginazione? La questione in questi termini si incentra sulla nuova veste che il fascismo, il nazismo o comunque movimenti più o meno politici di estrema destra, o autoritarismi in genere anche di estrema sinistra, indossano. Non tanto perché si pensino cambiati i contenuti, che a ben vedere sono sovrapponibili a quelli del passato, ma perché gli antifascisti debbono essere in grado di riconoscerli, così da prepararsi alla battaglia politica, perché non si trovino impreparati di fronte a quel nemico che da anni li perseguita e li insegue, o forse dovrei dire il contrario? Insomma se ipotizziamo con Gentile un "fascismo eterno", allora dobbiamo ipotizzare un altrettanto vivo e costante antifascismo eterno! Certo, filosoficamente parlando, rimane alquanto strano attribuire la categoria di "eternità" al fascismo o all'antifascismo, cioè a fenomeni storici che sono finiti per definizione, senza poi considerare il fatto che di eternità si parla solo in riferimento a questi due concetti, non si è mai cercato infatti di teorizzare sull'eternità del liberalismo, dell'anarchismo, del bolscevismo e così via. Il rischio abbastanza evidente sarebbe quello di inoltrarsi nel campo della falsificazione della conoscenza storica. Cioè si tende adattare la conoscenza storica ai moti dell'anima, al fascino e al condizionamento che si subisce quando si è in contatto con il fascismo o l'antifascismo "eterno". E quindi il passato storico, si modifica modellandosi perfettamente sui desideri e le speranze o le paure del nostro mondo. Anzi più si è in grado di gestire e governare questi estremi sentimenti della natura umana, più si ha la possibilità di dominare e governare le piazze, gli uomini, l'umanità. Quindi, a fronte di questo ragionamento dovremmo pensare che nel 1945 l'antifascismo non abbia veramente debellato il nazismo, e i suoi derivati e che siamo continuamente testimoni e attori di una inconclusa guerra tra i due. Si potrebbe portare il ragionamento al suo estremo logico e dire che festeggiare per esempio la "Liberazione", oggi, consapevoli di un siffatto stato di cose, voglia dire essere di fronte ad un falso storico. Così come le manifestazioni popolari che rievocano momenti della storia nazifascista. Per esempio, durante la rievocazione a Predappio, per l'anniversario della marcia su Roma, il 29 ottobre del 2018 dei fascisti del Duemila, un manifestante ha detto « ... il partito fascista non esiste più, è solo storia questa e basta, domani mattina non cambia niente e non cambiamo niente noi alla fine è solo una cosa nostra ... io mi sento fascista, ... il nostro fascismo è ordine e disciplina se non viene eseguita bisogna imporla, basta, a tutti, cominciando dall'alto al basso,...»[4].

Accade oggi che il professore, Emilio Gentile risponda alla domanda del giornalista che gli chiede se per caso non si stia oggi enfatizzando il ritorno al fascismo, ricordando l'episodio delle elezioni del 1993 in cui un elettore su tre votò per il movimento sociale dimostrazione questa che una forma di nostalgia, di non detto, forse c'è sempre stata. Di fatto per Gentile, storico del fascismo risulta curioso che oggi ci si stupisca perché è dal 1946, come detto, che il movimento sociale italiano iniziò il suo cammino politico nella nostra Italia, e per alcuni decenni fu il quarto partito italiano e ha sfiorato il 10% nel 1972, era presente in Parlamento partecipando all'elezione di almeno un paio di Presidenti della Repubblica, e per la Legge Scelba sarebbe dovuto essere sciolto per il suo chiaro richiamo al fascismo, invece fece parte del Parlamento italiano trasformandosi poi nel 1993 in Alleanza Nazionale e ha fatto parte ancora di governi. Nel 1992 presentò Paolo Borsellino come candidato di bandiera, per dimostrare che si era di fronte ad un regime repubblicano partitocratico, rimanendo sostanzialmente fuori dalla partitocrazia, pulito, sostenendo: ordine, primato dello Stato, lavoro e corporativismo. Dall'altra parte vi era la democrazia cristiana, coalizione di correnti e il partito comunista considerato antipatriottico ed antinazionale. Oggi invece la situazione è cambiata molto, già dalla svolta di Fiuggi di Fini, Alleanza Nazionale chiuse con il fascismo, dopo di che, come dice Gentile, è avvenuta una "frammentazione", che è difficile da concepire dal punto di vista del fascismo storico che rappresenta il primato dello Stato e dell'Unità di Italia, è difficile accettare un movimento leghista antistatalista, antiromano, così come invece è apparso sulla scena politica e definirlo fascista! Certamente tutto crea una difficile interpretazione del fascismo, e per definirlo oggi dobbiamo tenere conto dei cambiamenti storico-sociali che sono avvenuti negli ultimi cinquanta anni nel mondo, dell'industrializzazione e della globalizzazione, dobbiamo chiederci: come si veste, oggi e non solo in Italia, il fascismo? Probabilmente c'è stato un regresso nella politica, che un tempo rappresentava il terreno dei valori e dei sogni da realizzare, della felicità da poter raggiungere, e così c'è oggi un ritorno agli antichi fasti, come nella ex Yugoslavia, nei Paesi dell'ex mondo comunista, ma anche Trump in America, Putin in Russia ed Erdoğan e la Corea del Nord , né possiamo scordare la Cina. Allora dobbiamo non sottovalutare ciò che sostiene il professor Gentile, cioè che « … ci troviamo all'inizio del XXI secolo a riconoscere che quasi tutto il mondo è infettato dal fascismo»[5]

Ma allora cosa intendiamo per fascismo? Di sicuro se dovessimo rifarci alla definizione che ne dà Gentile, ci renderemmo conto che il termine fascismo è stato preceduto dall'aggettivo fascista che deriva da "fascio", termine che nel linguaggio politico dell'Ottocento era usato frequentemente, almeno in Italia, per indicare "associazione". Esistevano i fasci popolari, quelli repubblicani, quelli dei lavoratori siciliani, e sembra che fu proprio durante le ribellioni in Sicilia del 1893 che fu usato per la prima volta il termine "fascista". Farà di nuovo il suo glorioso ingresso nel 1915, quando Mussolini annunciò sul "Popolo d'Italia", l'adunata dei Fasci rivoluzionari, usò l'espressione "movimento fascista", per descrivere coloro che non volevano essere condizionati e compressi in un partito e che volevano restare una libera associazione di volontari pronti a tutto: dalle trincee alle barricate. Mussolini disse «… io penso che qualche cosa di grande e di nuovo può nascere da questi manipoli di uomini che rappresentano l'eresia ed hanno il coraggio dell'eresia …»[6]. Beh non è stato proprio così, infatti il fascismo storico tutto fu tranne che "un'associazione di eretici col coraggio dell'eresia". Ma di fatto resta che l'uso originario della parola fascista fu un'iniziativa tutta italiana, e per esempio nel 1918 fu utilizzata da Piero Gobetti, allora diciassettenne, nella sua rivista riferendosi a senatori e deputati antigiolittiani, aderenti al Fascio della difesa nazionale, che si era formato dopo la disfatta di Caporetto. E poi ancora Mussolini quando chiamò i suoi a sabotare, è il 23 marzo 1919, con tutti i mezzi le candidature dei neutralisti di qualsiasi partito. Solo qualche settimana più tardi per richiamare il partito da lui fondato si espresse parlando del meraviglioso movimento fascista. Bisogna attendere il luglio dello stesso anno per la trasformazione dell'aggettivo in sostantivo, cioè fascismo, una vera e propria rappresentazione di un partito con connotati specifici e determinati, anche se il simbolo restava (almeno agli inizi), un pugno che stringeva un mazzo di spighe, infatti il simbolo del fascio littorio si è formato trasformandosi da quello iniziale pian piano, durante le elezioni del 1919 appariva simile a quello della Rivoluzione francese, cioè un fascio di verghe sormontato da una alabarda, per trasformarsi definitivamente con la Marcia su

Roma in quello che ha rappresentato il Partito fascista per anni, proprio gli anni in cui il termine fascismo prese il significato di antibolscevismo vittorioso. Dall'Italia questi due vocaboli fascismo e fascista migrarono velocemente tanto che già nel 1923, quando i giornali tedeschi si occuparono del fallito colpo di Stato di Hitler a Monaco, lo definirono "fascista".

Da allora fu esportato con grande agilità letteraria da parte di storici, giornalisti e politici, ogni qual volta ci si trovava di fronte a movimenti o regimi che si ispiravano, imitavano o in qualche modo ricordavano il partito fascista di Mussolini. L'Internazionale comunista adottò tale termine per definire le forze della borghesia, reazionarie e quelle del capitalismo, in qualsiasi parte del mondo. Pensate che fino al 1935 i comunisti considerarono fascisti anche i partiti socialdemocratici e socialisti. Tutto questo per spiegare la difficoltà oggi di definire il fascismo, e ancor di più la difficoltà di preannunciare un futuro politico e schierato dalla parte delle dittature, dei reazionari, del regime o dovrei anche dire del populismo e del sovranismo e autoritarismo? Quanto e come è possibile abbracciare nel "fascismo" tutte queste moderne sfaccettature di politiche governative?

Inoltre è accaduto che mentre tutto il mondo dopo la fine della seconda Guerra Mondiale, credeva morto e sepolto il fascismo e i derivati, intendo per esempio il nazismo e i regimi dittatoriali, il termine "fascismo" è stato resuscitato per usarlo nella definizione esclusivamente negativa di regimi autoritaristici, esistenti nei vari Paesi del mondo. Mi riferisco, per esempio dopo il 1945, al regime di Juan Peròn in Argentina, la Repubblica presidenziale di Charles De Gaulle in Francia, i regimi a Partito unico del Terzo Mondo, la dittatura dei colonnelli in Grecia, la presidenza americana di Nixon, i regimi militari dell'America Latina, ma anche le democrazie borghesi e i regimi comunisti [7].Per non parlare del "fascismo rosso" di cui negli ultimi anni si legge nei giornali e sui social, quando ci si riferisce alla sinistra extraparlamentare o ai gruppi di terroristi comunisti, od anche al regresso testimoniato dal regime comunista cinese durante la repressione e la strage di Piazza Tienanmen a Pechino, erano i giorni 3 e 4 giugno del 1989, pensate proprio l'anno della caduta del muro di Berlino! In occasione di tutte queste nuove manifestazioni di regimi autoritari e dittatoriali sono stati coniate nuove categorie di fascismo, come quello medio-orientale, che definisce il regime di Saddam Hussein in Iran e quello di Assad in Siria. Ed oggi? Beh effettivamente la lista dei "fascisti" si allarga a dismisura. Quindi dopo settanta anni, che credevamo il fascismo e l'autoritarismo morto e sepolto sotto le ceneri della guerra e la rinascita dell'uomo e della libertà, siamo oggi testimoni della sua resurrezione o forse non è proprio mai morto e ancora siamo di fronte solo ad un'inflazione semantica che indiscriminatamente utilizza tale categoria, ma in realtà il fascismo moderno non ha nulla o poco in comune con quello storico?

E la Cina o la Corea? Beh certamente in questa categorizzazione dei nuovi fascismi rientrano pienamente, così come il terrorismo islamico. È oggi uso tra gli intellettuali e gli storici parlare di "fascismo generico", per definire un fascismo universale, infatti con "Fascism", si intende esclusivamente il fascismo italiano, mentre "fascism" è usato per intendere il fascismo generico. Questo è un modo per catalogare un concetto, infatti raccoglie i partiti ed i movimenti che fra le due guerre si dichiararono fascisti, ma anche coloro che successivamente, ed intendo fino ad oggi, pur non dichiarandosi tali rientrano in questa definizione più generica. Questa invenzione semantica degli storici si è resa necessaria in quanto negli anni molti sono stati i ritorni al fascismo nei diversi Paesi. È indubbio che il fascismo generico porti con sé delle contraddizioni, un esempio su tutti è quello di Charles De Gaulle. Questi fu generale antifascista, combatté per la Francia libera in opposizione a quella di Vichy, con l'obiettivo di continuare la guerra contro la Germania nazista, e riuscì a liberare la sua Nazione dalle forze di Hitler. Successivamente De Gaulle andò al potere con lo scopo di tenere sotto controllo una possibile guerra civile, siamo nel 1958, poiché gli algerini volevano l'indipendenza, una volta ottenuta l'approvazione per una nuova Costituzione, iniziò la Quinta Repubblica con a capo se stesso, il generale De Gaulle che divenne per i suoi avversari politici, socialisti e comunisti, automaticamente un fascista, lo consideravano travestito con abiti repubblicani, ma fascista, dittatore! E vorrei ricordare che nel 1969, lasciò spontaneamente il governo, quando il voto popolare gli fu contrario, ma non per questo si è smesso di definirlo fascista e dittatore. Incarnava il capo, la forza, fece in modo che il potere esecutivo si accentrasse sulla sua persona carismatica e decisionista, disprezzava i partiti, ma non li eliminò mai, fece sempre appello al plebiscito popolare, ma nonostante tutto, come dicevo poco sopra è stato considerato e oggi lo considereremo un autoritario! Insomma abbiamo davanti secondo i più un fascista, un autoritario camuffato. Ecco, il contorno dei fascismi ritornanti, quei fascismi che oggi appaiono e scompaiono sulla scena politica mondiale, diventa sbiadito e forse più che di fascismi dovremmo parlare di autoritarismi o totalitarismi, che si impossessano dei propri cittadini, che tolgono le libertà, che prosciugano il libero pensiero, che guidano l'esistenza del popolo, ma allora anche il populismo è un fascismo, il sovranismo è un fascismo, Salvini è fascista, Trump è un fascista, come in realtà oggi sostengono in molti, Putin, Xi Jinping, Kim Jong-il, Orban, Assad, Erdogan…, tutti fascisti?

Quindi forse ci siamo ingannati nel credere che la democratizzazione del mondo attuata dall'Occidente "buono", potesse risolvere tutti i problemi e rendere felici i popoli, e eliminare la povertà tutta: quella economica, ma anche quella ideologica e spirituale! Eppure in tutto l'occidente la democrazia occidentale, sembrava soddisfare tutti i bisogni a cui ognuno anelava, era divenuta popolare, ma forse è proprio questo per dirla con D'Alema che l'ha fatta precipitare, la democrazia raccoglieva i consensi comuni di opposizioni: forze di destra, di sinistra, di centro ed anche la più ampia opinione pubblica, perché tutti proprio tutti l'avevano voluta. Avevano conquistato così il mercato globale, lo stato di diritto e lo stato sociale, anche se declinati in modo differente, l'umanità sembrava soddisfatta, invece non è stato così. L'aver messo tutto nelle mani di un popolo con libere elezioni, secondo Claudio Martelli è stata la tomba della democrazia[7]. Sembra tornare vivo l'antico monito di Amartya Sen: «…la democrazia non si può ridurre al voto a maggioranza …»[8] . Chiaro che un criterio per decidere e deliberare sia necessario, come sembrerebbe necessario farlo liberamente, e la maggioranza dei consensi appare un modo giusto per restare nella democrazia, ma allora cosa è andato storto? Amartya Sen è convinto che il voto per essere democratico deve concludere un percorso democratico, cioè va prevista una formazione della volontà popolare in spazi adeguati al dibattito politico e all'informazione, spazi pubblici aperti alla discussione, al dibattito e al dialogo. Spazi che non esistono in quelle che oggi chiamiamo le democrature, cioè le democrazie autoritarie. Oggi nel mondo virtuale dei social network e della globalizzazione paradossalmente non riusciamo a trovare questo terreno neutrale di confronto, anzi siamo sollecitati ad un dibattito "online", che è inquinato da continue fake news, che tra l'altro difficilmente sono riconoscibili. Fake forse, come forze-energia, probabilmente si esprimono in modo più incisivo e diretto di quanto sia avvenuto nel passato con la propaganda e i giornali, perché partecipano della quotidianità di ognuno di noi e sono compagne delle nostre avventure giornaliere, ci rincorrono su instagram, face book, giornali online ed ogni tipo di social o gruppo; diventano compagne di vita, eliminano le diversità, le barriere spazio-temporali, ed anche quelle più intime, infatti entriamo nelle case dei politici, partecipiamo delle loro vacanza, dei loro sfoghi, dei loro giorni di festa. Tutto questo non fa altro che confonderci, il popolo non riesce più a riconoscere il confine tra il linguaggio politico e quello "casareccio". Non è un caso che nelle piazze da qualche tempo è apparso un movimento, che si dichiara apolitico e apartitico, "Le sardine", con l'obiettivo di ripulire il linguaggio e ricostruire quei confini fisici che la politica ha abbandonato, ma è realmente così? Possiamo solo lasciare al temo il giudizio. Le richieste effettuate da questo movimento sono in sintonia con quanto detto. Matteo Sartori, leader e fondatore del movimento, il 14 dicembre di quest'anno, davanti ad un mare di sardine ben accalcate in piazza san Giovanni a Roma, sul palco con un foglio davanti ha letto le richieste del movimento ai politici: «… pretendiamo che chi è stato eletto vada a fare politica in sede istituzionale e non campagna elettorale permanente …»[9] e poi ancora la seconda e la terza richiesta: «… pretendiamo che chiunque ricopre la carica di Ministro comunichi solo sui canali istituzionali. Pretendiamo trasparenza nell'uso che la politica fa dei social, sia economica, sia comunicativa»[10], ed infine: «… pretendiamo che il mondo dell'informazione protegga, difenda e traduca questo sforzo in messaggi fedeli ai fatti. Pretendiamo che la violenza venga esclusa dai toni e dai contenuti della politica in ogni sua forma. È il momento che la violenza verbale venga equiparata alla violenza fisica …»[11], mentre l'ultima richiesta sembra più politica che ideologica e difensiva del popolo in ricerca di un territorio neutrale e fecondo al dibattito, infatti Santori chiede espressamente di «… ripensare al decreto sicurezza … »[12], di impronta salviniana, ma che il Movimento 5 stelle votò!

Dunque ci è facile comprendere che intanto i totalautoritarismi non sono mai scomparsi, o meglio hanno continuato ad esistere rappresentando quasi sempre da dopo la seconda guerra mondiale solamente una minoranza, confronto ai numerosi regimi democratici. Quest'ultimi largamente esportati dagli Stati Uniti anche se esportati per antitesi all'URSS. Tuttavia ci accorgiamo che questi sistemi si hanno sempre più diminuito la loro presenza fino al massimo culmine di democratizzazione raggiunto nel 1991 con la dissoluzione del blocco sovietico, tenendo però doverosamente conto ad un sempre più accentuato ritorno ad una politica tanto più isolazionista e quanto più alla ricerca ed alla diffidenza rispetto all'altro, rispetto allo sconosciuto dunque tutto questo non può che rappresentare un possibile inizi. Nonchè un sufficiente ingrediente da inserire nella ricetta di n buon autartotalitarismo. Facciamo un piccolo salto indietro nel tempo, poiché la storia è nostra istruttrice. Comprendiamo come si fosse arrivati a tanto in quegli anni bui che hanno avvolto il mondo a gli inizi del 900. Il tutto credo, ed anzi sono convinto si celi dietro all'informazione che si da, e così anche alla paura che si crea. Forse anche attraverso le fake-news direi.

Siamo nella Germania del 1933, anno in cui Hither salì al potere, e allora come oggi il linguaggio ed il messaggio veicolato dalle agenzie d'informazione, giornali, e radio, ha un notevole impatto sulla popolazione e la violenza lamentata oggi in Italia dalle Sardine, sembra invece essere felicemente rappresentata nella narrazione dell'epoca. Gli "Ebrei", erano coloro che, Joseph Roth nel suo libro "Ebrei erranti", pubblicato nel 1927 con la casa editrice Die Schmiede di Berlino,così li definisce, fuggivano da un Paese rischioso, dove il pericolo di una guerra imminente spingeva gli abitanti a scappare con qualsiasi mezzo: treno, piedi, via mare …, verso i Paesi occidentali dove, molto probabilmente sarebbero andati ad abitare in nuovi ghetti, sarebbero scampati ad una vita umiliante e senza prospettive. Per gli ebrei orientali l'occidente è una possibilità, è libertà, e pressoché ignorano il pregiudizio occidentale, e quanto questo eserciti una forte influenza nei modi, nei costumi, nelle concezioni di un uomo europeo medio occidentale. La teoria di Roth è che l'odio sia già presente nell'animo occidentale e la stampa e la propaganda l'abbiano solo liberato. Molti ritengono che ci sia una sorta di parallelismo tra questo ieri, e il nostro presente, infatti individuano nella stampa e nei social quella comunicazione "fake" che alimenta paura ed odio, presenti ma latenti nell'animo umano. Questo a spiegazione della nuova intolleranza verso gli stranieri e gli immigrati, come un dejavù nella storia gli stessi popoli che oggi allontanano e disprezzano gli stranieri sono stati stranieri in un altro Paese in epoche diverse. Facile ricordarsi l'emigrazione italiana in centro Europa o nelle Americhe , è facile anche ricordarsi le umiliazioni subite, visto che alcuni testimoni viventi sono nostri nonni o amici o parenti o amici di amici. Torniamo a noi quello che, come oggi in tanti Paesi del mondo, Italia, Francia, America, Svezia, Danimarca, tanto per citarne qualcuno, accade, si palesava serenamente nella Germania di quegli anni, che si andava allargando a macchia d'olio, era un atteggiamento di diffidenza nei confronti soprattutto degli ebrei, ma in realtà dei diseredati del mondo, degli uomini in difficoltà: i poveri, i malati, coloro che non potevano essere in alcun modo una risorsa economica per la grande Germania, anzi divenivano un peso, o per meglio dire una spesa. Dopo tutto le notizie di cronaca li rappresentavano come dei mostri: serial killer, stupratori, assassini, la feccia della società. La narrazione giornalistica che li accompagnava sosteneva che l'ebreo orientale vivesse con la paura addosso, «… dai giornali, dai libri e dagli immigrati ottimisti ha sentito dire che l'Occidente sarebbe un Paradiso …, non sempre ha un mestiere e per lo più girano il mondo come accattoni e venditori ambulanti …»[14], una sorta di "vu' cumprà" dei nostri giorni, «… sono disprezzati da tutti. Specie dagli ebrei che si sono già sistemati, cioè sono divenuti ebrei occidentali, anzi europei …»[15]. Pensate che questa narrazione era talmente entrata nell'uso comune e nel pensiero di tutti che persino Felix Hollander, celebre autore delle canzoni di Marlene Dietrich dell'"Angelo azzurro", sull'aria dell'habenera della Carmen, scrisse "E' proprio tutta, ma tutta colpa degli ebrei!"[4], canzonetta fischiettata e cantata da bambini, anziani e persone comuni, come fosse un ritornello di uno stornello popolare tradizionale di antica data. Andò addirittura in scena nel 1931 al cabaret Tingel-Tangel. Era una presa in giro di coloro che erano ossessionati dagli ebrei ed utilizzava la tecnica dell'elenco e della ripetizione, mettendo in luce le notizie di cronaca ed i fatti di attualità che erano messi in evidenza nei giornali cogliendo il malumore diffuso tra la popolazione e dandogli respiro e vigore, i tedeschi si sentivano invasi dagli ebrei che presto o tardi li avrebbero sostituiti nel lavoro, avrebbero sposato le loro donne, il rischio era di perdere la loro purezza etnica, anzi come dicevano "della razza", si sentivano in odor di povertà culturale, linguistica, tradizionale, e tutto per questi stranieri che erano venuti in casa loro depredandoli di tutto e incrinando la sicurezza pubblica, uccidendo, rubando e stuprando. Strano o forse no questi concetti dei delusi della democrazia, degli stanchi della politica, degli uomini che faticano tutto il giorno e che hanno la percezione di perdere il loro posto d'onore nelle scelte dei governanti, sono di moderna fattura. Oggi li abbiamo riesumati. La paura è la migliore alleata per chi vuole cacciare, tenere lontano e controllare un possibile "avversario" politico od economico, e contemporaneamente controllare le masse. Il grande spettro era ed è quello di perdere la propria identità, per acquisire in cambio una moltitudine sconosciuta e pericolosa. Così una altrettanto fornita moltitudine di uomini e donne dall'etnia giusta e dalle origini decisamente migliori può essere gestita, manipolata, guidata con semplicità, con la stessa facilità con la quale il pifferaio di Hamelin portò via prima i ratti e poi i bambini del villaggio, poiché non lo volevano pagare per il lavoro appena eseguito.

La stampa, la radio, i manifesti e il cabaret, allora, i social network, i talk show, la stampa online, i comici oggi, veicolano l'informazione allo scopo di tirare fuori ciò che nei tedeschi esisteva ma era latente, sommerso, così come è celato ma presente in ognuno di noi. Mi chiedo: oggi non accade forse la stessa cosa? Chi ha il privilegio di far parte del mondo dell'informazione, non cerca forse di esasperare i concetti e tirare fuori dal popolo quello che il popolo sa, ma che non ha ben chiaro? Probabilmente più per un bisogno di audience, che di propaganda politica, non è importante il motore che spinge l'informazione, così come non importa se le notizie sono o erano un fake, finché rimangono funzionali al messaggio politico, vengono tenute in vita ed alimentate da un sistema che le utilizza nel gioco delle parti. Le agenzie di comunicazione si limitano solo a portare il messaggio che divulgano alle estreme conseguenze. E il messaggio non è accolto solo dal mondo dei semplici, il popolo, ma anche da tutti coloro che si affidano anima e corpo al politico, al giornalista, all'opinionista, al filosofo, è un messaggio che entra ben rafforzato e sostenuto anche nelle case degli intellettuali, dei professionisti, dei professori, dell'élite culturale. In Italia sono note a tutti le idee sovraniste e oserei dire "italianiste" dello psichiatra e criminologo Alessandro Meluzzi, e le critiche che rivolge a Papa Francesco, rispetto al suo atteggiamento di accoglienza degli stranieri. Meluzzi si trovò a sostenere «… Un Papa che sta riducendo la dottrina cattolica all'idea che tutta l'Africa possa entrare in Europa, come se questo dovesse riequilibrare le colpe del colonialismo occidentale …"»[16].

Ma perché ce l'avevano tanto con gli ebrei? Come già ho avuto modo di raccontare precedentemente, probabilmente, la paura di perdere i propri privilegi di cittadini, di perdere il lavoro, le occasioni ritenute favorevoli per il proprio futuro, rappresentano una motivazione sufficiente; un'altra è l'invidia, come sostiene Siegfried Lichtenstaedter, questa determina un altro elemento che spinge gli uomini a diffidare e allontanare l'altro. Dall'altra parte penso al professor Galimberti quando sostiene che gli occidentali, comodi nelle case calde, con gli agi della modernità hanno paura degli stranieri perché rappresentano la forza, infatti sono oggettivamente e fisicamente più forti di noi che ci siamo, a suo dire rammolliti; loro affrontano i deserti e le avversità del viaggio e resistono, secondo il filosofo anche alla morte, noi per un dolore alla spalla, invece, ricorriamo senza pensare all'antidolorifico, ed è questa superiorità della forza fisica, la capacità di adattarsi alle condizioni ambientali, che permette agli immigrati di riuscire vincenti nelle condizioni più avverse. Questa grinta spaventa l'occidentale e se sommata alla paura di impoverimento della propria gente allora il "padrone di casa" mette in atto atteggiamenti e comportamenti razzisti e discriminatori[6]. Tutto questo ci può forse far credere che riproponendosi delle antiche dinamiche possa invero rinascere il fascismo, il nazismo, una destra imperante, un autoritarismo forte? Forse la domanda dovrebbe essere un'altra: quale guadagno poteva derivare, in passato come oggi, dal coltivare, ingigantire, mettere al centro della propria politica, anzi al centro di tutto, l'odio razziale? E farlo anche con questa estrema violenza? Imporre una dittatura al posto di una democrazia a chi giova e gioverebbe? Così come cancellare la democrazia di Weimer e sostituirla con la dittatura, a chi è stato utile? Ed è stato utile? Ed infine tutto quello che accadde in Germania con la dittatura: consolidamento della economia, un riarmo che permise una politica estera di conquista, sarebbe potuto accadere ugualmente nella democrazia della Weimar oppure no? E l'uguaglianza corre automatica nelle nostre menti soprattutto se al termine ebreo sostituiamo quello di straniero, o ancor più quello di immigrato! Come ci ricorda anche Ginzberg « … Hitler pizzicava la corda della razza quasi incidentalmente, come una nota smorzata e ricorrente nel basso continuo delle sue arringhe, … parlava senza mostrare astio, con una tale cautela che fu il pubblico a condire il discorso con le consuete interiezioni "ebrei", "traditori", "canaglie, …. Insomma oratore e pubblico facevano dell'antisemitismo uno spettacolo interattivo …"»[17]. Così mi chiedo quale sia la grande differenza oggi leggendo facebook, o twitter, o istagram, … tutto sembra riportare alla narrazione dello straniero usurpatore, oggi e in ogni parte del mondo; non è un caso che Trump voglia ricostruire il muro tra la sua America e quella del Sud. Ed inoltre qualora riuscissimo a non decifrare alcuna differenza con il passato potremmo comunque dire che oggi ci sono le condizioni culturali e politiche perché possa riemergere, rinascere, un nuovo periodo di fascismi e dittature? Esistono le condizioni per poter sostenere a gran voce questo o è la nostra parte più emozionale che ci fa parlare senza riflettere adeguatamente? Io onestamente credo ed anzi sono più che convinto che si i sistemi totalautoritaristici possano tornare anche perché come ci insegna il buon Vico la storia si ripete, ma come sono convinto di questo son convinto anche che torneranno e sono tornati in qualche maniera ma in forme completamente differenti, dove sembra soprattutto in una realtà occidentale affermarsi o quanto meno confondersi in una qualche realtà democratica. Come se fosse un un vero e proprio camuffamento. Mi domando però è democratico o anti democratico lasciare che si affermino? Perché se alla fine è quello che il popolo vuole è giusto privarglielo? Ed allora arrivati a questo punto se la democrazia esercita una tale forza ed imposizione è realmente così democratica come crediamo? Ma soprattutto chi ci può confermare che la democrazia sia effettivamente il miglior tipo di governo esistente? Arrivati a tali domande è molto complesso dare delle risposte ponderate, precise e soprattutto ricche di certezza. A ben sentire l'intervista dell'onorevole D'Alema ci rendiamo conto che per quanto lui sia un uomo storicamente di sinistra, che ha proiettato la sua azione politica all'attenzione ai deboli e alla creazione di un sostegno sociale delle classi sociali dei lavoratori e dei "poveri", che ha avuto sempre l'obiettivo della costruzione di un sistema egualitario, non sia alquanto contento di affidare la scelta ultima politica al popolo, che considera inadeguato a scegliere in maniera corretta, perché mosso da un atteggiamento egoistico ed ignorante, piuttosto che dalla lungimiranza politica che pone al centro lo Stato. Effettivamente la storia gli va in aiuto basti pensare alla rivoluzione francese, simbolo di quel potere al popolo tanto sbandierato oggi dai populisti, ma che ha fallito il suo compito storico, non ha portato uguaglianza, libertà e tanto meno fratellanza tra i popoli.

Forse questo è il momento di citare il notissimo aforisma di Wiston Churchill: «… la democrazia è la peggior forma di governo possibile, ad eccezione di tutte le altre! …» [18]. Già Aristotele studiò i processi intrinsechi alle democrazie che le insidiano e le fanno degenerare, infatti l'attenzione del nostro stagirita andava all'aristocrazia, nonostante abbia indagato e denunciato che il governo dei pochi, sottointendesse un pericolo: degenerare in un governo teso all'accaparramento, inamovibile, oligarchie che sopraffanno i più deboli. Cioè il passaggio per Aristotele, dal governo dei migliori a quello dei pochi assolutisti era un pericolo permanente. Ma anche la democrazie, secondo Aristotele nascondono le proprie insidie, e lo fanno attraverso la demagogia, cioè quando gli adulatori del popolo, allora i tribuni, si accaparrano l'opinione pubblica attraverso promesse politiche, false ed ingannevoli, che non manterranno, ma che hanno solo l'obiettivo di conquistare e mantenere il potere. Quindi la democrazia è continuamente insediata da oligarchi o da moltitudini di uomini guidate da demagoghi. Proviamo a fare questo sforzo di sostituire le antiche oligarchie con le tecnocrazie attuali e ai demagoghi del passato i populisti moderni, allora ci rendiamo conto quanto e perché oggi resti tutto notevolmente confuso e fluido, come direbbe Bauman. Ma non solo, proviamo a riferirci al teorema di Arrow, questo mette in evidenza l'impossibilità di individuare una scelta da parte della collettività se, come accade in democrazia, si parte da preferenze personali ed individuali. Infatti Arrow dimostrò che a parità di preferenze individuali la scelta dell'ordine di votazione modifica radicalmente il risultato[3]. Quindi ancora mettiamo in discussione la democrazia ed il voto popolare … dice Massimo D'Alema che «… l'arbitrio democratico può essere disastroso, peggio della dittatura … e la Brexit (ne) è un esempio lampante»[19].

Ma allora qual è lo schema governativo vincente, quello per raggiungere la felicità, e soprattutto esiste o forse esisterebbe ma non lo si vuole raggiungere? A queste domande, numerosissime daremo risposta o quanto meno ci proveremo. Grazie soprattutto al contributo dell'onorevole D'alema.

Intervista a Massimo D'alema

Non potendo da solo e con la mia poca esperienza in campo politico e soprattutto internazionale sollevare delle conclusioni, così ho deciso di rivolgermi all'ex presidente del consiglio italiano, non che ministro degli esteri, che mi ha gentilmente accolto nel suo ufficio e con grande disponibilità è riuscito a rispondere alle mie numerose domande. Domande raccolte per poter ampliare la visione del quadro nel suo complessivo aspetto.

Buongiorno onorevole, cosa ne pensa di ciò che è accaduto geopoliticamente dopo la caduta del muro di Berlino?

Sì noi dopo la caduta del muro di Berlino abbiamo avuto una fase nuova, abbiamo vissuto un periodo di espansione della democrazia ed una serie di regimi democratici si sono instaurati, inoltre c'è stata l'adesione alla democrazia di quei Paesi che avevano vissuto il comunismo, poi in America Latina sono cadute le dittature e hanno vissuto una specie di adesione a regimi di influenza americana in contrapposizione a quelli di ispirazione dell'URSS.

Con la fine della Guerra Fredda, ovviamente c'è stata un'espansione dei regimi democratici, che però oggi si è fermata. Invece oggi stiamo vivendo una sconfitta degli ideali democratici e la democrazia politica si sta sgretolando , e sì c'è un ritorno al fascino verso i regimo autoritari , i quali hanno caratteri diversi tra loro. Sicuramente possiamo considerare regimi autoritari le dittature militari, o i sistemi come in Cina ed in Corea dove è presente la dittatura di un partito unico e non esistono libere elezioni. Ma anche in un sistema democratico, noi possiamo avere democrazie fortemente condizionate o fortemente guidate dall'alto, come in Russia. Qui ci sono elezioni, però chi detiene il potere ha una tale forza di condizionamento, che controlla tutti i mezzi di comunicazione, dalla stampa ad internet, e ai social network. In realtà la Russia non è un caso unico, ma oggi abbiamo un fiorire di sistemi semiautoritari, dove c'è una forte manipolazione dell'opinione pubblica, che però riesce a convivere con sistemi in cui non ci sono elezioni o dimostrazioni democratiche ... dunque non possono essere definiti completamente sistemi autoritari un esempio può essere la Turchia, con anche la questione del colpo di Stato chi sa quanto reale, dunque un Paese semidemocratico. Questo Paese è molto interessante anche dal punto di vista teorico, perché un tempo la distinzione tra democrazia ed autoritarismo era molto netta, oggi invece lo è molto meno, poiché oggi abbiamo sistemi che sono apertamente autoritari, in cui si ha una democrazia manipolata,una democrazia condizionata di regimi semiautoritari, proprio erché la democrazia non appare in grado di garantire pienamente le due condizioni che sono fondamentali in una Nazione: una è la stabilità dei governi, perché l'opinione pubblica appare sempre più fluttuante; l'altra è la selezione della classe dirigente e dunque della sua qualità. Il caso dell'Italia è clamoroso, qui diciamo che sono saliti al potere degli analfabeti e stanno facendo dei guai devastanti, perché l'opinione è fragile e si forma sulla base di emozioni. Non ci sono più i "Partiti", la democrazia era più forte quando era strutturata, nel senso che c'erano delle forze che facevano una selezione delle classi dirigenti e la formazione di queste e che garantiva una stabilità di consenso; invece la democrazia destrutturata nella società di massa dove non ci sono più i partiti, dove tutta la comunicazione è dominata dai nuovi media con "uno vale uno"e la credenza prevale sulla competenza e ciò produce una democrazia fragile producendo sistemi fallimentari e cadute di governi.

Dunque, secondo lei, i governi autoritari o semiautoritari potrebbero garantire maggiore stabilità?

Non c'è dubbio, garantiscono una maggiore stabilità della classe dirigente, anche tutto sommato, una qualità della classe dirigente ad esempio ad un sistema come quello cinese, non verrebbe mai di far sedere un individuo come Di Maio vicino al Presidente della Repubblica.

Dunque in quei regimi esiste una attenzione maggiore alla meritocrazia?

No, semplicemente domina il più forte. Nei sistemi autoritari che funzionano bene c'è una grande selezione della classe dirigente, poiché la stabilità è la qualità dei governi è fondamentale perché funzionino bene e perché riportino dei risultati. Dunque la vecchia idea che ci dice che la democrazia garantisce migliori performance è stata vera per molti anni, ma ormai non è più attuale. Possiamo mettere a confronto l'India e la Cina. L'India fino agli inizi degli anni Ottanta ha portato ottimi risultati, poiché in democrazia le genti sono anche più motivate, dopo di che a partire dalla fine degli anni Ottanta il comunismo cinese ha fatto un balzo impressionante, quindi possiamo ritenere alcune analisi valide solo fino alla fine degli anni Ottanta , ma adesso compiendo un esame comparativo, l'autoritarismo cinese, nella lotta alla povertà e rispetto allo sviluppo ha funzionato meglio della democrazia indiana, in fin dei conti; quindi indubbiamente noi stiamo in una fase in cui la democrazia appare meno popolare, soprattutto perché appare meno competitiva dal punto di vista di garantire la stabilità e la qualità della classe dirigente.

Secondo Lei, in Europa, un avvicinamento agli autoritarismo potrebbe condurre al medesimo risultato avvenuto in Cina o potrebbe portare ad un regresso?

In Europa sì, gli autoritarismi possono tornare, e ci sono governi di tipo populista con pulsioni totalitarie, però in Europa, ad ogni modo i nostri sistemi e la nostra tradizione non permettono un ampio spazio, nonostante ci sia una fragilità nel sistema democratico, dovuto al continuo indebolimento del sistema dei partiti. Spesso la decisione politica è esposta ad una fluttuazione di opinioni non informate, e così i regimi democratici producono risultati disastrosi. Un esempio eclatante può essere la Brexit. Chiaramente il popolo inglese ha fatto veramente un "grosso errore"; un Paese dunque che a causa di una via democratica è precipitato in un tunnel, verso una fine drammatica. Questo dunque l'effetto della sovranità popolare , che quando si esprime, non essendo informata, produce dei danni incalcolabili. Da questo punto di vista l'Europa è l'epicentro di questa crisi insita ormai nei sistemi democratici, riesce a resistere solo in quei Paesi in cui il sistema dei partiti è ancora robusto, come ad esempio accade in Germania. Qui i partiti hanno miliardi e miliardi di euro, sono dunque molto forti, inoltre hanno una fondamento culturale e le classi dirigenti sono formate ed educate , insomma Paesi in cui le democrazie sono ancora strutturate , organizzate i modo da innervare il dibattito politico tra culture politiche diverse e forze organizzate : queste sono democrazie produttive . Laddove la democrazia è completamente destrutturata produce dei governi inefficienti e volanti, noi siamo da questo punto di vista un caso esemplare di inefficienza della democrazia. In Europa non vedo un pericolo di deriva autoritaria , però vedo il rischio di una crisi democratica molto grave. Un esempio è la Francia che si garantisce un'ampia governabilità, ma quando sale al potere un governo con molto dissenso e poco consenso tutto si trasforma in un disordine pubblico assai elevato. Io credo che l'Italia, non sarebbe in grado di reggere con un sistema come quello francese, dove il popolo ha meno governabilità, tutto sommato la Francia si regge perché i francesi sono estremamente nazionalisti ed hanno una gran considerazione dello Stato.

Cosa che a noi in Italia manca?

Sì, totalmente o largamente, anche per ragioni storiche,. La difficile storia della nostra Repubblica è iniziata con tangentopoli, dove i partiti sono stati travolti. Quindi questa tesi che Lei sta portando avanti: che i sistemi autoritari stiano riprendendo terreno, è sicuramente vera, anche se però sarebbe bene distinguere tra i sistemi autoritari classici e le democrazie autoritarie, che convivono pacificamente con il sistema elettorale. Il riguadagnare terreno degli autoritarismi nasce secondo me dal fatto che le democrazie abbiano dimostrato di funzionare male, sia dal punto di vista della stabilità, sia dal punto di vista della selezione della classe dirigente, dunque questa tesi si può sostenere. Le democrazie garantiscono uno sviluppo accelerato ed armonioso anche se però come abbiamo visto prima, questa modalità si è ribaltata. I cinesi hanno costruito un modello affascinante, poiché a differenza dell'esperienza sovietica , in cui l'autoritarismo politico si accompagnava a quello economico, con lo stalinismo dell'economia che non ha funzionato, i cinesi hanno accoppiato un forte controllo politico ad un grande dinamismo sociale ed economico con un'economia di mercato ed un ampio controllo sullo Stato.

Quindi volendo, potremmo applicare o prendere per esempio il sistema cinese?

Il socialismo con le caratteristiche cinesi è un modello che funziona anche perché avendo generato ricchezza ed orgoglio nazionale, ha generato di conseguenza un ampio consenso. Non ci sono libere elezioni., però c'è consenso, invece in un sistema dove non c'è consenso il popolo si ribella come è accaduto in Unione Sovietica. In Cina anzi, è percepibile questo ampio clima di consenso ove ovviamente questa crescita ha portato un'ampia corruzione della classe dirigente portando dunque ad un nuovo cambio o rigenerazione della stessa classe dirigente, hanno rimosso un milione e mezzo di funzionari, un'operazione gigantesca e ciò ha determinato un Paese con un ampio consenso sociale, dove dunque si sta bene, non hanno il welfare state ma funzionano bene.

Dunque mi piacerebbe capire cosa è meglio tra democrazia e autoritarismo.

Beh, senza dubbio la democrazia è un sistema superiore, poiché si è liberi ed è proprio questo il bello della democrazia, mentre nei sistemi autoritari non è possibile. È vero che la Cina progredisce, però ecco, non è che i cinesi siano liberi. Noi europei siamo abituati alla libertà e nei Paesi che non l'hanno particolarmente conosciuta adesso sono sotto autoritarismi, questo è un prezzo molto alto che gli europei non pagherebbero. Quindi il problema non è come passare all'autoritarismo, bensì come far funzionare meglio la democrazia . cercare di migliorare i difetti della democrazia, quelli citati precedentemente, la democrazia è un gigante malato e va curata e l'autoritarismo è una medicina eccessiva , è una cura che non accetteremmo. È importante che il potere democratico sia bilanciato con poteri meritocratici. Anche il fatto che sia la maggioranza a scegliere è sbagliato, perché come abbiamo visto la maggioranza può fare

***** sciocchezze . per esempio all'interno dei meccanismi della Chiesa vince il principio di maggioranza che però è temperato dalla "segnoritas", quando l'opinione della minoranza è più saggia di quella della maggioranza, la direzione, la scelta, viene selezionata. Quindi quello ecclesiastico è un sistema molto elastico, è interessante che l'opinione della minoranza possa rilevarsi più saggia di quella della maggioranza. Credo che la democrazia non debba essere mai assoggettata al dominio incontrastato della maggioranza proprio per il discorso precedente e per i danni che potrebbe riportare la democrazia stessa. Quindi la democrazia dovrebbe essere gestita da organismi indipendenti dove vige la meritocrazia e dove ci si avvale di esperti che non sono stati eletti democraticamente, perché l'obiettivo è proprio quello di creare un equilibrio di forze per tenere sotto controllo la maggioranza prima che questa si esprima in qualcosa di disastroso per il Paese, un esempio lo troviamo nella magistratura,… quindi il problema è dividere i poteri ed il problema della democrazia risiede proprio nel fatto di creare un equilibrio tra i poteri dove il sistema maggioritario deve però essere bilanciato, è necessario attuare delle difese, perché l'arbitrio democratico può risultare disastroso, peggiore della dittatura!

Senza dubbio l'onorevole ci ha regalato numerose risposte, su cui è facile iniziare a sviluppare una propria opinione al riguardo. Dunque si stanno tornando e sono tornate differenti. Nate dalle stesse tracie del passato: come la volontà d'ordine, isolazionismo, nazionalismo estremo, ampia delusione democratica e della classe dirigente, inadeguata informazione e talvolta falsa informazione Quali sono? Dove stanno? E

soprattutto dove è più facile che ritornino? Per far ciò gettiamo
uno sguardo sul mondo.

Capitolo settimo

Uno sguardo al mondo

Palmiro Togliatti segretario del partito comunista italiano nel 1952: « ... il fascismo nel periodo attuale della nostra vita nazionale, è qualcosa di sempre presente , come pericolo e minaccia che incombe sopra di noi ... (perché) il proposito di tornare ad un'egemonia reazionaria del vecchio tipo liquidando anche le forme della democrazia è presente nel ceto dirigente e capitalistico in misura più larga di quanto non si creda ... nell'interesse della conservazione sociale in generale e dell'imperialismo americano in particolare ... per tutto questo il fascismo è tutt'ora presente come pericolo e minaccia seria, e bisognerà avere occhi aperti e animo vigilante per non esserne travolti ... » [20]

Proviamo a guardarci intorno interrogandoci su quale sia il tipo di governo migliore e contemporaneamente mettiamo in evidenza il tipo di governo che regola la vita di alcuni Paesi presi da esempio, senza ovviamente avere la presunzione di considerarli tutti nelle loro specifiche o specie, perché questo consterebbe di un altro tipo di lavoro indirizzato esclusivamente ad una comparazione, invece il mio intento è quello di esemplificare come funzionano a livello sociale e di rapporti internazionali le democrazie liberali o illiberali, gli autoritarismi, o i totalitarismi di più evidente rilevanza che oggi riscontriamo nel nostro mondo globalizzato. Il fine è quello di raccogliere dei dati per riflettere sulla positività o negatività di alcuni sistemi di governo, e tirare ognuno le proprie conclusioni di scelta politica e di critica politica ad alcune forme di governo. E allora volgiamo il nostro sguardo ad alcune realtà esistenti e alla loro storia, ripeto senza la pretesa di essere esaustivo e omnicomprensivo, ma con l'obiettivo di riflettere e raccogliere informazioni in modo da essere dei giusti osservatori di una realtà contemporanea che ci circonda e che ci chiede di comprendere il mondo in cui oggi viviamo.

La Turchia di Erdoğan: alla ricerca di una crescita non solo economica ma di dignità della vita

Recep Tayyip Erdoğan è il dodicesimo presidente della Turchia, ed ormai da ben dodici anni è attore, assoluto protagonista della scena politica turca. È sotto la sua guida che il Paese ha iniziato la sua crescita economica, costante e continua. Questo motivo lo ha reso acclamato e rispettato, o forse è più conveniente dire temuto, da tutta la popolazione, ma non dobbiamo sottovalutare il suo carisma e le sue indiscusse doti di leader. Fin da giovane il suo carattere si dimostra determinato e deciso, ben chiari aveva gli obiettivi da raggiungere. Infatti iniziò a lavorare già a tredici anni, vendendo bibite lungo la strada e mettendosi da parte i soldi che gli permetteranno di laurearsi alla Marmara University in "management" e nonostante fosse un'eccellente promessa calcistica preferì la strada della politica che lo affascinava maggiormente, ma soprattutto aveva compreso bene quanto gli sarebbe stata utile nel suo futuro; così è alla fine degli anni settanta che iniziò la sua militanza nel partito del Benessere, di ispirazione islamico-consevatrice.

Nel 1994, si presenta alle elezioni di sindaco di Istanbul vincendole e fu talmente sfrontato da leggere i versi del poeta Ziya Gökalp in pubblico, che gli costarono un'incriminazione per odio religioso e avrebbe dovuto passare ben dieci mesi in carcere in realtà dopo quattro mesi fu scarcerato. Così carico e sempre più determinato fonderà il suo nuovo Partito per La Giustizia e lo Sviluppo, meglio conosciuto con la sigla AKP. Inizialmente la nuova forma politica assume le sembianze di un partito moderato, però conservatore e di ispirazione religiosa. Fu subito etichettato come partito antilaico fortemente radicato nell'Islam. Nel 2002 le nuove elezioni sancirono la vittoria di Erdoğan e l'AKP e nonostante la percentuale di vittoria, 34,3% di voti a favore, riuscì ad ottenere ben il 66% del Parlamento, colpevole l'allora legge elettorale di ripartizione dei voti.

Dal 2002 il presidente Erdoğan ha governato senza un'opposizione capace di scardinarlo fino ad oggi, complice certamente la sua forte personalità, ma molto di più i risultati ottenuti nella crescita economica del Paese, grazie anche agli ingenti capitali stranieri immessi nell'economia turca soprattutto quelli dell'Europa, a lui così vicina. In Turchia i tassi d'interesse dei finanziamenti e dei prestiti erano talmente bassi che attirarono l'interesse del settore privato dell'industria e dei commerci, parallelamente ad una politica di privatizzazione messa in atto dal suo governo. Nonostante un governo pressoché autoritario ed intimidatorio siamo di fronte ad una grande crescita economica che cominciò nelle zone dell'Anatolia centrale. Qui i cittadini hanno visto migliorare il loro stile di vita e la qualità delle loro esistenze, infatti in questo territorio compare la maggior parte dei sostenitori del Presidente. I territori che si affacciano sull'Egeo, sono storicamente più filooccidentali e non vedono tanto di buon occhio il governo attuale e il suo Presidente, né l'influenza religiosa sunnita che con Erdoğan è entrata a tutti gli effetti a far parte dell'AKP. Mentre i confini orientali sono abitati dalla minoranza della popolazione curda, che è da tempo immemore in conflitto con il Presidente e i suoi simpatizzanti. Erdoğan ha avuto la capacità di comprendere l'importanza di un'apertura verso il vicino Oriente, infatti prima delle primavere arabe e della guerra in Siria, il governo turco aveva intrapreso mosse politiche per giungere all'apertura di un nuovo mercato con gli Stati arabi confinanti quali: la Siria, l'Iran e il Libano. Nonostante il caos politico provocato dagli scontri nella Penisola Araba dell'ultimo periodo, abbia rallentato se non addirittura fermato l'iniziativa commerciale turca, la fama e la magnificenza del Presidente non si è frenata, anzi il suo consenso ha continuato a crescere soprattutto nelle monarchie sunnite come il Qatar e l'Arabia Saudita, sia politicamente che per il suo intervento nella lotta al terrorismo.

Ci tengo a precisare che nonostante questo slancio di crescita e benessere economico e le simpatie che gli hanno riservato i governi di ispirazione sunnita, il governo di Erdoğan non ha mai nascosto il suo carattere autoritario, e la sua volontà di un controllo personale ed assoluto in ogni campo: sulle istituzioni, sugli organi di stampa, di divulgazione e di informazione del proprio Paese. Dal 2011 l'AKP ha introdotto una serie di riforme che hanno portato a notevoli restrizioni nella libertà di parola, di stampa, persino su internet, infatti alcuni giornalisti hanno subìto il carcere per aver pubblicato idee e notizie avverse al regime. Inoltre altre riforme hanno spostato sull'asse religioso islamico l'assetto delle istituzioni e della società civile, è stato per esempio reintrodotto il reato di blasfemia[8]. Col passare del tempo tutte queste iniziative hanno assunto un carattere fortemente autoritario provocando la reazione in quella parte della popolazione che crede nella laicità dello Stato. Sono ancora vive in noi le immagini della repressione del 2013, quando la protesta contro la rimozione del Parco Gezi di Instanbul, per costruire la nuova piazza Taksim, si trasformò rapidamente in una protesta contro il governo autoritario, ma le persone che avevano occupato il parco, furono facilmente sgomberate dalla polizia, che utilizzò forza e mezzi repressivi, nonostante la denuncia di molti cittadini che si riunirono in altre piazza turche per denunciare eccessiva violenza utilizzata dalla polizia. Furono tre mesi di lotte intestine, in cui Erdoğan utilizzò il pugno di ferro, noncurante dell'opinione pubblica mondiale. Chiuse ogni possibilità di dialogo con i cittadini scesi in piazza e al termine di tre mesi di proteste il bilancio fu macabro: cinque morti, ottomila feriti ed oltre duemila arresti[21].

Dopo questi eventi appariva chiaro ed evidente a tutti, la grande contraddizione che avvolgeva Erdoğan, da una parte era un grande promotore della sua Turchia, infatti con lui erano migliorate le condizioni economico-sociali della popolazione e la Turchia aveva cominciato ad essere competitiva nel mondo, dall'altra un uomo che toglieva le libertà, capo di un regime forte ed autoritario. La perdita di popolarità del Presidente avvenne principalmente per la stampa internazionale, perché in Turchia la sua popolarità non sembra aver subito eccessivi scossoni. Infatti nelle elezioni successive, quelle del 2015, Erdoğan venne confermato alla guida del Paese, tra l'altro erano le prime elezioni presidenziali dirette della storia turca, ma i numeri raggiunti non furono sufficienti per attuare la riforma costituzionale tanto desiderata dall'AKP, cioè passare da una repubblica parlamentare ad una presidenziale. Quello che ormai stava divenendo chiaro è l'ambiguità del governo turco, infatti pur rimanendo ufficialmente un Paese della Nato e anche alleato degli Stati Uniti d'America nella lotta contro lo Stato Islamico, sembra proprio che Erdoğan non attui politiche per contrastare l'avanzata dell'Isis, infatti i controlli al confine siriano sono spesso inefficaci, perché permettono l'infiltrazione in modo continuo dei *foreign fighters*, ed ancora peggio che quando il governo turco interviene con dei blitz, questi abbiano l'aspetto di un attacco agli avamposti del PKK, cioè del Partito d'Azione Curdo, piuttosto che di un attacco ad obiettivi per indebolire l'Isis.

Ecco qui che ci si aspetterebbe una reazione sia dell'Unione Europea che dell'America efficace, provvedimenti tesi a punire la Turchia, invece visto il suo posizionamento strategico, i delicati rapporti di forza con la Siria e non ultima la potenza economica che oggi la Turchia sta diventando, sia l'UE che gli USA continuano ad ignorare le azioni violente dei turchi contro i curdi, la prima perché in cambio di denaro cerca di frenare il flusso dei migranti diretti a nord, la seconda per un gioco di alleanze strategiche nella lotta contro l'Isis. Per molti queste politiche sono a dir poco miopi, ma in realtà risultano efficaci nello scacchiere del mondo. Uno scontro durissimo, almeno verbale è quello che la Turchia ha in atto con la Russia, soprattutto per quel che riguarda la Siria. Da un lato il presidente Putin vorrebbe far tornare al potere Assad, mentre dall'altra Erdoğan vorrebbe destituire definitivamente del suo poter il dittatore sciita, e così i rapporti diplomatici dei due Paesi sono tesissimi, basta pensare all'abbattimento dello jet russo che sorvolava lo spazio aereo turco.

Ma allora se da una parte l'entrata, in passato, della Turchia nell'Unione Europea, sembrava essere un percorso quasi scontato, oggi invece, le azioni del presidente turco, rivolte alle forze sunnite della penisola araba, aprono un nuovo scenario le manie di grandezza, direbbero alcuni, il carisma e la capacità di coinvolgere direbbero altri, del presidente rimettono in discussione la situazione, e nulla sembra più propizio per espandersi, e mettere in mostra la propria potenza, che il conflitto siriano. È di questi giorni la notizia che la Turchia vuole chiudere la base americana di Incirlik, ma il dipartimento degli Stati Uniti ha risposto assegnando ad otto compagnie turche diversi contratti per un totale di 95 milioni di dollari, con l'obiettivo proprio di aggiornare questa base militare, e non sembrano neanche essere progetti a breve termine dato che è stata fissata la data di completamento dei lavori per il 31 dicembre 2024, questo perché il Pentagono non ritiene probabile che la Turchia possa realmente chiudere la base soprattutto con una così accattivante proposta. Questo per sottolineare la grande contraddizione della dittatura: il prezzo sono le libertà individuali, la conquista, come in Turchia è il miglioramento delle condizioni sociali, l'economia e di conseguenza la qualità della vita dei cittadini, ma allora la domanda torna ancora più incisiva di prima: qual è il tipo di governo migliore? Dobbiamo spaventarci di questo rigurgito mondiale delle destre oppure ne dobbiamo gioire o forse può esistere un'ulteriore alternativa?

È nell'agosto del 2019 che i giornali titolano « … Lira turca ai massimi da aprile, anche se l'inflazione a luglio rialza la testa …» [22], questo per sostenere che il potere dittatoriale di

Erdogan è portatore di benefici anche e soprattutto economici per i cittadini turchi, poco oltre l'articolo del giornale sopra citato sostiene che neanche l'inflazione del mese precedente, luglio, ha messo in crisi ed in allarme i mercati. La lira turca guadagnò, al tempo il 10% sul dollaro, conquista non affatto indifferente, infatti viene considerata una valuta emergente, e in questo pare sia complice il fatto che si siano affievolite le tensioni interne dopo l'annullamento delle elezioni comunali ad Istanbul di fine marzo, poiché il presidente Erdoğan le considerava "pericolose". Risulta a tutti gli economisti chiaro il fatto che per mantenere una Lira stabile il presidente Erdogan non debba assolutamente confliggere con gli Stati Uniti, mentre possa liberamente agire nel proprio Paese! Le occasioni di conflitto con l'America, si sono rivelate molteplici, soprattutto per il fatto che la Turchia abbia acquistato dalla Russia missili S-400, e Trump mal ha digerito quest'affare, tanto da arrivare a minacciare sanzioni a danno della Turchia, che formalmente resta un alleato nella NATO!

Quello che ci preme ora conoscere è, nonostante o per merito di Erdoğan come si vive in Turchia. Perché da quel che leggiamo nei giornali occidentali è un Paese con un'economia in accelerazione, ma nella vita reale tutto questo che rilevanza ha, in cosa effettivamente si traduce? Innanzi tutto dobbiamo considerare la Turchia come un Paese con una doppia anima, infatti possiamo ritenerla divisa in due parti, una legata al passato e conservatrice, l'altra rivolta all'Occidente, all'innovazione culturale e tecnologica. La forza della Turchia è la sua collocazione geografica, è un ponte culturale e commerciale tra l'Europa e il Medio Oriente e l'Asia; la parte più moderna della popolazione vive generalmente come europei potremmo dire con un pizzico d'Oriente. A parte la super affollata Instanbul, dove è alto il tasso di criminalità tanto quanto il costo della vita e degli alloggi, a fronte di stipendi che si aggirano mediamente intorno ai tre o quattrocento dollari al mese per un lavoratore medio, esistono tanti piccoli centri in cui la vita, oltre ad essere piacevole, è anche felice e gli stipendi seppur inferiori a quelli europei riescono a soddisfare le esigenze dei cittadini, perché la vita è ancor economica e quindi i bassi stipendi non pesano sulle scelte e la qualità di vita di questi cittadini. Il discorso migliora notevolmente per coloro che lavorano come manager di grandi aziende. Inoltre ci tengo a ricordare che le scuole sono statali, e quindi gratuite, così come la sanità che è quasi gratuita, e lo Stato copre tutte le spese mediche in caso di emergenza, mentre le altre spese sono coperte in modalità variabile[23]. Insomma come appare, un governo autoritario laddove sappia gestire le relazioni internazionali e mediare le proprie condizioni di esistenza, non sembra così distruttivo come il comune pensare indurrebbe a credere ... C'è però da rilevare che una gran parte della popolazione, quella più affascinata dallo "stile occidentale", vive stretta in questa Turchia, soprattutto le donne, considerato anche che una parte sostanziosa dei turchi è di religione mussulmana, poiché lo stile conservatore non permette loro di sentirsi liberi e di vivere la vita che vorrebbero.

L'Ungheria di Orbán: quale politica la storia premia? La crescita economica di un Paese corrisponde alla felicità del suo popolo?

Sono ormai quindici anni che l'Ungheria è entrata nell'Unione Europea, ed oggi sembra essere un Paese scomodo e poco gestibile, soprattutto da quando, a seguito della vittoria elettorale nel 1998 di Viktor Orbán, divenuto capo del governo sostenuto da una coalizione formata da Fidesz, Forum Democratico Ungherese, FDR, e il Partito dei Piccoli Proprietari Indipandenti, FKGP, ha preso le redini della situazione. A Bruxelles scherzando, lo appellano "il dittatore", però lui non scherza, ed è diventato il simbolo di un forte nazionalismo, che come stiamo vedendo oggi dilaga a macchia d'olio in tutto il globo.

Orbán è ormai leader incontrastato dal 2010, ed è divenuto il rappresentate più estremo di atteggiamenti di destra e autoritari. Nonostante le critiche e le accuse continue a lui e al suo operato, il leader mantiene la sua forza politica e carismatica su gran parte della popolazione[9][24]. Anche dopo che il 9 ottobre 2016, fu chiuso l'unico giornale critico nei confronti del "dittatore". Certo il tutto non avvenne nell'indifferenza generale, però parliamo di duemila persone che scesero in piazza a Budapest per difendere la libertà di stampa e per protestare contro la chiusura del quotidiano di sinistra "Nebszabadság".

Siamo a Ginevra, durante il Consiglio per i Diritti Umani delle Nazioni Unite, del 26 febbraio 2018 , che Orbán viene accusato di xenofobia e razzismo, citando addirittura le parole del leader ungherese quando pochi giorni prima non aveva perso

occasione per definire le sue posizioni con queste parole: « …
noi non vogliamo che il nostro colore sia mischiato con altri
…»[25]. L'Ungheria respinse le accuse sostenendo di ascoltare le
critiche e le continue accuse, ma si disse in quell'occasione
molto preoccupata del fatto che funzionati ONU accusassero
Stati membri e governi eletti democraticamente, non solo è per
loro inaccettabile essere paragonati alle dittature del passato con
la storia che le accompagna e l'immaginario collettivo che vi fa
riferimento. Addirittura, il rappresentante ungherese in
quell'occasione chiese le dimissioni del funzionario che aveva
accusato Orbán, perché lo riteneva indegno del posto che
ricopriva! Il concetto è che l'Ungheria viene attaccata, perché ha
il coraggio di sostenere il principio inviolabile ed irrinunciabile
della volontà nazionale, infatti sostiene che l'Ungheria sia degli
ungheresi e solo loro siano i padroni in casa loro, non scordiamo
che una delle accuse più recitate sia quella che l'Ungheria abbia
speso più in filo spinato che in aiuti militari! Inoltre la Nazione
di Orbán ha avuto il coraggio di opporsi a quelle politiche
europee ritenute dal suo popolo e da lui fallimentari. E così in
Ungheria, a Budapest, continuano le manifestazioni pro-Orbán
(15 maggio 2018) a sostegno del loro capo, e sicuramente sono
più delle duemila persone che protestarono per la chiusura del
quotidiano oppositore del regime! La questione ungherese nella
realtà divide l'opinione pubblica, infatti c'è chi l'accusa di essere
un sistema autoritario, comandato da un razzista xenofobo ed
anche spietato, chi invece la difende accusando i giornali e la
stampa e tutte le agenzie d'informazione di manipolare le notizie
a proprio uso e consumo, mentre gli ungheresi vogliono solo
un'Europa diversa da quella attuale, che non li garantisce, anzi
con questa politica europea aumentano i problemi. Quando nel
2013 fa delle modifiche costituzionali, partirà una procedura di

infrazione da parte della Commissione Europea, tra i punti più criticati le limitazioni al poter della Corte Costituzionale, della libertà di espressione e dell'indipendenza dei media[26]. È il primo leader europeo che si oppone alla politica europea sull'immigrazione e alla redistribuzione dei migranti, infatti dopo la grande crisi migratoria del 2015 ordinerà la costruzione di un muro sulla frontiera meridionale, che metta l'Ungheria al riparo dagli immigrati invasori, ed è proprio questa propaganda sulla lotta all'immigrazione che gli permette di rimanere saldo al potere, insieme ad una serie di provvedimenti come quello nominato "Stop Soros". Questo impone una tassa del 25% sulle donazioni straniere alle ONG, considerate sovvenzionate da Soros, ed inoltre fa inserire nella Costituzione il divieto di accogliere i migranti economici[27].

Orbán, per quanto criticato, ostacolato e preso di mira dagli europeisti, è salito al potere con libere elezioni e così lo sta mantenendo, ricordo le elezioni dell'8 aprile 2018 che lo videro ancora vittorioso, è il suo quarto mandato e il terzo consecutivo; direi che stravinse, con il 49,60% di voti, ottenendo ben 133 seggi su 199 nella coalizione del partito Fidesz, Unione Civica Ungherese e Partito Popolare Cristiano Democratico, surclassando i suoi più temibili avversari, il Movimento per L'Ungheria migliore che ottenne solo 26 seggi e la coalizione tra il Partito socialista Ungherese e il partito Dialogo per l'Ungheria che insieme raccolsero solo 20 seggi. Il governo che vide di nuovo come suo capo indiscusso ed acclamato Viktor Orbán[28]. Molti cittadini hanno ritenuto fondamentale la politica che Orbán ha attuato nei confronti dei migranti, altri ritengono che abbia visto in essa un ottimo slancio per la sua campagna elettorale e quindi l'abbia utilizzata molto da un punto di vista propagandistico. Comunque sia è riuscito a mantenere e riguadagnare consensi anche nei confronti dei suoi avversari politici come per esempio Jobbik . Nella sua campagna politica permanente, Orbán considera l'Occidente il suo vero avversario politico, e la tecnocrazia di Bruxelles come spesso la definisce, è il capofila dei suoi nemici, perché cerca di imporre la sua volontà ai Paesi membri che in realtà per il leader dovrebbero essere liberi di decidere nelle proprie Nazioni, "in casa loro", del proprio futuro affermando che l'Europa viola la sovranità nazionale. Quindi Orbán si pone come sovranista da una parte e contro le super nazioni dall'altra, qui è evidente la sua grande capacità carismatica e strategica, oggi è considerato dalla popolazione ungherese, l'unico uomo che potrà difendere in modo adeguato gli interessi nazionali. È riuscito a cogliere il dramma ungherese: l'Ungheria nella storia non è mai riuscita a prendere in mano le redini del proprio destino. Prima è stata sotto la dominazione asburgica, anche se con il compromesso del 1867 l'Ungheria divenne un partner dello stesso grado dell'Austria. Poi la storia ci racconta che stette sotto l'Unione Sovietica per circa quarant'anni ed ora è necessario difenderla dalle continue intromissioni dell'Europa, e chi meglio di Orbán, che ha compreso la grande ferita del suo popolo e il timore di dover sottostare nuovamente nella storia ad un'altra potenza, se non Orbàn?

Il capo di governo ungherese, ha cioè ben capito lo spirito e i bisogni del proprio popolo, e nella sua narrazione cerca di spiegare che la democrazia non sia necessariamente un bene per un Paese, anzi sostiene che le democrazie illiberali siano quelle che funzionano meglio di altri tipi di governo: è dunque il nuovo che avanza. Certamente non possiamo dare torto ad Orbán quando sostiene che il liberalismo sia in un crisi, ma lui va oltre ritenendo che tale crisi sia irreversibile e che siamo dunque di fronte alla fine del liberismo. Come ideologia non ha più nulla da dire, è decadente, perché non ha la capacità di risolvere gli immensi problemi che questo mondo globalizzato, moderno, presenta; non riesce a dare soluzioni alle sfide globali, internazionali, che quotidianamente si manifestano, e si moltiplicano in quantità e complessità. L'opinione pubblica inizia a mettere in discussione il concetto di democrazia ed Orbán rappresenta oltre che l'uomo nuovo, l'uomo dell'alternativa, quello che è capace di interpretare il mondo moderno e di proteggere e rafforzare la Nazione. È in contrasto per esempio con la Merkel, perché sostiene che la democrazia non debba essere necessariamente liberale, ma la si può pensare come illiberale, perché è l'unica democrazia, per lui, che sia in grado di tutelare gli interessi delle masse e di proteggere le popolazioni da pericoli esterni. Non è un caso che il grande nemico di Orbán sia da considerarsi Soros, appena vinte le elezioni a Budapest, il capo del governo fece mettere dei manifesti con su scritto « Ne hacyjuc, hocy Soros bevesse a vécén!», cioè "non lasciamo che lui rida per ultimo (abbia l'ultima parola)". Questa rivalità nasce, perché Soros rappresenta il modello che non può inserirsi nel clima di cui abbiamo parlato fino a questo momento. Il modello politico di Soros è cosmopolita, non conosce frontiere, ed è interpretato dal governo ungherese come un'intromissione pesante al fine di raggiungere i propri obiettivi ed i propri interessi economici. Questa apertura all'esterno si presenta come una distruzione dei valori nazionali, valori che definiscono una Nazione nella propria essenza, Soros nel 1991 fondò a Budapest l'Università dell'Europa centro-orientale al fine di diffondere il concetto di società aperta, basata sulla cultura liberale, pensate che in questa Università non solo insegnano diversi professori stranieri, ma è anche frequentata da ragazzi e studenti provenienti da ogni parte del mondo, ed il governo Orbán ha creato non poche difficoltà ala nascita di questa Università perché ritenuta il centro delle attività antipatriottiche. Insomma il governo accusa Soros di aver strutturato a tavolino un piano per destrutturare l'Ungheria partecipando, anche economicamente e con ONG, all'ingresso degli immigrati. Il colpevole è dunque trovato: il responsabile per il governo ungherese è Soros. Chiaramente non ci sono prove né dati alla mano che possano supportare la tesi che Soros abbia agito ed agisca così diabolicamente e per interessi personali[29]. Inoltre, oggi in Ungheria non esiste una parte di opinione pubblica strutturata politicamente che sia in grado di contrastare efficacemente il governo Orbán. Anche il Partito Jobbik, l'unica forza di possibile contrasto, non ne è, né, ne è stato in grado. Il capo del governo ha oggi creato un sistema fortemente dirigista, estendendo il controllo sui principali settori della vita pubblica, esprimendo l'uomo forte a capo di una Nazione solo da lui compresa e protetta, uno dei suoi principali riferimenti politici è Putin, leader forte della Russia, perché riesce a mantenere l'ordine nelle città e nel suo Paese restituendo ordine e dignità, prestigio e potere contrattuale sul piano internazionale alla sua Russia e al suo popolo. Un altro idolo è Trump, infatti appena eletto Presidente degli Stati Uniti D'America ci furono manifestazioni in suo sostegno, è stato acclamato come l'uomo che sa fare e che sa decidere. Per gli ungheresi anche Trump ha adottato una politica antimigranti adeguata, infatti ha irrobustito il muro di confine, proprio come Orbán ha alzato il filo spinato ai confini ungheresi con la Serbia, ed entrambi chiedono la partecipazione economica delle spesa nella costruzione dei muri il primo al Messico, il secondo all'Unione Europea, entrambi sono nazionalisti basta pensare allo slogan di Trump "America first" e a quello di Orbán: "L'Ungheria agli ungheresi". Gli americani hanno scelto come gli ungheresi, sono per un nuovo modo di governo e una democrazia illiberale?

Il migrante è presentato come colui che porta via il lavoro agli ungheresi, che si inserisce in una nazione e ne cambia gli usi e i costumi, la cultura, e non in ultimo lo straniero è presentato come portatore di terrorismo, e l'opinione pubblica oggi la pensa proprio in questo modo. I migranti sono un pericolo e vanno fermati, questo è il pensiero della maggior parte della popolazione. e soprattutto va fermata l'immigrazione illegale quella, secondo il governo, sostenuta e difesa dalle ONG. La narrazione sulla migrazione si basa sul concetto della perdita della propria identità e del pericolo insito in essa, un po' come accade in tutti i Paesi che non vogliono aprire le proprie frontiere ai migranti, anche se come in avviene in Ungheria, sarebbero territori di passaggio e non una terra per stabilirsi.

Quando nel 2010 Orbán arrivò al potere, l'Ungheria era in piena crisi finanziaria e la disoccupazione era oltre l'11% , oggi ufficialmente è giunta al 4,2%, grazie al taglio delle tasse sul profitto. Ciò ha permesso a molti imprenditori ed aziende di trasferirsi in Ungheria ed investire in questo territorio i loro capitali. Esistono aziende ungheresi che sono di sostegno e di aiuto per chi decide di aprire una propria attività nel Paese. L'Ungheria, che è entrata nell'Unione Europea nel 2004, ha mantenuto come moneta nazionale il fiorino e non l'euro, ed oggi la sua economia è in continua crescita, oltre il 4% l'anno, merito soprattutto delle aziende straniere, quelle transnazionali, come le multinazionali automobilistiche per esempio l'Audi e la

Mercedes. Inoltre Bruxelles finanzierà il Paese fino al 2020 (circa tre miliardi l'anno). Molti sostengono che i politici siano corrotti e che si siano arricchiti con questi finanziamenti. Alcuni media provano a raccontare la corruzione, ma come detto all'inizio vengono chiusi, censurati o messi in condizione di non sopravvivenza. Nel 2012 è entrata in vigore la legge di regolamentazione dei media, chiamata "Legge bavaglio", che ha il compito di smistare, controllare e censurare l'informazione, ed è stata affidata a uomini vicini al governo[30]. Ma allora chi vive in Ungheria è felice ed ha possibilità di sviluppo e di crescita? Certamente, come certamente non è un Paese privo di povertà, come non lo è nessun Paese, ma un dato che vorrei mettere in evidenza è che molti italiani si sono trasferiti per lavoro in Ungheria, molti giovani o famiglie appena costituite perché lì c'è la possibilità di trovare lavoro e di garantire studi, casa e futuro alle proprie famiglie[31].

La Russia di Putin: Stato forte nelle mani di un uomo solo, l'interesse del popolo nelle mani di un sol uomo è la soluzione?

Verso la fine degli anni Ottanta giravano tra i moscoviti una serie i storielle che denigravano e mal consideravano l'autore della Perestroika, Michail Gorbaciov. Diciamo che il suo modo un po' goffo e la stanchezza delle lotte intraprese si fecero sentire a tarda età, ma anche la sua politica fu mal considerata, perché il popolo dell'ex Unione Sovietica era convinto che l'apertura all'Occidente avesse indebolito la Russia, sia dal punto di vista economico che da quello della stabilità culturale e politica; avesse incrinato le loro tradizioni e la loro forza. Comunque tra i tanti racconti, ho scelto questo, che mi sembrava opportuno e forse il meno aggressivo. La storia racconta che Gorbaciov ad un certo punto della sua vita si accorse che nella grande casa Russia pioveva dal tetto, e così prese la decisione di sostituire le tegole che credeva marce. Nel farlo si accorse che anche le travi erano marce e decise di sostituire anch'esse. Con gran fatica e a malincuore sollevò le travi, ma ciò che apparve ai suoi occhi lo preoccupò notevolmente: anche i piloni che reggevano il tetto e le travi erano guastati dagli anni, ed erano così rovinati che per aggiustarli sarebbe stato necessario un intervento radicale e coraggioso. Ma non ebbe coraggio. Persino quando chiese consiglio ai suoi amici e collaboratori questi non sapevano come affrontare la cosa. Si risolse allora a rimettere tutto al proprio posto e a ricoprirlo, e si prese del tempo per decidere come intervenire. Ma questo non fu un bene. Infatti aver spostato e scoperchiato la casa, anche se per poco tempo, non fu propizio, anzi indebolì talmente la struttura che la situazione peggiorò e la casa crollò tutta definitivamente. E qui termina la storiella, che dimostra ampiamente il malcontento per le riforme che passarono sotto il nome di Perestroika. L'apertura all'Occidente non aveva dato i risultati sperati e promessi e Gorbaciov fu accusato di non aver avuto il coraggio necessario per cambiare le cose in modo drastico e deciso e così tutto peggiorò. Da qui il bisogno della popolazione russa di tornare ad un governo forte, capace, carismatico, in grado di governare un Paese, così geograficamente grande, con una storia così importante alle spalle e con un futuro oramai incerto[32]. Divenuto nel 1985 segretario generale del PCUS, Gorbaciov iniziò il suo programma contro l'alcolismo, fu chiamata la "legge secca" e contemporaneamente quella sopra citata "perestroika" che è una riforma economica. Non fu aiutato quando l'anno seguente ci fu l'incidente presso la centrale nucleare di Chernobyl in Ucraina, infatti il malcontento nella popolazione aumentò, e come accadde per l'Ungheria la percezione popolare e quella dei Paesi Occidentali in merito agli eventi è stata diversa direi quasi opposta. Mentre la stampa Occidentale osannava Gorbaciov e la sua politica della "trasparenza", i russi piangevano questo cambiamento che li impoveriva sempre di più e li allontanava dalle tradizioni e dalla loro storia. Sono due gli eventi che segnarono il cammino della trasformazione ed avvennero entrambi nel 1989: la caduta del muro di Berlino e le prime elezioni sovietiche, in cui Eltsin e Sacharov ottennero una grande maggioranza di seggi al Congresso. L'anno seguente il mondo Occidentale ancora acclamava Gorbaciov, tanto da conferirgli il Premio Nobel per la Pace, mentre in Russia le elezioni mandarono al governo Boris Eltsin disconfermando totalmente le aspettative dei Paesi stranieri. È l'inizio della fine per l'economia russa, Eltsin si dichiarerà democratico e liberale, dovette anche sventare un colpo di Stato nel 1991 dei comunisti e poi arriva la firma del trattato tra la Russia e i presidenti di Bielorussia, Ucraina che formarono la Comunità degli Stati indipendenti, la CEI, e l'URSS cessa di esistere, per dare nuova vita alla Russia. La liberalizzazione dei prezzi non aiuterà la crescita finanziaria, che subirà il drastico passaggio da un'economia gestita dal governo centrale ad un'economia di mercato, il rublo crollò ed i prezzi andarono alle stelle[33]. L'immagine delle vicende russe degli ultimi venti anni, come detto è differente e dipende dal punto di osservazione: un occidentale è portato con estremo entusiasmo a considerare Eltsin il protagonista della nuova stagione liberale russa, colui che è stato il propulsore del concetto di società aperta, e contestualmente considera Putin un dittatore, autocrate, autoritario, conservatore, con una spiccata nostalgia verso il comunismo e quindi il passato. Altro invece se l'osservatore è un russo che ha visto crollare il modo repentino la propria economia, la propria capacità di acquisto, le condizioni della propria vita. Altro che "società aperta", direi "società fallita"! Eltsin per un russo è un uomo che ha portato la popolazione alla disperazione e non ha lavorato per la Russia, quanto per le oligarchie occidentali. I dati in effetti parlano chiaro: siamo ne 1995 e la « … popolazione al di sotto della soglia di povertà è pari al 39%; il tasso di omicidi è tre volte quello americano, quindici volte quello italiano e quaranta volte quello giapponese …»[34]. Invece Putin diventa l'uomo che è riuscito ad avviare la ripresa economica, garantendo in tal modo una nuova possibilità di benessere per il popolo russo, che aveva subìto un vero e proprio shock, con le riforme di Gorbaciov, uno shock sia politico che psicologico, perché non era pronto ad un cambiamento così radicale, che tra l'altro non si è presentato gradualmente, ma travolse completamente ogni persona: uno tsunami. Certo Putin non rappresenta oggi un ritorno al XVII secolo, non dobbiamo pensare che con lui si stia rivalutando la figura di Stalin, ma comunque l'uomo che incarna rappresenta quella stabilità perduta, quella ripresa che tanto la Russia aspettava e che Putin ha incarnato. Questo andamento è ben spiegato nel libro di Gian Paolo Caselli, "La Russia nuova economia e storia da Gorbaciov a Putin", il quale sostiene che la Russia con Gorbaciov, ultimo segretario del Partito Comunista è crollata su se stessa sia politicamente che economicamente, mentre con Eltsin, che si narra come l'uomo capace di rompere con il sistema, la Russia si riprende, ma faticosamente e non senza affrontare quotidiani problemi, ed infine con Putin, che in qualche modo rappresenta le sfide a cui oggi va incontro la Russia, ha permesso allasua Nazione di riprendersi il suo spazio politico, economico, delle tradizioni e del consenso non solo interno, ma anche internazionale. E lo studioso Moshe Lewin nel suo libro "La Russia nella nuova era"[36], fa un invito esplicito all'occidente: quello di non fermarsi alla superficie a ciò che appare per comprendere la Russia, bisogna calarsi nella vita del popolo russo, conoscere la società reale, e l'importante è abbandonare l'idea che nei regimi a dominazione statale, sovietici o altro, tutto sia politica e soprattutto dominio, perché non è così, non tutto è passibile a suo dire di controllo dall'alto e sempre secondo lo studioso il fatto che nessuno fu in grado di prevedere il crollo del sistema nel 1989 ne è una prova.

In Russia, dopo due governi che l'avevano indebolita, quello di Gorbaciov e quello di Eltsin, a tal punto da far aumentare la forbice esistente tra i ricchi ed i poveri del Paese creando una sproporzione delle ricchezze, necessariamente si diffuse il disagio, Eltsin risolse questo problema con la politica delle privatizzazioni, ma fu talmente accelerata che si creò una classe di oligarchi e invece in alcune zone del Paese la povertà fu talmente estrema che gli abitanti ricorsero al baratto: siamo di fronte ad un'economia chiamata demonetizzata. L'arrivo al potere di Putin nel marzo del 2000, segnò un cambiamento, un'inversione di tendenza. Putin non metterà in discussione la situazione sociale che si trovò davanti, ma si limitò a ridurre il potere degli oligarchi, li controllerà e controllerà quelle immense fortune economiche che Putin sa bene come si sono conquistati, riuscirà nel suo intento con l'aiuto dei servizi segreti. Putin ha l'obiettivo di riportare nelle mani dello stato alcune produzioni in campi strategici come   quello delle risorse energetiche e dell'industria militare. Questo non vuole dire eliminare le privatizzazioni, ma indubbiamente un maggior controllo bnel momento in cui un'industria o multinazionale straniera sarebbe entrata in un'impresa russa. Durante tutto il suo secondo mandato, 2004 – 2008, Putin si concentrerà da una parte nel controllo delle privatizzazioni e dall'altra nella liberalizzazione dei movimenti di capitali, con l'intento di inserire l'economia russa nei flussi finanziari internazionali. Ed oggi la Russia si sta configurando come un Paese forte e importante nell'asse internazionale economica e militare, dove vi è un'alta industrializzazione, ma allo stesso tempo è presente un terziario di rilievo, è un Paese che si trova a scegliere tra l'est asiatico e l'Europa. Allo stesso tempo la Russia è attratta dall'asse diplomatico con la Turchia, che rappresenta il suo storico nemico, ma che oggi potrebbe invece essere utile soprattutto se si considera il riassetto nel sistema di relazioni con il mondo arabo e con la NATO. Dunque la Russia è un Paese in netta trasformazione e con una serie notevole di scelte diplomatiche e militari da poter affrontare, starà alla strategia di Putin scegliere la via da seguire.

Un fattore che ha agevolato le politiche di Putin è stato il progressivo interesse degli Americani nella lotta commerciale con la Cina, e di conseguenza una diminuzione di interventi negli altri assi geopolitici mondiali, infatti rimasto "solo" Putin lavora oggi per colmare quei vuoti lasciati da Trump nella politica mondiale delle aree calde. Mosca si muove così su più fronti, come per esempio nel 2014 annesse nel "vecchio stile" la Crimea, poi   attività di spionaggio, attacchi hacker ed interferenze politiche nelle aree che vanno dal Medio Oriente all'Europa, interferenze anche attraverso finanziamenti o sostegno logistico e militare a partiti o governi amici, inoltre si è reso quasi indispensabile nel campo delle forniture energetiche e in quello commerciale. Tutto questo non è alieno da elementi di debolezza, basta ricordare l'esplosione nella base dei sottomarini nucleari della flotta del Nord nell'agosto 2019. Ma indubbiamente Vladimir Putin è in grado di muoversi abilmente sullo scenario mondiale. Quando per esempio Erdoğan lanciò l'attacco nel nord est della Siria il 9 ottobre 2019, Putin subentrò con i siriani alle forze americane e curde, questo perché il suo obiettivo era garantire la sopravvivenza del regime di Assad e l'integrità territoriale siriana, screditando Washington e accusandola di aver tradito i curdi e di averli abbandonati; in realtà il ritiro degli americani è stato funzionale agli interessi russi, tanto che Putin è stato in grado di mantenere le comunicazioni regionali in quel territorio, in primis con l'Iran. Inoltre, h garantito i limiti geografici della fascia di sicurezza, contenendo l'avanzata turca ed ha anche confermato di essere un uomo affidabile per la Siria ed anche per Erdoğan che ha accettato la presenza dei militari russi alla frontiera. La Turchia, ignorando le ammonizioni americane, ha acquistato sistemi missilistici di difesa antiaerea russi! Le azioni di Putin non si arrestano qui, infatti nell'ottobre 2019, ha ricevuto oltre quaranta leader africani, un vertice che ha segnato il ritorno in Africa della Russia, partner privilegiato durante la Guerra Fredda. Le potenzialità dell'Africa sono oggi enormi, oggi ha il tasso urbanizzazione e industrializzazione più veloce al mondo, e si prevede un'esplosione demografica nei centri urbani, infrastrutture, servizi, tecnologie; scambi culturali e commerciali, fanno gola non solo alla Russia, che conta di intervenire su: difesa, energia ed estrazione mineraria. Tra l'altro in Africa sono più propensi a stringere l'occhio alla Russia che rappresenta un modello alternativo all'Europa e alle ex potenze coloniali. Certo il concorrente diretto è la Cina che per ora ancora controlla ampissime fette di mercato non solo africano, ma internazionale. La Cina è certamente un vicino scomodo per Putin, ma la sua abilità strategica gli ha permesso di stringere patti che permettono alla Cina di attraversare i territori che i Russi considerano ancora di propria competenza, come per esempio l'Ucraina, territori sensibili per la via della seta cinese. La Russia non abbassa la guardia, ma non per questo non cerca collaborazioni utili alla sua economia[37].

Considerato tutto quello appena riportato, anche in Russia, come in Ungheria ed in Turchia la situazione nelle mani di un uomo solo, un capo, non determina necessariamente un risvolto negativo, l'oblio di un popolo, a fronte di esperienza assai più drammatiche negli stessi Paesi quando si sono affacciati alla democrazia. C'è da chiedersi dunque se sia utile aver tutta questa paura di governi autoritari, se forse questa paura non sia semplicemente indotta, o se li possiamo considerare un'alternanza storica come sosteneva Vico, o se sia necessario all'uomo un governo autoritario per essere governato e per vivere in un mondo felice come sosteneva Hobbes.

La Repubblica Popolare cinese di XI Jiping: il potere centralizzato nelle mani di uno permette ad uno Stato la crescita economica?

La Cina, non si può considerare, come fanno molti un monolite, né dal punto di vista sociale, né geografico, né culturale e neanche economico, è invece un Paese estremamente frammentato al suo interno. Possiamo dire che storicamente si sono alternati periodi di aggregazione e di disgregazione, divenendo col passare dei secoli prima una civiltà poi uno Stato e questo ha inciso moltissimo sulla sua identità, la Cina è cresciuta e questa evoluzione è ancora ben presente nella Cina attuale. Lo stesso nome della Cina che tutti crediamo voglia dire "terra di mezzo", in realtà ha un significato più complesso, porta in sé un contenuto più alto di quello che la semplice traduzione "terra di mezzo" evoca. Infatti vuol dire Regno o Impero di Centro, ma centro di cosa?[38] La risposta è semplice: del mondo! Questo termine nasce con una mera accezione geografica , all'inizio si parlava di regni del centro, riferendosi a quei regni nel nord-est del Paese, quello intorno al fiume Giallo, infatti lì si concentravano i vari statarelli cinesi, che tra l'altro combattevano tra loro. La geografia ha un ruolo molto importante anche nella storia politica della Cina oltre che della Russia come abbiamo già visto, perché il nucleo della Repubblica Popolare oggi e dell'impero cinese un tempo, è la zona più fertile ed oggi la popolazione si concentra proprio dove è nata la civiltà cinese. Col tempo, quando la Cina è diventata un Impero, si è passati al concetto geografico di Regni del centro, inoltre all'epoca non si chiamava Cina, ma il suo nome dipendeva dalle singole dinastie che la dominavano e si chiamava come queste. Queste dinastie non si sentivano solo al centro del mondo geografico, ma percepivano se stesse al centro del mondo culturale e morale, infatti si sentivano superiori rispetto a tutti gli altri Paesi. È bene capire questo concetto anche perché la Cina è diventata molto tardi Stato, solo nel 1912, rispetto agli altri Paesi e questo passaggio non è stato fluido perché la Cina ha conosciuto il concetto di Stato Nazione solo dopo che arrivarono i Paesi occidentali come la Russia e il Giappone, che l'invasero, sto parlando dalla Prima Guerra dell'Oppio in poi. Le guerre ed il passaggio a Stato hanno portato con sé una enorme disgregazione all'interno del Paese ed hanno costretto il governo della neonata Repubblica cinese a ripensare alla Cina come uno Stato, il passaggio da Impero a Stato non è stato immediato, in realtà molti studiosi ritengono che sia ancora in corso.

In Cina oggi sono presenti cinquantasei etnie, di cui la principale che si aggira intorno al 92% della popolazione è quella Han, ed oltre a queste 56 etnie riconosciute, molti nativi della Cina non rientrano in questi gruppi riconosciuti, ma si identificano in altri gruppi di appartenenza, non presi in considerazione dal potere centrale, e così la posizione ufficiale del governo cinese è che tutte le etnie facciano parte di una etnia più grande che le raccoglie detta Zhonghua Minzu. Plasmare una Nazione significa trasmettere a tutta la società sia dal punto di vista politico che da quello sociale e culturale uno stesso punto di vista, un punto di vista, cioè unilaterale. È questa la grande sfida che la Repubblica Popolare Cinese si è posta, prima ancora di proiettarsi in modo massiccio verso l'estero, e competere con gli Stati Uniti, infatti deve ancora risolvere al suo interno tante sfide. Anche se nell'ultimo periodo con la tecnologia del 5G, la Cina ha fatto tremare l'America di Trump, che ha reagito con proibizioni e dazi, instaurando una guerra commerciale, la prima battaglia la sta vincendo l'America, bisognerà capire chi vincerà la guerra! Come dicevo la Cina, la seconda potenza al mondo prima di passare e divenire la prima potenza mondiale, deve risolvere alcune sfide di natura interna.

La prima sfida consiste nel mantenere la stabilità del nucleo del Paese, mi riferisco a quella zona dove si concentra la ricchezza della Cina, dove sono le città più importanti da Pechino a Shanghai e a Hong Kong compresa Shenzhen. Queste sono le città in cui si produce di più, infatti queste sono le zone urbanizzate in cui si concentra la maggior parte della popolazione che cerca lavoro e che proviene dalle campagne. Perché il Paese migliori e continui ad essere rilevante la sua forza internazionale, è necessario conservare il controllo di questo nucleo e la centralizzazione di Pechino. In questo senso il governo, sicuramente svolge un ruolo fondamentale per comprendere queste dinamiche, ed il Partito Comunista è il vero fulcro del Paese non lo Stato in sé, ma il Partito. Per fare un esempio di quello che dico: l'esercito popolare di liberazione, grande forza della Cina, non giura fedeltà al governo della Repubblica Popolare, invece giura fedeltà al Partito Comunista. Cioè il fulcro del potere è proprio il Partito Comunista, all'interno del quale si muove il presidente Xi Jiping, tra l'altro mi sembra doveroso ricordare che all'interno dei media cinesi questi viene chiamato "segretario", siamo noi occidentali a definirlo presidente, snaturando la forza del suo potere. Infatti nei media cinesi tradotti in inglese leggiamo "president", solo perché in questo modo è più facile veicolare la comunicazione agli stranieri che riescono così ad inquadrarlo in categorie di riferimento. Chiaramente il messaggio della narrazione politica cinese è di diversa portata, perché viene mandato in lingua cinese senza mediazioni linguistiche, perché è direttamente rivolto al popolo cinese. È ef inese è proprio quello del controllo del nucleo e quindi del Partito Comunista[39].

La seconda sfida che si trova ad affrontare è la stabilità delle periferie, che nel corso dei secoli sono state oggetto di aggregazione e disgregazione. Accadeva che quando l'Impero era forte, si espandeva occupando in tal modo regioni molto grandi, come per esempio l'attuale Mongolia, che oggi è uno Stato, lo Xinjiang, oggi regione autonoma cinese, il Tibet, anch'esso divenuto regione autonoma cinese e parte del Nepal. Quando l'Impero raggiunse in passato il suo massimo splendore e quindi, la massima espansione, era un territorio con una forma che venne detta "a foglia di begonia"; per la sua ampiezza e perché effettivamente ricordava la foglia di quella pianta, mentre nella fase di disgregazione la Cina pese tutti questi territori. Per esempio perse il controllo della Mongolia interna e la perse perché ci fu un accordo con l'ex Unione Sovietica. Fondamentalmente oggi la Mongolia è uno Stato che svolge una funzione fondamentale, ha infatti il ruolo di Stato cuscinetto tra le due più grandi potenze euroasiatiche: Cina e Russia. Una cosa molto simile è accaduta nello Xinjiang, in Tibet ed in Manciuria. Una delle priorità di Mao Zedong, durante e dopo la guerra civile è stata quella di riprendere il controllo delle periferie, perché la grande paura era di essere deboli ed attaccabili dalle potenze di terra. Quindi vediamo che il controllo del nucleo era la prima istanza da mettere a punto, ma per riuscire a farlo si rese fondamentale controllare le periferie, proprio per mantenere la stabilità del nucleo e quindi la forza della Cina. Oggi queste periferie svolgono ancora un ruolo cuscinetto con il mondo esterno, mantenere il controllo di questi territori, zone come lo Xinjiang quindi risulta fondamentale e Pechino ha la convinzione che il controllo dipenda direttamente dai fenomeni religiosi, cioè: per controllare i territori è necessario controllare i movimenti e le dinamiche religiose. Inoltre gli estremismi sono considerati alla stregua dei virus, e questo è evidente, come sostiene l'esperto di geopolitica Cuscito[11], leggendo diversi documenti in cui si sostiene che l'estremismo religioso debba essere curato in centri di rieducazione che, tra l'altro, oggi sono sotto il mirino degli Stati Occidentali e molto probabilmente saranno causa di diverse sanzioni per il governo cinese. Il Tibet è un'altra zona territoriale che risulta necessario tenere sotto controllo per gestire le instabilità, qui la questione è multifattoriale, infatti si allarga sia al fattore sociale, che a quello culturale e strategico. Dal Tibet si irradiano i maggiori fiumi del Paese e quindi lo pone nella posizione privilegiata di divenire una risorsa idrica per la popolazione cinese e questo è un fattore che non può essere sottovalutato. Estendere i confini della Cina fino all'Himalaya, serve ad impedire che l'India espanda la propria influenza oltre quest'alta vetta e quindi ridurre forza ed espansione cinese. Probabilmente le tensioni con l'India sono l'unico elemento di certezza della Cina imperiale e di quella attuale, infatti nessuna delle due, né l'India, né la Cina è stata in grado di superare questo confine ed avanzare nel territorio dell'altro. Questo è un elemento molto importante per Pechino perché rappresenta una questione strategica, non soltanto di tutela dei diritti, si badi bene che i diritti umani cinesi non sono come quelli occidentali, come siamo portati a credere, infatti in Cina il governo dà la precedenza ai diritti nazionali su quelli umani e personali. Inoltre la percezione di cosa siano i diritti umani in Cina è completamente diversa da quella del mondo fuori dalla Cina, che dipende dalla cultura che non è la nostra infatti è legata decisamente alla filosofia di Confucio. Il confucianesimo dà una priorità all'armonia collettiva, del tutto, quindi all'interesse collettivo, piuttosto che a quello individuale. Questi elementi ci sono utili per riuscire a metterci nei panni della Cina e capire non solo quali siano le priorità, ma anche quali siano le paure.

La Cina è un Paese che, nonostante sia la seconda potenza economica mondiale, si percepisce molto fragile e debole, a causa della propria complessità data da una popolazione così numerosa e dall'ampio territorio da contenere, gestire e governare. A fronte di una veloce e robusta crescita sul piano militare la Cina contrappone forti fragilità interne e questo è un grande limite che per esempio gli Stati Uniti non hanno, ecco perché la sfida tra questi due Paesi al momento appare squilibrata.

Inoltre ci sono alcuni territori come la Manciuria che non preoccupano i cinesi, è infatti un territorio cuscinetto in cui la situazione è complessa sì, perché da una parte è una periferia ma indubbiamente risulta stabile, infatti su questo confine, tra Cina e Russia non ci sono dispute. Mentre i cinesi devono sostenere diverse tensioni per esempio marittime con l'India e verso il Mar Cinese Meridionale. Questa zona è storicamente delicata, infatti è stata invasa più volte dai Paesi stranieri. Il Giappone, nonostante sia un Paese geograficamente più piccolo è stato in grado, grazie alla sua marina estremamente potente, di invadere la Cina per due volte in due guerre, con l'obiettivo di trovare un appoggio nella terraferma, e lo ha trovato proprio nella

Manciuria, qui è riuscito a sfruttare la forza lavoro cinese e le risorse naturali di questo territorio, questo storicamente è stato un obiettivo anche dei Russi che però non sono riusciti a portarlo a termine. L'invasione della Manciuria ha spinto i cinesi a non fidarsi di loro. Mentre oggi invece stiamo assistendo ad un riavvicinamento singolare tra Pechino e Mosca, probabilmente in chiave antiamericana, ma comunque la sfiducia non ha abbandonato del tutto i cinesi, che restano guardinghi. Accade che sia l'inerzia

che il bisogno di competere contro l'America spinga queste due superpotenze, Cina e Russia, una verso l'altra.

La terza sfida cinese dopo quella della stabilità del nucleo, e il rafforzamento delle periferie è quella della protezione della costa lunga ben tredicimila chilometri, che espone la Repubblica Popolare Cinese a notevoli minacce da parte di rivali economici e/o nemici. Come per esempio la Corea del Sud che non si fida affatto della Cina. Inoltre nel Giappone e nelle Filippine ci sono molte truppe americane, ed inoltre queste acque solo a pochi chilometri di distanza sono costellate di basi americane. Probabilmente la Repubblica Popolare Cinese, avrebbe dovuto trarre delle lezioni dalla guerra con il Giappone, prima fra tutte doveva capire che trasformarsi in una potenza marittima l'avrebbe agevolata nel gestire i confini sul mare, perché avrebbe presidiato le acque prospicienti la costa. Infatti, passata la barriera marina il pericolo è che i nemici possano giungere facilmente al nucleo. Oggi la necessità è modernizzare le forze armate e rendere la Cina una potenza marittima capace di dominare le coste ed il mar cinese meridionale, anche costruendo isole artificiali nel cuore del Mar Cinese Meridionale, cioè al centro di zone sottoposte a dispute marittime con il Vietnam, le Filippine, l'Indonesia e la Malesia e su queste isole costruire avamposti militari ed anche civili, perché così la Cina possa riuscire a legittimare la propria presenza e magari riesca a scoraggiare un intervento militare avversario.

La Cina vive l'incubo di essere attaccata nuovamente via mare, perché i confini terrestri bene o male hanno retto nel passato, è stata invece l'invasione giapponese via mare che mise in ginocchio la Cina imperiale. L'obiettivo oggi è risorgere da tutte quelle umiliazioni che ha subito tra la I Guerra dell'Oppio e la fondazione della Repubblica Popolare Cinese, non deve assolutamente commettere gli errori del passato. Quindi l'aspirazione militare cinese è prima di tutto difensiva e solo poi offensiva, come d'altronde accade a tutte le potenze con aspirazioni imperiali. Esse diventano tali non con l'obiettivo di dominare il mondo, ma la priorità che possiamo dire "domestica", cioè interna, di tutelare la stabilità e controllare il territorio nasce l'esigenza di espandersi oltre il proprio territorio la propria influenza di azione. Così una potenza diventa Impero, così è stato per gli americani, e vale anche per i cinesi. Gli americani hanno il timore che un'unica potenza domini l'Euroasia, mentre prima il nemico era la Russia, oggi l'asse si è spostato sulla Cina. Il pericolo che cercano di contenere gli Stati Uniti è che, se la Repubblica Popolare Cinese diventasse una potenza competitiva potrebbe anche salpare e raggiungere le coste americane. L'America per la propria posizione geografica non ha un Paese minacciato ai propri confini, questo la rende abbastanza stabile perché risulta isolata. Se invece cambiamo il punto di vista ci accorgiamo che i cinesi sentono la minaccia americana, figuratevi che ci sono una serie di loro basi militari proprio vicine alla costa[40].

Dal punto di vista americano la Repubblica Popolare Cinese non è una minaccia esistenziale, quindi come si comprende siamo di fronte a parametri diversi.

Abstract: questa ricerca si pone l'obbiettivo di andare a identificare cosa sia e come si sia trasformato il regime della repubblica popolare cinese negli ultimi decenni, Lo studio si occuperà sia si discuterà, sulla relazione che si interpone tra gli organi dello stato e il partito comunista cinese andando ad identificare quali siano le forze di potere che de facto muovono la politica nazionale, infine si cercherà di definire   quali siano le nuove strategie di controllo della popolazione indotte dallo stato tanto attraverso i nuovi apparati tecnologici , tanto attraverso un assoluto indottrinamento politico. Cercando di spiegare come e se vi sono i presupposti per poter continuare a governare in un mondo sempre più connesso e soprattutto comprendere se intraprenderà realmente dopo questa fase di transizione, capitalistica la tanto ambita via per il socialismo.

Il potere della Repubblica popolare cinese ci è sempre più evidente, qualche anno fa si sarebbe potuto pensare che la storia come ci ha insegnato Francis Fukuyama fosse finita e che il modello democratico liberale fosse riuscito a prevalere dinanzi a tutte le altre tipologie di potere. Oggi l'ascesa della Cina ci suggerisce che probabilmente non è così e che anzi Fukuyama si è sbagliato, occorre dunque andare ad investigare in questo nuovo fenomeno politico, e soprattutto andare ad analizzare ancor più le caratteristiche e le peculiarità che questo Attore ci presenta.

Cercheremo di comprendere quale tipologia di potere sembra stia accompagnando la Cina in questo nuovo secolo di prosperità e crescita.   Andremo dunque a domandarci se effettivamente sia un regime autoritario o totalitario o se in qualche modo è stato strutturato differentemente. Altro aspetto d'interesse sarà comprendere chi realmente detenga il potere nella RPC e quale sia la relazione lo stato e il partito comunista cinese. Inoltre, a causa della storia leninista cinese, è facile presumere che la politica in Cina sia rigidamente gerarchica e autoritaria, mentre in realtà il potere politico in Cina è diffuso, complesso e a volte altamente competitivo.

Dopo aver compreso chi comandi cercheremo di capire soprattutto come lo faccia, e andremo incontro a delle innovative forme di controllo che il partito comunista e i suoi leader adottano per tenere sotto scacco una popolazione di un miliardo e mezzo di persone che diventa esponenzialmente sempre più ricca, informata e istruita e soprattutto globalizzata.

Ci sorprenderemo nell'apprendere come nel tempo queste nuove tecniche sempre più accompagnate da forme digitali si stiano rivelando incredibilmente efficienti nell'indurre un sempre maggiore controllo su una qualsiasi forma di collettività o di insubordinazione, il che rappresentano la maggior paura nonché pericolo per un sistema non democratico. I media e qualsiasi altra forma di comunicazione verbale e non è se non in molti casi ma completamente sotto stretto controllo del partito, il quale in modi abili riesce a sottoporre la popolazione ad una continua propaganda ideologica e fedeltà assoluta.

In ultima parte ci si domanderà quali siano gli obbiettivi della Repubblica popolare nel lungo termine, quali siano i suoi piani a breve. Si andranno ad analizzare inoltre le possibili fragilità di questo sistema e se soprattutto la RPC deciderà di abbandonare questa fase transitiva con caratteristiche capitalistiche, che tra l'altro ha designato il suo successo; per intraprendere la designata via del socialismo. Le converrà questa scelta? potrà essere la causa del suo possibile declino?

"Il potere politico inizia dalla punta del fucile"

Che tipologia di potere rappresenta oggi la Repubblica Popolare Cinese? è forse un autoritarismo? forse un totalitarismo? Per poter argomentare ciò è bene prima comprendere quali siano le caratteristiche di queste tipologie di potere.

Gli autoritarismi si possono identificare in tutti quei governi con un potente potere centrale, che concede una limitata libertà politica alla sua popolazione; infatti, in molti governi autoritari sarà facile riscontrare benché limitati, differenti gruppi d'interesse o altri partiti politici diversi da quelli al potere. Il professor Linz nell'opera (Totalitarian and Authoritarian

213

Regimes) ci insegna che un autoritarismo è quel soggetto politico che ha un pluralismo limitato, non vi sussiste una forte e ben strutturata ideologia, e presenta una bassa mobilitazione politica. Tutto ruota attorno alla figura del leader proprio poiché non vi sussiste quasi mai un forte appoggio ideologico; non a caso ogni qualvolta che il leader viene meno, il regime si sgretola.

Un governo totalitario è molto differente, e questo ce lo spiega molto bene la filosofa Hannah Rendt nella sua opera (the origins of totalitarianism). Un totalitarismo dipende interamente dalla sua ideologia, dalla partecipazione attiva delle masse. L'obbiettivo del governo totalitario non è solo detenere il potere, ma è imporre un nuovo modello di vita e trasformare la natura umana; da questo dipende che vi sia un controllo totale della popolazione e di qualsiasi altro strumento di divulgazione. Il regime totalitario fa ciò, attraverso l'uso di: propaganda intensiva e uso spietato di polizia politica o polizia segreta, che adotta una logica del terrore attraverso omicidi e processi farsa torture ed epurazioni. (authoritarian regimes paul broker chap 6). Il terrore non è solo uno strumento per intimidire le controparti politiche come negli autoritarismi, ma più tosto viene usato per educare le masse ponendosi ad obbiettivo, di distruggere ed eliminare la spontaneità umana ove ora il nemico risiede negli innocui cittadini senza opinioni.

Partendo da queste due tipologie di potere occorre tenere a mente che spesso esistano anche degli ibridi dei due sistemi. Un esempio si potrebbe identificare nell'Italia Fascista di

Mussolini, e nel protagonista di questa lettura, la RPC, Come è dunque da considerarsi questo regime?

Paul Broker risponde spiegando che la RPC è stata un totalitarismo sotto Mao Tsè-Tung. Oggi con l'avvicinarsi ad un maggior stato di libertà e di apertura, ha fatto si che la Cina si avvicinasse maggiormente alle strutture autoritarie, e non solo, un altro fattore identificato da Andrew Nathan nell'opera (il cambio della guardia in Cina: resilienza autoritaria) informa che oggi l'ideologia del regime è fallita, il passaggio da socialista ad una quasi libera economia di mercato ha creato un enorme quantità di disordini soprattutto ideologici. Questa trasformazione ideologica nata soprattutto dalla paura di vedersi pian piano dissolversi come l'unione sovietica ha fatto si che negli anni successivi si adottassero delle strategie di modernizzazione. Citandone alcune si è deciso di: abbandonare momentaneamente l'ideologia utopistica, rendere l'élite burocratica più tecnica, introdurre regolamentazioni burocratiche più rigide; ed in fine ridurre il controllo sulla parola e le azioni private.

Per citare Richard Lowenthal "il regime si è spostato dall'ideologia allo sviluppo".

"Il partito governa su tutto" (Mao Tsè-Tung)

Ora che in qualche modo si è potuto definire meglio a che tipologia di potere appartenga la Cina, dovremmo comprendere chi realmente si trova al suo vertice e soprattutto come è distribuito il potere al suo interno.

La PRC è un paese altamente centralizzato questo lo si deve anche alla millenaria cultura politica cinese che ha sempre posto al centro del proprio impero l'imperatore che attraverso un imponete apparato burocratico gestiva dalla città proibita centro e periferia. Oggi a pochi passi e adiacente alla città proibita, c'è il Zhongnanhai sede del partito comunista cinese, questo fa comprendere chiaramente che il PCC è il fulcro del nuovo impero. Questa scelta di allocazione significare che si vuole in un certo qual modo dare una continuità nella narrazione della politica cinese.

Tutto dipende dal partito, non a caso le forze armate non giurano fedeltà allo stato ma ben sì al partito comunista. (luigi cusito). Lo stato dunque potrebbe quasi dirsi come subalterno al potere e all'influenza del partito, infatti si può vedere come molti degli organi statali sono paralleli alla conformazione del partito, un esempio può esser rappresentato dal fatto che sia la commissione militare centrale del partico che la commissione militare centrale dello stato sono entrambe occupate rispettivamente dal segretario del partito comunista Xi Jinping, lo stesso vale per la commissione di supervisione nazionale ovvero un organo statale anticorruzione è occupato da gli stessi funzionari di partito che presiedono alla commissione centrale per l'ispezione disciplinare (organo anticorruzione del partito).

Il PCC è così potente che non ha bisogno di essere neanche menzionato nella costituzione, inoltre piuttosto che governare direttamente, preferisce lavorare dietro le quinte per determinare le principali decisioni. Fa tutto questo, attraverso gli organi legislativi e governativi, dove gli ufficiali sono membri del partito. (cap 4 cchines states…).

La composizione del partito si potrebbe affermare che è disposto piramidalmente con alla base un congresso nazionale composto da 2.287 delegati, cui prendono parte i membri di varie delegazioni provenienti da tutte le aree del paese. Il congresso costituisce un momento di massima importanza nella vita del Partito Comunista Cinese, poiché in tali occasioni avvengono ufficializzati gli avvicendamenti ai vertici del Partito.

I delegati eleggeranno poi il comitato centrale del partito che è composto da 198 membri titolari e 158 membri supplenti. Che a loro volta eleggeranno il politburo composto da 25 membri. Vi è poi il comitato permanente del politburo ed in fine il segretario generale del partito comunista.

Per quanto riguarda le altre istituzioni statali, si può sostenere che il ramo legislativo rappresentato dal congresso nazionale del popolo è debole e completamente dipendente dalle volontà del partito. composto da 2980 delegati eletti in tutta la nazione, elegge il proprio comitato permanente che è composto da 150 membri (al 70% tutti membri del PCC). Lo stesso per il procuratorato supremo del popolo e della corte suprema del popolo.

L'organo consultivo è rappresentato da: conferenza politica consultiva del popolo che ha un presidente ovviamente membro del partito.

Vi sono poi i gruppi direttivi ristretti statali che sono gruppi di coordinamento e di consultazione, traversali tra Partito-Stato dove de facto si delinea la linea del partito

Ed in fine il potere esecutivo rappresentato dal consiglio di stato supremo incaricato di applicare le leggi e le decisioni approvate dal congresso nazionale del popolo e dal suo comitato permanente.

È presieduto dal Primo ministro e comprende i capi di ciascuna commissione e dipartimento governativo (ovvero dei ministeri). Ha inoltre la funzione di eleggere il presidente della repubblica ruolo attualmente occupato dal segretario del partito comunista Xi Jinping.

Si deve inoltre tenere in esame del rapporto tra il governo centrale e i numerosi enti provinciali, comunali e locali sparsi in tutto il paese. La Cina ha ufficialmente 34 governi a livello provinciale; oltre 300 governi a livello di prefetture; quasi 3.000 governi a livello di contea; e oltre 40.000 governi a livello comunale. Come nel caso del governo centrale, praticamente tutti i governi di livello inferiore contengono un'amministrazione parallela, (guidata dal Segretario del Comitato di partito) e da un ente governativo (guidato dal governatore, sindaco o capo della contea). Sebbene tutto il potere politico risieda nel governo centrale, la costituzione consente ai governi locali di "condurre il lavoro amministrativo come istruzione, economia e altro.

La Cina è completamente governata e soggiogata dal partito e dal suo volere, vi sono de iure differenti organi decisionali che dovrebbero essere tra loro indipendenti, de facto ogni decisione rilevante viene presa nel partito e poi applicata dagli organi, i quali sono lo strumento attraverso cui il partito governa.

Tutta via come fa il partito a governare sulla popolazione?

"Puniscine uno educane cento"

Il partito comunista cinese sente sempre più la necessità di modernizzare le proprie forme di controllo una popolazione che sempre più informata ed economicamente indipendente. Una tale crescita può si rivelarsi un successo, ma tutta via può rivelarsi un pericolo per la stabilità di un regime non democratico. A questa crescita in termini economici e del reddito pro-capite può infatti essere correlato il successo ad una transizione democratica. Come ben noto al PCC e a (broker chap) quando Mao governò attraverso l'uso del terrore non portò ad alcun risultato in termini di crescita, oggi infatti il partito ha abbandonato l'uso del terrore omicida, optando per un nuovo tipo di terrore: la paura di essere degli emarginati sociali, esclusi dalla società. Per queste ragioni, infatti, il PCC ha escogitato delle nuove strategie di controllo.

Una delle più rilevanti può dirsi la: China social credit system (SCS):

Tutto inizia quando alla fine degli anni 90 la Cina di Deng Xiao Ping stava negoziando il suo ingresso nel WTO e aveva bisogno di rendere la sua economia sulla carta un'economia socialista di mercato compatibile con gli standard di mercato internazionale.

Le aziende americane che stavano iniziando a commerciare con le imprese cinesi chiesero al governo della RPC un sistema che permettesse alle aziende straniere di conoscere meglio le controparti cinesi e rendere i mercati più efficienti. La Cina da questo momento iniziò a studiare i sistemi di valutazione del credito che vi erano in occidente e si voleva ora creare un credito con caratteristiche cinese.

Una volta iniziati i lavori, la svolta la diede la crisi del 2008, dove la RPC comprese che il modello US era fallito e si decise di ampliare il sistema del credito anche alla moralità e alla società poiché i soli fattori economici come si era visto non bastavano a determinare se una persona fosse un Cittadino affidabile.

Questo strumento si rivelò efficiente in economia, e si decise di volerlo applicare anche al sociale.

Di seguito gli obbiettivi iniziarono a mutare infatti, all' obiettivo di solidità di mercato si aggiunse anche l'obbiettivo di usare questo strumento per creare il cittadino modello.

Da questo momento infatti morale ed economia iniziarono a fondersi in un tutt'uno.

Col tempo questo strumento si è sempre più trasformato in un mezzo di controllo e di valutazione e discriminazione degli individui, andando ad intaccare soprattutto la privacy e la vita sociale.

L'ex vicepresidente degli stati uniti D'America Mike Penceha lanciato un campanello d'allarme sul sistema di credito sociale cinese, affermando che "i governanti cinesi mirano a implementare un sistema orwelliano basato sul controllo praticamente di ogni aspetto della vita umana - il cosiddetto "punteggio del credito sociale". (nota----).

Ma come funziona il credito sociale?

Si potrebbe dire che di fatto l'obbiettivo principale sia valutare non solo i cittadini ma anche le aziende e le istituzioni pubbliche per distinguere quelle che meritano la fiducia e quelle che in qualche modo devono essere rieducate. L'intento che viene dunque promosso alla popolazione cinese sarebbe quindi quello di costruire un paese onesto che rende facile la vita alle persone oneste, il sistema tutta via rischia di evolversi da un concetto confuciano cioè di civilizzare la società ed armonizzare il livello di virtù, ad uno strumento che in futuro potrebbe servire come controllo totale sui comportamenti della società.

Al momento si stanno adottando per lo più delle forme sperimentali, ed è affidato principalmente ai governi locali e non al governo centrale. I comuni che lo stanno testano sono circa 43, ed ognuno di essi adotta una scala di valutazione differente. La più usata è quella alfabetica che designa come AAA il punteggio massimo che sancisce dunque l'essere un cittadino modello, e D il punteggio minimo ove si è considerati dei criminali.

A tutti i cittadini è data una base di mille punti che equivalgono ad una A, si considera dunque ogni cittadino di per sé onesto. Questo capitale può poi accrescere con le buone azioni che prevedono tra l'altro denunciare cattive azioni di altri cittadini (attraverso l'uso di applicazioni per smartphone come "Chengxin Chunyun".) e facendo carità, fare propaganda social che lodi il partito ed il governo (questa può in qualche modo definirsi come una nuova forma di propaganda non più calata dall'alto, quindi da un potere politico alla popolazione, ma da persona a persona), si può invece decrescere nel punteggio se: non si attraversa sulle strisce, se si professa un credo non riconosciuto dal PRC, se si fanno proteste contro il partito, se si caricare immagini social contro il partito (che tra l'altro i social cinesi proprio attraverso un algoritmo riescono a far si che tutti quei video o immagini che vadino a ledere l'immagine del governo o causare disordini vengano immediatamente eliminati.)

Quali sono le conseguenze?

Se si è cittadini onesti e doverosamente sottomessi alle assolute volontà di partito, si potrà beneficiare dei migliori vantaggi, ottenendo rapido accesso alla sanità, la migliore istruzione, accesso alle posizioni per cariche pubbliche, vantaggi economici, e qualsiasi altro livello base di welfare.

Al contrario ad un cattivo cittadino verrà negato il lavoro, poiché notificata a tutte le aziende la lista nera delle persone con un punteggio non elevato, verranno inoltre negati anche tutti gli altri serizzi fino a comportare in certi casi anche il RI educamento. Altro l'aspetto forse più distopico è quello affettivo, infatti, in molti siti di incontri o social sotto un certo punteggio non vi si può accedere; inoltre, a tutti coloro che entrano in contatto o si scrivono con persone con un basso punteggiò verrà notificato un messaggio del governo in cui si sconsiglia la frequentazione.

Oggi molti studi, attraverso sondaggi sembrano confermare un certo consenso da parte della popolazione per questo nuovo strumento, tutta via sarà necessario chiedersi che ripercussioni avrà sul la vita delle persone. Si pensa inoltre che questo sistema possa in qualche modo trasformarsi in un sistema di caste determinate dal partito dove è lui stesso a decidere attraverso le regole d'assegnazione e penalizzazione dei punti, e non le capacità imprenditoriali dei singoli individui. Viene da domandarsi se l'adozione di questa misura potrà in qualche modo può determinare un sintomo di instabilità interna?

Comunismo 2.0 Per una Nuova era comunista.

La Cina di oggi, governata dal segretario del partito comunista Xi Jinping ha attraversato un momento di incredibile crescita. In molti sono stati sbalorditi, poiché non ci si aspettava l'ascesa così preponderante e soprattutto così rapida da parte di un attore che presentava all'interno numerose fragilità. Soprattutto dopo il crollo dell'U.R.S.S molti specialisti cinesi e teorici della democrazia tra cui anche Andrew J. Nathan(nota) credevano che il modello liberale avesse in qualche modo determinato il primato assoluto, ma non è stato cosi, il regime al contrario si è solo più che consolidato, ciò è però da correlarsi alla paura del popolo di vedersi finire come l'URSS. La leadership cinese ha giocato un importantissimo ruolo, riuscendo a portare un enorme crescita, data dalla scelta di cambiare il proprio sistema economico. Tale progresso ha tutta via comportato il sorgere di nuove sfide. Si pongono ora difronte al segretario Xi Jinping. che in qualche modo potrà determinare l'ascesa di una super potenza mondiale, capace di tener testa agli US oppure seguire un rapido declino.

Politica interna e conseguenze dello sviluppo economico:

una delle prime conseguenze della crescita economica è stato il fatto che iniziava a dilagare un infervorante corruzione sia nel paese sia all'interno del partito comunista cinese. Fu facile per i nuovi ricchi appropriarsi di cariche e beni pubblici, portando ad una sempre maggiore instabilità anche all'interno del partito, generando lotte di potere che tutt'ora non sono state ben risolte, oltre al fatto che un sistema non democratico se all'interno del governo presenta instabilità o criticità può rivelarsi un pericolo letale. Da questo momento si diede infatti atto ad una lotta alla corruzione. Tale campagna ha fatto capire che entrare all'interno del partito non significava solo arricchirsi o creare articolate reti di potere interne, ma c'erano delle regole d'accettare. Si decise di rendere l'ammissione all'interno del partito molto più rigida, era richiesta una conoscenza ideologica ovvero (marxista-leninista) molto più ampia, oltre a conoscenze accademiche pregresse utili allo sviluppo del paese. Le personalità poco utili al partito o che si rivelassero inefficienti vennero pian piano sostituite. Conseguenza di ciò è stata un ingente diminuzione delle richieste d'ammissione. La RPC ha infatti compreso che per governare una super potenza c'è bisogno di politici specializzati ed informati poiché una leadership ignorante ed inefficiente può solo comportare il collasso del sistema.

Il partito sa che il miracolo economico terminerà e quando avverrà non può essere impreparata. A valore di ciò non pochi sono i piani strategici cinesi al riguardo, infatti sta sempre più investendo nella produzione e nella ricerca di prodotti tecnologici di alta qualità non che nell'intelligenza artificiale. Altro obbiettivo è quello di riuscire a trasformare la popolazione in consumatori così da poter creare un ricco e fluido mercato interno così da non dover dipendere completamente dal mercato esterno. Come argomentato anche precedentemente sembra che il rischio di generare un reddito pro-capite soddisfacente possa far si di sfociare in una maggior richiesta di libertà o possa far sorgere nuovi gruppi di potere, per quanto riguarda la popolazione con un indice economico medio si stanno adottando le misure del credito sociale, le quali verranno sempre più aggiornate arrivando a compiere uno scrupoloso controllo di ogni individuo. Per quanto riguarda i più ricchi sembra anche qui aver trovato una soluzione. Infatti, gli oligarchi digitali i sempre più numerosi potenti e popolari stavano iniziando a divenire un problema per Pechino, un esempio può essere rappresentato da Jack Ma fondatore di Alibaba Group, in qualche modo il pericolo era che ci potesse essere un decentramento di potere anche il sorgere di altri poteri che in qualche modo avrebbero potuto mettere in discussione la sovranità e la legittimità del partito, infatti Haber, Razo,Mauer (2003) espolrando come un dittatore può essere spodestato afferma che un politico e un imprenditore qual ora si associno con altri, possono far si di denunciare la dittatura e spodestarla. Dunque, si è deciso di non voler rendere autonomi questi soggetti, e se vogliono operare nella RPC devono rinunciare al singolo scopo dell'arricchimento individuale, seguendo invece le direttive nazionali e di partito. Ora, infatti, quello che poteva essere un pericolo per il partito è diventato un'altra arma per accrescere la sua influenza.

Importanti investimenti sono stati rivolti anche all'estero attraverso la Belt and Road Initiative (BRI), un piano infrastrutturale che prevede il collegamento diretto della Cina con 70 paesi del mondo, in questo modo il paese può sia migliorare l'efficienza mercantile e sia allacciare forti contatti geopolitici con altre potenze, poiché se le relazioni con l'esterno sono solide ilpaese è forte al suo interno. Sembra infatti che la Cina stia pensando e si stia preparando per il proprio a futuro di grande potenza.

È da chiedersi se però il PCC deciderà di ritornare ad intraprendere la via del comunismo. Questo perché dopo la morte di Mao, si è intrapreso l'obbiettivo di trasformare transitoriamente e reinterpretare il comunismo in socialismo con caratteristiche cinesi che attraverso l'uso metodo economico capitalistico garantisce una maggiore crescita e una maggiore ascesa all'ideale socialista e ad un pieno comunismo, dunque sarebbe una lunga transizione verso il pieno comunismo. Iniziato nel 1987 il principale obiettivo a medio termine era quello di elevare gli standard di vite sviluppare le forze produttive attraverso il metodo capitalista successivamente è stato suggerito che la Cina potessi rimanere in questo primo stadio del socialismo in forma capitalista per 100 anni. (paul brocker) Le autorità cinesi sembrano confermare questa volontà tutta via è da chiedersi ancora una volta se affettivamente la popolazione sarà pronta a fare un passo indietro ed abbandonare le nuove abitudini, ricordando che il transito democratico può richiedere molto tempo.

Tuttavia, come anche Andrew J. Nathan può anche suggerire, un più inquietante scenario: è che forse l'autoritarismo sia una forma di regime praticabile anche sotto azioni di modernizzazione avanzata e integrazione con l'economia globale e che possa divenire un modello esportabile anche in occidente.

In conclusione, abbiamo visto come il governo del partito domini comunista cinese con forme autoritarie riesca sia a governare in modo indiscusso su tutta la RPC sia come riesca ad inserirsi ed a influenzare la totalità delle istituzioni cinesi, tanto centrali tanto periferiche. Negli ultimi anni si sono iniziate a sviluppare nuove forme di controllo da parte del partito su una popolazione sempre più globalizzata, per questo sempre più diffuso è l'adozione dello strumento di misurazione del comportamento sociale dato dallo sperimentale sistema (S.C.S). Inoltre, si sono analizzate le possibili conseguenze derivanti dalla crescita economica e si sono identificati i sia le criticità sia i nuovi possibili obiettivi che La RPC ha deciso di porsi per affermarsi come super potenza e forse riportare la Cina che come auspica il suo nome terra di mezzo che il significato altro non è che il centro del Mondo.

Hong Kong, una anomalia all'interno della Repubblica Popolare Cinese: un territorio "speciale" all'interno dell'Impero

Hong Kong è una regione ad amministrazione speciale e in questo territorio sono in atto da più di tre mesi delle manifestazioni di protesta. In questa terra ex colonia britannica, infatti fu restituita alla Cina nel 1997, come prevedevano gli accordi politici, la gran parte della popolazione chiede al governo locale e a Pechino una maggiore democrazia. Badate bene in senso cinese non nel senso in cui la intenderebbe un occidentale. Il 1° ottobre di quest'anno in occasione della commemorazione della nascita della Repubblica Popolare Cinese si celebrarono i settanta anni della Repubblica, che corrispondono all'incirca agli anni di sussistenza di una dinastia, era un giorno di grande festa tanto che era presente nella piazza Tienanmen, Xi Jiping e stava assistendo alla parata che si stava tenendo, la più grande parata militare del Paese, parallelamente ad Hong Kong si tenevano episodi di forte violenza. Le manifestazioni sono incominciate all'incirca a marzo 2019, allorché è stata avanzata dal governo locale una proposta di legge sull'estradizione in Cina dei delinquenti[41][12].

Bisogna fare però una piccola precisazione su Hong Kong, la sua amministrazione che come detto, è una regione a statuto amministrativo speciale, ed ha un rapporto particolare con Pechino, è un rapporto che segue la famosa formula: "un Paese due sistemi". In sostanza Hong Kong fa parte della

Repubblica Popolare Cinese, però rispetto alla popolazione cinese gli hongkonghesi hanno maggiori diritti e maggiori libertà, soprattutto economiche, finanziarie e sociali ed anche dal punto di vista politico. Questa situazione, questo status è il risultato di un lungo processo storico iniziato con la colonizzazione del Regno Unito di Hong Kong, che ne era una colonia, Hong Kong ha svolto un ruolo fondamentale di crescita economica ed ha acquisito il ruolo fondamentale anche per la Cina, perché si è posta come zona di comunicazione tra la Cina e l'Occidente, ed ha svolto questa mediazione in diversi settori: finanziario, economico e culturale. Inoltre questo è stato possibile anche in virtù della posizione geografica di Hong Kong. Quindi questo "Stato nella Repubblica Popolare Cinese", gode di una serie di diritti impensabili in quest'ultima, tra i quali la libertà di manifestare, raggrupparsi e protestare. Non solo, possono accedere liberamente ad Internet, cosa vietata ai cinesi della Repubblica popolare.

Il sistema politico di Hong Kong, però non lo dobbiamo pensare genuinamente democratico, o come dire all' "occidentale", infatti la popolazione può votare, ma il meccanismo è organizzato in modo da mantenere un sistema tale che permanga un esecutivo che risulti essere sempre fedele a Pechino, poiché è sostenuto dalla fedeltà dall'élite economica locale non è possibile neanche ipotizzare un distaccamento. Vengono alla fine votati i candidati che sono utili e favoriti da Pechino. L'obiettivo dei manifestanti è quello di raggiungere un suffragio universale all'occidentale, che dia loro la possibilità di votare con un'elezione diretta il capo del governo locale. C'è stata in passato una possibilità per eleggere in modo diretto il capo del governo locale, però tra una rosa di candidati scelti da un comitato, che però era in maggior parte composto da rappresentanti dell'élite economica locale, allineata con Pechino, perché la maggior parte degli investimenti che entrano ed escono dalla Cina passano per Hong Kong, che è il quarto partner commerciale della Cina continentale, dopo Stati Uniti, Giappone e Corea del Sud. Quindi inevitabilmente, Pechino influenza in un modo o nell'altro l'esito elettorale. Dunque la prospettiva che hanno gli hongkonghesi di eleggere il proprio capo del governo si allontana sempre di più con l'avvicinarsi del 2047, anno in cui scadrà il testo costituzionale della Regione. Però Hong Kong ha sempre un ruolo fondamentale per la Cina sia da un punto di vista culturale, che economico e sociale, perché da sempre rappresenta un punto di connessione con l'Occidente, anche se Pechino per assolvere a questa esclusività di Hong Kong, ha cercato di far emergere altre zone come per esempio Shanghai o Shenzhen, tra l'altro geograficamente molto vicina ad Hong Kong. Pechino pensava che facendo leva sulla situazione economica e sull'integrazione di Hong Kong nel resto della Cina le aspirazioni democratiche si affievolissero[13]. In sostanza Pechino ha intenzione di integrare Hong Kong, limitandone le richieste democratiche, e contemporaneamente non ha nessuna intenzione di perdere la forza economica e tecnologica di questo Paese. Ed è da questa ambiguità che nascono i problemi e le manifestazioni. La protesta certamente non è legata a motivi che giungono dall'esterno, ma è legata all'identità e alla storia degli hongkonghesi che si sentono, a causa di tutte queste dinamiche sempre meno cinesi, ed appartenenti al proprio Paese in modo autentico. Chiaramente queste dinamiche favoriscono gli interessi degli Stati Uniti, che traggono beneficio da una Cina internamente più instabile, nell'ambito del duello che lega Pechino e Washington. Non è un caso che nel settembre del 2019 gli hongkonghesi sono andati a "chiedere" aiuto agli americani sotto il consolato, qui sono arrivati anche a cantare l'inno americano e poiché non lo conoscevano si erano portati il testo scritto che era loro di supporto. La circostanza è stata indubbiamente curiosa, ma certamente gli americani non staranno a guardare cercheranno di favorire le aspirazioni democratiche. Da tempo Pechino accusava gli Stati Uniti di interferire, indubbiamente è stata un'azione ingenua quella dei manifestanti! Perché così l'opinione pubblica strumentalizzerà l'evento dicendo che l'America si è insinuata negli affari interni cinesi e anzi ha spinto gli honkonghesi a protestare! In questa protesta non è ancora presente un leader, e questo è un problema, perché se l'obiettivo sarà negoziare con Pechino, senza punti di riferimento, senza un leader, questo diventerà complesso, anche perché il movimento è molto ampio, e allora come possiamo ipotizzare una soluzione? Con chi parla Pechino al momento della trattazione? Il popolo della protesta è molto ampio, infatti nella rosa di chi partecipa alle manifestazioni, c'è chi vuole la riforma del sistema elettorale, chi invece protesta perché aspira all'indipendenza di Hong Kong, che ovviamente è molto improbabile che si raggiunga, sono i separatisti,e poi ancora ci sono gli studenti, ci sono i colletti bianchi, gli operai, ma anche le persone più anziane sono scese in piazza a manifestare.

Nel corso di questi anni Pechino ha cercato, in modo progressivo di includere Hong Kong all'interno dei propri meccanismi politici ed economici, non riuscendoci pienamente, l'obiettivo era ridurre la "specialità" di Hong Kong, rendendola cinese e conforme a tutto il resto della Cina. Manifestare e protestare per il governo centrale cinese è difficile da tollerare, e questo non si allinea con la storia degli hongkonghesi che hanno sempre preteso maggiori diritti e libertà, incluso il suffragio universale. Il suffragio universale pensate che è uno degli elementi menzionato in maniera specifica all'interno della "quasi costituzione" che disciplina Hong Kong. Ma chiaramente Pechino non ha nessuna intenzione di concedere il suffragio universale come generalmente è inteso, per Pechino esso si identifica con una procedura democratica per selezionare il governo, null'altro. Tutto ciò ha sempre determinato tensioni in questa regione e cicliche proteste, come quella attuale, la cui miccia è stata la legge sull'estradizione, che come accennato consiste nella possibilità di Hong Kong di estradare i criminali nella Cina continentale, che possiede un sistema giuridico diverso da quello di Hong Kong, Macao e Taiwan[42].

La manifestazione degli hongkonghesi ha preso come spunto la legge sull'estradizione, ma in realtà è il grido di un Paese che percepisce il possibile cambiamento e l'integrazione totale nella Cina continentale. La cancellazione di tale legge doveva servire per smorzare le proteste e convincere almeno i più moderati a tornare a casa, invece le proteste non si sono fermate e continuano. Il popolo hongkonghese è talmente caparbio e tenace che ogni anno si riunisce e manifesta per ricordare la repressione di piazza Tienanmen.

Pechino d'altronde si trova in una stretta, perché concedere e cedere alle richieste di Hong Kong, vuol dire rischiare di mettersi in crisi, con la conseguenza che si potrebbero anche alimentare le tensioni tra le due popolazioni: quella cinese e quella hongkonghese, una madre non può avere due pesi e due misure con i propri figli! Il popolo della Cina continentale non è favorevole alle proteste perché si percepisce come la cenerentola, ma indubbiamente la storia di Hong Kong è tutta particolare, perché questo Paese cresce e si forma all'intersezione tra l'impero britannico e l'impero cinese, quindi gode di una storia molto particolare. Non solo i cinesi potrebbero pretendere diritti e libertà che Pechino non può concedere, quindi gestire questa anomalia di Hong Kong, si sta rivelando veramente faticoso e complesso! Si è parlato della possibilità di intervento dell'esercito di liberazione cinese, ma sarebbe un problema poiché Hong Kong, ha un suo esercito popolare di liberazione, che si trova accanto alla sede del governo, quindi dovrebbe intervenire prima questo che quello cinese. In più possiede anche una sua polizia, che un tempo era considerata la migliore dell'Asia, oggi invece è bersaglio di critiche costanti, perché in questo periodo di proteste ci sono stati diversi scontri tra i manifestanti ed i poliziotti, quindi è nata tutta una discussione sulla necessità di indagare sul comportamento delle forze di polizia. Il problema vero, risiede nel fatto che se Pechino intervenisse militarmente ad Hong Kong con le forze armate, farebbe un passo indietro notevole in termini di immagine internazionale, perderebbe sicuramente la fiducia di Hong Kong che si indebolirebbe come centro internazionale finanziario agli occhi dei Paesi stranieri, perdendo tutte quelle libertà che ne hanno favorito la crescita nel corso degli anni, Pechino si attirerebbe tutte le accuse degli Stati Uniti, esponendo il fianco all'opinione pubblica internazionale, ma cosa ancor più grave, soprattutto da un punto di vista strategico, comprometterebbe definitivamente l'ipotesi di una riunificazione pacifica con Taiwan, che è il vero obiettivo strategico della Repubblica Popolare Cinese da oggi al 2040!

L'India: la democrazia determina povertà o ricchezza? Chi ne gode lo Stato o il popolo?

L'India è un Paese che ha all'incirca tremila anni di storia, ma che politicamente è in realtà molto giovane, ha infatti raggiunto la sua indipendenza dalla Gran Bretagna nel 1947, dopo quasi novanta anni di colonizzazione; solo nel 1950 è diventata una Repubblica con l'entrata in vigore di una nuova Costituzione. Ma per comprendere l'India di oggi è doveroso guardare al percorso che questo Paese ha intrapreso nella storia e capire quali siano state le occasioni di mutamento e le esperienze che le hanno permesso di essere oggi il Paese che è divenuta, ma soprattutto il Paese che diverrà in una prospettiva futura che la vede vincente e tra le superpotenze che conteranno nell'assetto mondiale. Sul piano della politica interna, oggi è di fronte ad una doppia sfida imposta da un sistema politico democratico, che contava nel 2004 già seicento cinquanta milioni di elettori, ed invece una massa di poveri che rappresentano più del 30% della popolazione; un Paese in via di sviluppo con una crescita economica e industriale, polo tecnologico del mondo che deve gestire una gran quantità di poveri, in una società dove la mobilità sembra non esistere. Per comprendere al meglio la situazione o il "caso" India, possiamo chiedere aiuto al premio Nobel Amartya Sen, che ha sintetizzato, almeno teoricamente, l'India storica in quattro tradizioni fondamentali, che le hanno indicato la via del cammino, e che probabilmente ancora per molto tempo saranno presenti come l'anima del Paese. Mi riferisco alla tradizione del "gandhismo" conservatore, esplicitamente presente nelle ONG indiane; quella del "nehruismo" social-democratico, sempre in vigore all'interno del Partito del Congresso; quella legata al socialismo, più vicino alla tradizione comunista, tipica degli Stati del West Bengala e del Kerala; ed infine una legata al "lakshmismo" indiano, che assorbe l'impostazione liberale e in pieno slancio a partire dalla riforma del 1980.

Dunque come dicevo, per capire il ruolo che l'India riveste e rivestirà nel contesto geopolitico, è necessario uno sguardo al passato e alla sua storia[43]. Secondo l'economista Angus Maddison[14], l'India verso il 1700 era insieme alla Cina la prima potenza economica mondiale, ciascuna con un PIL di circa il 23%, ma l'economia indiana subì un declino a partir dalla fine del Settecento e i primi anni venti dell'Ottocento, tanto che nel 1820 il PIL indiano regredì fino al 16%, fino a precipitare al 3,5% nel 1950. Di sicuro la colonizzazione britannica fu causa di queste espansioni e regressioni del Paese, lo sviluppo tecnologico ha favorito i momenti di espansione, meno invece il primo periodo dell'indipendenza in cui c'era un'India instabile e inesperta a gestire la propria ritrovata autonomia. Ma questa voglia di autonomia è stata al contempo il motore indiano di rinascita, perché è stata il motivo conduttore di uno Stato politicamente appena nato e fiducioso di raggiungere un futuro stabile ed economicamente forte come un tempo; il ricordo dei fasti dei tempi antichi non è mai svanito nella popolazione indiana. L'India visse un grande periodo di splendore nel passato nei Regni floridi delle caste mercantili, che furono all'origine dell'espansione commerciale marittima verso l'Asia del sud-est e del Medio Oriente, conosciuta sotto il nome della "via delle spezie", che vedeva alcune città privilegiate perché centri commerciali, come per esempio lo fu Malacca. Contemporaneamente si intensificarono i commerci terrestri attraverso l'altrettanto famosa "via della seta", che attraversava l'attuale Pakistan per raggiungere il Surat. Questa attività commerciale favorì le caste mercantili ed arricchì specialmente quella Jaina e Marwari, che nomino, perché ancora oggi sono pilastri dell'economia indiana. Accadde poi che il subcontinente, subì nel corso del XIV e XV secolo la conquista delle dinastie turco-afgane che si stabilirono nella pianura del Gange e così subì una frammentazione ed un forte indebolimento, soprattutto nei sultanati del Nord e dei Regni del Deccan. Al sud invece il Regno del Vijayanagar fu non solo protagonista indiscusso della scena politica, ma anche grande polo che sostanzialmente aveva la sua forza nell'esercito e nella magnificenza delle sue città. Sulla costa ovest gli Stati ebbero una rinascita attraverso i commerci marittimi di spezie, come per esempio lo zenzero, merito di una classe mercantile molto attiva. Sull'altra costa invece, è la dinastia dei Gajapati a portare al massimo splendore quelle zone, grazie alle colture del riso, canna da zucchero, spezie e sale, questa attività attirò arabi ed europei. E pensare che oggi questo territorio è uno dei più poveri dell'India!

All'inizio del Regno di Akbar, nel 1556, la popolazione indiana contava da cento a centoquarantacinque milioni di abitanti, di cui il 60% facenti parte dell'Impero propriamente detto e circa il 15 – 20% viveva negli agglomerati urbani. Con l'arrivo degli inglesi l'India visse due periodi ben distinti: il primo che identifichiamo con la East India Company, (1757 - 1858), che vide un aumento della povertà, a causa del ristagno agricolo e di un forte aumento della popolazione, gestita da un'amministrazione instabile, poiché la nuova amministrazione inglese si occupava più dell'esportazione delle ricchezze che di combattere la povertà, che tutto ciò stava generando; il secondo periodo, (1858 – 1947), che cominciò con l'estensione del dominio britannico fino alla partizione del 1947. A parte le cifre messe in evidenza precedentemente è bene sapere che il declino indiano si è articolato secondo tre momenti fondamentali, ben messi in luce da due economisti indiani Datt e Sundharam[44] in uno studio del 2004. Per loro, la povertà del popolo indiano dipende sostanzialmente dal declino dell'artigianato e dalla progressiva ruralizzazione dell'economia indiana; la creazione di un nuovo sistema fondiario e l'orientamento esclusivo o quasi verso le colture destinate all'esportazione; ed infine un metodo industriale subordinato agli interessi della metropoli e sottoposto alla volontà delle grandi potenze, frutto di una congiuntura mondiale marcata dalla grande crisi del 1930. Ma accadde che mentre l'artigianato e la piccola industria rurale piano piano stessero sparendo perché in concorrenza con le grandi industrie sviluppate all'inizio dai britannici, le comunità mercantili indiane andassero sempre più accumulando capitali e capacità tecniche, che permisero loro di superare i colonizzatori. Si stima infatti che controllassero il 70% dell'economia mentre solo il 30% era il capitale straniero! Quindi l'indipendenza dell'India giunse in un periodo di forte instabilità sia politica che economica che si protrasse fino alla nascita della Costituzione nel 1950. A caratterizzare la storia dell'India indipendente fin alla fine degli anni Ottanta, fu la presenza di un sistema politico-economico e di un'ideologia che si fondavano su una democrazia politica, da considerarsi sia come sistema, che come ideologia e la presenza di un partito politico dominante caratterizzato da democrazia ed il prevalere di un'ideologia laica. Alcune convinzioni derivavano direttamente dal colonialismo britannico, altre dalla personalità di Nehru, l'allora primo ministro, che ebbe il merito di unificare le idee e le impostazioni politiche, tanto che alcuni definiscono questo periodo età nehruniana, esso durò anche dopo la morte del primo ministro, ma ebbe termine del 1991. Nel 1950, come detto ci fu l'approvazione di una nuova Costituzione che in realtà riprese integralmente, o comunque con modifiche minime, quella del 1935: 250 articoli già presenti nel Goverment of India Act. La nuova Costiuzione, 395 articoli, fece dell'India uno Stato basato un'unione di Stati, basati su un sistema politico democratico e laico. La novità fondamentale consisteva nell'introduzione del suffragio universale sia maschile che femminile, per tutti i cittadini dai ventuno anni in su. Inoltre veniva garantita la libertà religiosa, quella di espressione, di riunione, la libertà di associazione, di spostamento e soprattutto l'uguaglianza dei singoli cittadini di fronte alla legge. L'articolo 17 aboliva l'intoccabilità ed ogni forma di discriminazione ad essa connessa. Il sistema prevedeva l'introduzione di un sistema parlamentare sia a livello di governo che a livello dei singoli Stati dell'Unione, il governo capeggiato da un ministro era espressione della volontà parlamentare, anche se era una democraticità sostanzialmente limitata. Nehru tra la fine del 1954 e il 1955 enunciò in modo sempre più chiaro il suo obiettivo di creare una società basata sul modello socialista. Puntò infatti al potenziamento dell'economia statale potenziando e sostenendo l'industria pesante di base, e favorì la ristrutturazione del mondo rurale, che si risolse in una socializzazione dell'agricoltura. La politica del Nehru ebbe degli evidenti limiti, tanto per citarne alcuni la socializzazione dell'agricoltura, e la distribuzione della ricchezza, misure che in realtà favorirono solo i ceti già ricchi, che rappresentavano una minoranza della popolazione.

Tutti noi conosciamo il forte impulso che Gandhi Mohandas Karamchand, chiamato da tutti Mahatma, con la sua rivoluzione non violenta e la disobbedienza civile, diede alla causa indipendentista. Nel 1915 divenne capo politico e morale del movimento d'indipendenza e passò all'azione più decisa nel primo dopoguerra[15]. Dopo essere stato arrestato e condannato, fu graziato nel 1924 per ricominciare, nel 1929, la sua azione con il chiaro intento di una indipendenza completa dal Regno Unito. Fu arrestato innumerevoli volte, ma riuscì ugualmente, in molte occasioni, ad imporre la sua volontà all'Inghilterra, perché aveva un ampissimo consenso, basato soprattutto sulla sua forza morale e la pratica del digiuno. Dopo il 1934 il suo obiettivo fu quello delle caste e soprattutto della casta degli "intoccabili", ed anche quello di ricostruire l'economia rurale. Anche durante la seconda Guerra Mondiale restò fermissimo sulla causa dell'indipendenza giocando abilmente le sue carte a livello internazionale, senza entrare in collisione con le potenze dell'asse. Dal 1942 al '44, dopo l'arresto restò in carcere e, quando fu liberato, ebbe grande parte nelle trattative che condussero alla indipendenza dell'India. Non fu in grado invece di impedire la scissione del Pakistan, troppe le guerre etniche e religiose esistenti. Dal 1942, come abbiamo visto gli successe il suo discepolo Nehru, mentre lui fu assassinato nel 1948.

Dopo Nehru a cavalcare la scena politica indiana fu la figlia Indira Gandhi, con una clamorosa vittoria nel 1971 grazie allo slogan "garibi hatao", cioè "sbarazziamoci della povertà", che mobilitò gli strati più poveri della popolazione. Una delle innovazioni della Gandhi fu la nazionalizzazione del sistema bancario con prestiti a favore della piccola industria e soprattutto del settore rurale. I crediti sarebbero stati effettuati sulla base, non più di garanzie economiche, ma sulla base dell'utilità sociale del progetto per il quale si richiedevano i finanziamenti. Ma nella realtà venivano accettati i progetti, con l'intenzione di boicottare quelli che si mostravano ostili alle èlite industriali o agricole. Tutto molto simile al governo di Nerhu con la grande differenza che la Gandhi, avendo una leadership forte, concentrò su sé il potere e diminuì nettamente quello del Governo. Si andò incontro ad una serie di insuccessi e di fallimenti economici e progettuali. Il tutto fu condito con episodi di grave corruzione che coinvolsero anche i vertici del partito e il primo ministro stesso. Nel giugno del 1975, l'Alta Corte di Allahabad dichiarò non valida l'elezione della Gandhi del 1971 e la bandì per sei anni; il primo ministro mal colse questa decisione e così instaurò un vero e proprio regime dittatoriale. Era il 26 giugno 1975. Due anni dopo la Gandhi perse in modo umiliante le elezioni e dovette lasciare il posto al partito nazionalista hindù, poi nel 1980 vinse nuovamente con lo slogan "un governo che lavora", ma ereditò un'India in crisi, anche perché tra 1979 e il 1980 il Paese aveva appena passato il più grande periodo di siccità mai provato fino ad allora ed il risultato fu un declino del 5,2% del PIL rispetto al precedente anno fiscale, ciò diede l'avvio ad un periodo di inflazione. Dopo salì al governo Rajiv Gandhi, che facilitò una politica di ricrescita economica, prendendosi a cuore il capitale privato, ma contemporaneamente indebitando il Paese sia all'interno che all'esterno. Di conseguenza il governo indiano aumentò le tasse, che impoverirono ancor di più la classe povera del Paese. Sotto il suo governo, però l'India iniziò una nuova politica estera, che la mise in buoni rapporti con altri Stati tra cui l'America, che divenne il suo partner commerciale principale[45].

L'India oggi

Oggi il primo ministro dell'India è Narendra Damodardas Modi, ed è in carica dal 2014 ed è stato riconfermato il suo ruolo dopo le elezioni del 2019, è affiancato dal suo Partito Popolare Indiano, BJP, all'interno di una coalizione detta Alleanza Nazionale Democratica. Prima era stato ministro nella regione del Gujarat. Da giovane era un volontario delle RSS, un movimento estremista di chiara valenza indù, che oggi ha al suo attivo circa sei milioni di addetti. È un movimento nato negli anni Venti ed è di chiara ispirazione nazista e fascista, ed ha come obiettivo un'India hinduista, piuttosto che quello di un'India comprensiva di tutte le minoranze che vivono al proprio interno; lui però oggi rappresenta la fascia moderata di questo partito perché il BJP con lui è abbastanza moderato, la sua agenda politica prevede infatti un'azione economica che è probabilmente il motivo per cui è stato votato. La volontà di crescita, di miglioramento e di aumento di posti di lavoro, sono infatti il bisogno del popolo indiano. Quest'ultimo tra l'altro, cioè il lavoro, è un problema enorme perché circa ogni mese entra nel mondo del lavoro un milione di persone. Il Governo sta facendo nascere il sentimento di un nazionalismo hindù, e di diffidenza per le minoranze, alle volte ci troviamo di fronte a forti episodi di violenza. Pensate che anche solo per il sospetto di aver trasportato carne di mucca le persone rischiano la vita con i linciaggi. Nel 2017 il Governo, infatti, in alcuni Stati ha istituito il bando della macellazione della carne di mucca, e sia i Dalit, cioè gli intoccabili, che i mussulmani, che si occupano tradizionalmente della concia delle bestie subiscono questo procedimento insieme alle fasce più deboli ed affamate della società. Tanto per rendersi conto, quando si parla di minoranze in India si intendono numeri sostanziosi, per esempio, la "piccola" minoranza mussulmana sono centonovanta milioni di persone, se fossero resi indipendenti sarebbero il secondo Paese più popoloso al mondo! L'intreccio tra le caste e la religione in India non è ad oggi, nonostante l'abolizione nel 1947 delle caste,[16] di facile scioglimento. Di sicuro l'eredità di Gandhi, non è andata perduta, quindi l'accoglienza e la tolleranza del popolo indiano non sono scomparse, ma difficile è l'inclusione e l'integrazione nella quotidianità in un Paese così grande e complesso da un punto di vista storico, geografico che politico[46].

In India oggi c'è una donna italiana e cattolica che ha segnato un pezzo importante della storia indiana recente, all'anagrafe Antonia Maino, ma tutti la conoscono come Sonia Gandhi, perché si è sposata con il figlio di Indira, Rajiv, ucciso nel 1991. È stata nominata nel 2011 da Forbes[47] la settima donna più importante del mondo, ha un grandissimo potere anche perché è a capo del Congresso che è il partito storico indiano e quindi ha un grandissimo potere, sicuramente la sua italianità non l'ha agevolata nella carriera politica, però nel 2017 ha lasciato le redini al figlio Raul che ha guidato il Congresso.

Oggi sono nati poli tecnologici, che rendono l'India competitiva ed appetibile al mondo esterno, nonostante tutte le sue contraddizioni. Bangalore è detta la Silicon Valley dell'India, è il polo urbanistico più dinamico al mondo, seguita da Ocimin e solo come terza la Silicon Valley. Si valuta che l'India nel corso di un paio di anni diventerà la quinta economia mondiale, sorpassando quella francese e quella inglese. Inoltre il tasso di crescita è paragonabile a quello cinese, intorno al 7%, ed è anche presente un aumento demografico esponenziale, è maggiore di quello cinese che è in calo per le politiche interne al Paese. Nei prossimi trent'anni l'India avrà le possibilità di divenire il centro dell'economia e della tecnologia[48] mondiale. Non è un caso che il gigante Google, nella persona del capo di Asia ed India Rajan Anandan considera il mercato indiano più importante di quello degli Stati Uniti[17]!

Una delle più grandi incongruenze indiane risiede nell'azione del governo, che preferisce puntare sulla crescita dell'India tecnologica e non agricola, migliorando la forza contrattuale internazionale dell'India, ma mantenendo la sua popolazione sostanzialmente in povertà se si pensa che la maggior parte di essa è rappresentata da agricoltori. Il governo non si interessa del benessere dei propri cittadini, punta invece alla crescita economica. Un terzo dei cinque milioni di abitanti di Calcutta vive in slums, baraccopoli, e « ... si stima che in oltre settantamila vivano nelle strade della città, che arriva a ventimilioni contando l'intera area metropolitana, ma sono tanti di più ... perché molto dipende da cosa consideriamo essere una casa da queste parti ...»[49]. Le scelte del governo, almeno al momento, sono a diversa velocità e le fasce più povere restano fuori dal progresso e dalla crescita economica, ma non solo, anche dagli studi, e chi riesce a studiare cerca lavoro fuori dall'India dove il mercato del lavoro è più flessibile e veloce, considerando il gran numero degli aspiranti lavoratori!

E allora quale è l'India che vuole Narendra Modi? Lo possiamo capire dalle mosse con le quali ha affrontato e sta affrontando il suo mandato di primo ministro ed anche come dicevo dalla sua storia personale. Ha in mente un Paese nazionalista hindù, completamente diverso da quello che è stata l'India fino ad oggi, ed il fatto che abbia revocato lo "status speciale" al Kashmir ne è un campanello di allarme. Con la sua specialità il Kashmir si garantiva un alto grado di autonomia, ma ad agosto del 2019, il primo ministro l'ha revocata. Si vupole che anche la provincia del Kashmir rientri nella politica economica indiana e non svetti da sola verso l'occidente. Molti analisti del settore hanno considerato questa una mossa rivoluzionaria che sembra preannunciare cambiamenti ancora più radicali sul piano amministrativo e politico. Modi ha intenzione di allontanarsi dall'ideale dei padri fondatori, che volevano un'India in cui ci fossero diverse comunità e diverse leggi che le governassero. Il primo ministro vuole invece unificare non solo il Paese geografico, ma anche quello religioso e culturale sotto un'egida di leggi uguali per tutti. Indubbiamente questa è una vera rivoluzione soprattutto se consideriamo che il Kashmir è il Paese con la maggioranza più ampia di non hinduisti, che si trova in uno a maggioranza hinduista. Siamo di fronte al progetto di un Paese hinduista ben lontano da quello laico che i padri fondatori avevano voluto, caratterizzato dalle diverse libertà, tra le quali ricordo la libertà di espressione di tutti. L'idea politica di Modi, ruota su due perni fondamentali: rafforzare il nazionalismo e trasformare l'India da Paese laico in Paese hinduista, indebolendo le minoranze e colpendo le comunità mussulmane che abitano il Kashmir indiano. Modi è primo ministro dal 2014 ed ha aumentato i propri consensi anno per anno, elezione dopo elezione, ha stravinto per esempio anche le legislative del maggio 2019, ed è questa sua forza che lo rende capace di azioni anche molto eclatanti come quella relativa al

Kashmir. Modi si presenta alla popolazione come l'uomo forte, il capo al quale potersi affidare, nazionalista quasi di nascita, come ha scritto Associated Press: «… è un nazionalista hindù da quando aveva dieci anni … »[50] e mentre costruiva l'immagine di un uomo forte ed indistruttibile, capace di agire quando è necessario, si presentava come l'uomo comune, l'indiano comune. È cresciuto in una famiglia molto povera, il padre faceva il venditore di tè, e questo lo ha irrobustito a tal punto da divenire un politico astuto, aiutato decisamente dalla sua capacità oratoria e comunicativa. Come molti uomini politici odierni sa ben usare i social e la televisione, nella quale appare in programmi d'avventura come il "Man vs Wild", cioè l'uomo contro la natura selvaggia e si dimostra impavido, dichiara la sua mancanza di paura e ostenta le sue capacità di soluzione dei problemi. Dopo la separazione da una moglie, scelta in un matrimonio combinato, di lui si dice che tenga solo al suo partito il BLP e la sua causa del nazionalismo hindù.

È decisamente il leader politico indiano degli ultimi cinquanta anni più rispettato e coinvolgente e la mossa del Kashmir, gli ha fatto raggiungere una ulteriore approvazione e maggior successo. Infatti questo Stato ha una maggioranza di mussulmani pakistani avversari non solo politici di Modi e ma di tutta la sua India. Leader ambizioso e coraggioso si ritiene espressione della volontà della maggioranza, e si vanta di aver fatto in settanta giorni ciò che da settanta anni gli altri politici non erano riusciti a compiere soprattutto nei riguardi del sovversivo Kashmir. Chi invece non appoggia politicamente il primo ministro, sostiene che lui sia un antidemocratico, pericoloso e forzatamente maggioritario, come per esempio Sumatra Bose, scienziato e politico alla London School of

Economics, che ritiene che Modi e il suo partito sfruttino il caso Kashmir, per portare avanti un obiettivo più grande e cioè quello di trasformare l'India, tutta intera, in una repubblica hindù, in ogni sua manifestazione ad eccezione del nome![51]

Ora dopo il Kashmir, la mossa successiva del primo ministro sarà quella di costruire, il prima possibile, il grande tempio al dio hindù Rama proprio nel luogo dove prima sorgeva la moschea, nella città di Ayodhya. Per ora la questione non procede poiché la Corte Suprema indiana sta decidendo in merito, poiché è nata una disputa in merito al terreno che si è scelto per la costruzione del tempio. Il terzo passo sarà quello di far approvare una legge unitaria su questioni come il divorzio e l'eredità che si applichi a tutti cittadini indiani, eliminando così l'antica possibilità per le comunità di avere delle leggi e norme differenti tra loro, espressione queste della storia di ogni territorio, Paese o provincia, dei loro bisogni e della loro individualità. In realtà è già da un po' che il governo ha adottato misure e politiche che mirano a colpire le minoranze religiose. Ne è un esempio la legge sulla cittadinanza, che prevede un occhio di riguardo per hindù e cristiani, che possono avere lo status di rifugiati, ma ciò non vale per i mussulmani che entrano in India dai Paesi confinanti. Anche la legge sul bandire la macellazione della carne di mucca, che è l'animale sacro è pensata per mettere in difficoltà i mussulmani, che come sappiamo non mangiano carne di maiale.

Di fatto le libertà fondamentali, come quella di riunirsi e manifestare in India restano ben salde, ma non dobbiamo dimenticare che in questo Paese quando si parla di minoranze, come quella mussulmana ad esempio, stiamo parlando nell'ordine di milioni di persone e quindi gestire anche le minoranze diventa un problema o comunque un gioco di alta politica. Mi piace ricordare che in India, studenti ed attivisti, sono tornati in piazza a maggio 2019, come in tutto il mondo per lo sciopero mondiale per il futuro. A New Dheli i giovani delle scuole superiori hanno protestato per l'ambiente ed hanno lanciato un appello a Narendra Modi, « … siamo qui per difendere il nostro diritto a respirare aria pulita… c'è una emergenza ambientale gravissima, gli scienziati dicono che restano solo dodici anni per intervenire prima che i danni per il pianeta siano irreversibili …» [52].

Quindi oggi l'India è un Paese coraggioso, che cerca di affrontare il presente e prepararsi per il futuro, un futuro che hanno scelto sotto la guida di Modi, nonostante possa a noi occidentali spaventare, l'uomo solo al governo, probabilmente per la storia sopra raccontata e le dinamiche interne al Paese Modi sembra alla popolazione la persona migliore per guidarli.

La Francia: il presidente e la forza dell'universalismo

Capire un Paese, ormai lo abbiamo compreso, vuol dire conoscerne la storia politica e l'evoluzione e la crescita dei suoi rapporti internazionali e per quanto riguarda la Francia è doveroso risalire almeno a quel lontano 14 luglio 1789, presa della Bastiglia, e come leggiamo nei libri di scuola, inizio della Rivoluzione Francese. Nel caso della Francia, bisogna rendersi conto di quanto questo Paese abbia influito e continui ancora oggi a farlo, sull'assetto e sull'equilibrio europeo, e che ruolo geopolitico abbia oggi nel mondo. Sono passati duecentotrenta anni da quando il popolo si ribellò allo Stato assoluto di re Luigi

XVI, che lo costringeva a vivere in condizioni umilianti, in una
povertà quasi cronica, povertà non solo economica, ma anche
politica, e così il popolo insorse: una delle rivoluzioni civili più
significative della storia. Dopo aver accusato di tradimento il re,
lo arrestarono e lo imprigionarono insieme alla sua famiglia e
poi fu ghigliottinato. La storia della Francia a questo punto
divenne complessa, vede prima la figura del nuovo imperatore
Napoleone Bonaparte, che a clamor di popolo e di senato, per
dirla tutta, diede vita all'inizio del primo impero francese, e con
questo grande condottiero conquistò la maggior parte dei
territori europei, fino a quando i suoi oppositori lo sconfissero a
Waterloo nel 1815. Dopo la sconfitta della dinastia borbonica si
alternarono periodi di monarchia e di Repubblica fino a
giungere all'ascesa di Napoleone III, con la carica di presidente
della Repubblica e rimase in carica dal 1848 al 1852 per divenire
poi imperatore dei francesi fino al 1870. La Francia di questo
periodo era un Paese forte che cavalcava il destriero
dell'industrializzazione e si consolidò come potenza coloniale,
riuscì ad annettere sotto il suo controllo vaste zone territoriali in
Africa ed in Indocina.

Durante la Grande Guerra, assunse un ruolo rilevante
soprattutto nel conflitto contro i tedeschi con i quali da tempo
aveva una questione aperta in Alsazia e Lorena. Subì, al termine
del primo conflitto mondiale la recessione che determinò una
scelta verso la pace considerando le ingenti perdite che la
Francia aveva subìto. Questo periodo terminò solo quando la
Germania invase la Polonia, il primo ottobre del 1939, e Francia
ed Inghilterra furono costrette a dichiararle guerra. Tutto si
svolse attraverso un intreccio di alleanze e patti che
determinarono l'inizio della seconda guerra mondiale. La

Francia fu divisa allora in due zone quella occupata dall'esercito tedesco, la *zone occupée*, e quella invece del neonato governo con sede a Vichy, la zone libre, e fu costretta a richiamare anche gli eserciti che si trovavano a presidiare le zone coloniali e grazie all'aiuto degli alleati, Stati Uniti ed Inghilterra compresi, nel 1944 si giungerà alla liberazione di Parigi e di tutta a Francia.

De Gaulle si candida alla presidenza francese e la sua candidatura è ben accettata anche dagli europei che vivevano in Algeria e così nel settembre del 1958, l'esito del referendum popolare con cui fu approvata la nuova Costituzione della Quinta Repubblica si tradusse in un voto di fiducia della popolazione all'unisono per De Gaulle, ritenuto l'uomo che avrebbe riportato la Francia alla sua tanto aspirata grandezza. La Costituzione conferiva il potere esecutivo ad un Presidente eletto con suffragio indiretto, lasciandogli dunque il potere di nominare i ministri e quello di sciogliere il Parlamento e l'opportunità di governare in caso di emergenza, si ristringeva notevolmente quindi il potere dell'Assemblea nazionale di rovesciare il governo. Il suo potere crebbe notevolmente quando nel 1962 un emendamento proposto dal presidente istituì l'elezione diretta del presidente stesso.

Il problema della questione algerina fu l'obiettivo di De Gaulle, e comprese che un intervento militare sarebbe stato inutile tanto che nel 1960 aprì le contrattazioni diplomatiche per cercare di mediare negoziati di pace con i ribelli algerini e dopo episodi di estrema violenza e il tentato attentato giunsero agli accordi di Evian e alla proclamazione dell'indipendenza dell'Algeria.

Cosa rende la Francia diversa ancora oggi? Il Paese sta vivendo un periodo molto rumoroso ultimamente anche attraverso le capacità istrioniche del suo leader, Macron, anche per i suoi rapporti internazionali non ultimi quelli con la nostra Italia.

Noi italiani abbiamo la sensazione che i francesi, come gli spagnoli, siano un popolo che ci assomigli, con una storia molto intrecciata alla nostra entrambi latini, però non riusciamo a spiegarci, quella che molto banalmente definiamo antipatia verso i francesi. Una espressione che usiamo spesso è che i francesi "siano italiani di cattivo umore", ma in realtà ciò che abbiamo difficoltà a comprendere è l'approccio strategico al mondo della Francia, che noi dichiariamo arrogante, antropologicamente parlando, perché la Francia ancora continua a pensarsi e relazionarsi come una grande potenza e continua ad avere una percezione di sé di grande potenza, infatti ha sempre coltivato e continua a coltivare, gli strumenti da grande potenza. Non è però una potenza mondiale da moltissimo tempo, ma ha la consapevolezza di essere ancora una nazione di grande rilevanza a livello globale. La Francia non è mai scaduta in azioni convenzionali, non si è mai accontentata di essere solo Nazione, soprattutto da quando ha smesso di essere una grande potenza, ormai molto tempo fa, già da Waterloo , oserei dire, cioè nel 1815, quando finì l'impero napoleonico. Infatti non ha avuto più i mezzi per esprimersi come potenza egemonica sugli altri. Finisce quella fase ascendente della Francia, nata con la Rivoluzione Francese nel 1789, si esaurisce poco tempo dopo, ventisei anni di grandeur e ora?

Se da una parte, alla fine del Settecento la Francia era il Paese al mondo con la classe borghese più consapevole e sofisticata di tutti, tanto da superare il complesso di inferiorità che aveva coltivato per anni nei confronti del clero e della nobiltà, tanto da riuscire a rovesciare lo status quo, vivendo una fase di aumento demografico, di forte industrializzazione, si stava sviluppando da un punto di vista tecnologico, la sua popolazione era giovane, proiettata nel futuro e forte, dopo quei famosi ventisei anni, alla caduta di Napoleone, la Francia perse tutta la sua veste di superpotenza. All'epoca napoleonica era infatti neonata e come tutti i giovani colma di energia e desiderosa di uscire fuori dai propri confini per imporre la sua visione del mondo all'estero e agli altri. Sono proprio questi gli anni a cavallo tra il Settecento e l'Ottocento, gli anni in cui la Francia sviluppa quella dimensione di sé, una visione universale, come portatrice di universali e valori etici giusti, e sarà proprio questo atteggiamento, che le guadagnerà quella antipatia sopracitata. La Francia, proprio come gli Stati Uniti, anche se la sua rivoluzione borghese cronologicamente è posteriore a quella americana, sviluppa però prima di questi, una missione universale, missione che gli americani non si danno almeno fino a metà dell'Ottocento. Si ritiene l'unica in grado di divulgare i valori etici universali di uguaglianza, fratellanza e libertà.

Gli americani indubbiamente erano spinti dal concetto di popolo eletto da Dio, concetto che li aveva spinti a colonizzare un nuovo mondo, si sentivano come gi "scelti", per costruire un nuovo mondo. Da questa consapevolezza l'America prese l'energia e a forza per divenire ciò che oggi rappresenta nel mondo, ma gli americani non avevano in sé scolpita la volontà di civilizzare gli altri, l'una la Francia si assume il compito di civilizzare, l'altra l'America quello di colonizzare, e la differenza non è poca cosa. Non è un caso che gli indiani d'America furono sottomessi, o sterminati e non redenti!

La Francia, diventa invece un'idea, un sentimento, un principio filosofico al quale si può aderire, almeno in maniera teorica: qualsiasi essere umano può infatti aderire a quel sentimento francese, nel momento in cui ne abbraccia i principi. Questa concezione di sé, determina il tipo e la forza della politica estera espansionistica francese: dotarsi di una missione serve a narrarsi come diverso, e tra l'altro, superare sensi di colpa che nascono quando si fanno le guerre di conquista, sensi di colpa di una Nazione che sottomette o come detto stermina altri popoli. Questa mission francese, crea un modello di civiltà, che ancora oggi permane, nonostante il decadimento della Francia, dopo la fine dell'era napoleonica. La Francia ha la forza di vivere di ciò che è stata in quel breve lasso di tempo di ventisei anni, ancora esistono e resistono alcune idee dell'universalismo francese, infatti noi occidentali le accettiamo in quanto tali, per esempio che esistano i diritti umani per noi è possiamo dire, scontato, così come battersi per essi. Ma larghissima parte della popolazione del globo non ne ha alcuna idea o perlomeno non considera i diritti umani universali, questi sono un concetto esclusivamente nostro. Questo è un concetto che, anche dopo l'utilizzo che ne hanno fatto gli americani, cioè che l'hanno utilizzato per un interventismo utilitaristico, resta. È qualcosa che i francesi continuano a diffondere, sebbene in maniera indiretta, anche se non sono più una potenza così importante come un tempo. La loro forza e potenza nasce però dalla percezione di sé, e così il loro messaggio assume forza e potenza e credibilità mondiale come quello della dichiarazione di uguaglianza o quello dei diritti inalienabili per gli esseri umani.

Per esempio la percezione per cui la borghesia sia l'avanguardia delle masse, la loro guida, è legata in fin dei conti al concetto di borghesia rappresentativa, cioè che ci debba essere una sorta di èlite che rappresenti la gran parte della popolazione, e questo è un concetto che nasce con la Rivoluzione Francese. Questo indubbiamente è un notevolissimo passo avanti rispetto all'assolutismo, che ricordo non visse mai la fase del dispotismo illuminato, come invece accadde per altri sovrani europei. Un altro concetto tipicamente francese, ma questo non così diffuso come i concetti sopracitati è che lo Stato preceda sempre la Nazione. Infatti in Francia è lo Stato che crea materialmente la Nazione che è successiva alla nascita dello Stato, per esempio la figura dell'intendente, figura che noi abbiamo tradotto con quella del prefetto, che è colui che inventa lo Stato moderno, è una invenzione francese, alla quale abbiamo aderito e a cui siamo debitori anche oggi. Fino alla monarchia assoluta c'era una centralizzazione del potere nelle mani del re, e quindi prima della Rivoluzione, non esisteva lo Stato centrale, ma in seguito vengono aggiunti i dipartimenti si eliminano le province, questo determinerà un livellamento ed i cittadini sono tutti uguali, tutti diventano voglio dire cittadini senza differenze geografiche ed anche la lingua diventa unica, e sarà quella d'oil. Vengono eliminate le altre declinazioni linguistiche presenti in Francia fino al Settecento come la lingua d'oc o il bretone. Questo concetto della lingua nazionale oggi noi lo conosciamo molto bene, ma è un concetto che deriva direttamente dalla rivoluzione francese. Questo approccio, straordinario francese, ha consentito alla Nazione di mostrarsi e divenire molto di più di quello che è in sostanza. Queste idee hanno permesso alla Francia di darsi una missione civilizzatrice e di mostrarsi al mondo con un abbigliamento sfarzoso: la Francia è dispensatrice di progresso, e lei stessa si concepisce come grande potenza destinata ad una missione civilizzatrice e capace di grandi imprese, perché è capace di inventare grandi idee, come per esempio quella dello Stato. In realtà l'universalismo francese non è mai riuscito ad elevarsi e a trascendere la forma prettamente europea, ma è sempre stato ad uso e consumo di una popolazione bianca. La presenza delle forze armate della Francia nel mondo oggi, forse ad esclusione dell'Indocina, ricalca i classici possedimenti dell'impero francese, o come per l'Italia è presente come parte di un campo occidentale a guida americana, ma comunque ci sono interventi, anche della marina legati alla Francia imperiale, soprattutto quelli africani che oggi contraddistinguono la Francia. È una potenza neocoloniale, a tutt'oggi la Francia è il riferimento come "Madrepatria" di una, per esempio buona fetta d'Africa che appartenne all'impero francese per moltissimi decenni. Ma l'universalismo francese quando incontra questi territori, non riuscirà a trascendersi e portare i propri valori, invece resterà un colonialismo che sottometterà i popoli e giustificherà se stesso attraverso la sua missione universale, per eliminare i propri sensi di colpa di fronte all'umanità.

Un'altra grande invenzione francese, che è alla base del mondo occidentale ci sia la separazione tra Stato e Chiesa, e quindi la creazione di uno Stato laico, portata all'esasperazione con il laicismo, dopo la legge del 1905 la divisione tra Stato e Chiesa, ma in un territorio coloniale come per esempio l'Africa non verrà realizzata mai. La sharia, la legge islamica qui, in Africa, rimane preminente rispetto al diritto civile, nonostante i vaghi tentativi francesi che continuano a trattare le colonie come un corpo estraneo. L'Algeria, per esempio, che sarà annessa al territorio metropolitano francese, nonostante il decreto del 1907 che avrebbe dovuto attuare la legge sulla laicità, è stato totalmente disatteso dalla storia e la separazione tra Stato e Chiesa non è avvenuta. Quindi possiamo dire che il concetto di universalismo francese è sempre stato un escamotage, cioè è servito a perseguire grandi obiettivi. Quando, per esempio la Francia perde la Seconda Guerra mondiale, quindi nel momento più critico della sua storia recente, se non altro perché fu occupata per molti anni durante il conflitto dai tedeschi, addirittura una parte del suo territorio fu collaborazionista, nonostante possiamo considerare che l'occupazione tedesca in Francia sia stata la più "leggera" rispetto a quelle mai realizzate in altre zone europee, tanto per ricordare, molto più blanda di quella polacca, o italiana, anche se più lunga di quella italiana, dopo la disfatta dunque della Seconda Guerra mondiale, la Francia utilizza ancora la concezione di sé di grande potenza, per rimanere almeno negli intenti tale, invece di scadere a potenza convenzionale, la Francia solo con l'idea di sé e attraverso alcune vittorie della Francia libera (per esempio Cassino), ma è soprattutto con l'idea di se stessa che si accredita come vincitrice della Seconda Guerra mondiale. Riesce ad ottenere un seggio di membro permanente nel Consiglio di sicurezza delle Nazioni Unite, riesce la sua narrazione alla pari di potenze che la guerra l'avevano vinta realmente, non parlo solo degli americani, ma anche dei sovietici, gli inglesi … quindi la Francia dalla Seconda Guerra mondiale fino ad oggi continua a coltivare questo strumento dell'idea di sé come potenza universale. Un esempio lo possiamo trovare nello sviluppo dell'arma nucleare immediatamente dopo la guerra, si dota infatti subito dopo la guerra mondiale del nucleare e De Gaulle lo diceva chiaramente che sarebbe servita alla Francia per mantenere la propria dignità, cioè la dignità francese merita l'arma più pericolosa e distruttrice che l'uomo abbia mai creato! Quindi serve a rendere la Francia mediamente sovrana e di sicuro inattaccabile da un punto di vista militare, se non con il rischio permanente di scatenare una guerra nucleare. Non è un caso che la Francia oggi possegga l'arsenale più grande al mondo dopo la Russia e gli Stati Uniti. Apparentemente sembra una Nazione come l'Italia, ma in realtà molte sono le nostre differenze tra esse l'arsenale nucleare, noi siamo la base di forza militare altrui, non nostra! La Francia non ha mai ceduto è un impero, infatti ci sono territori di oltremare che sono suoi dipartimenti e mantiene di fatto come colonie molti Stati dell'africa occidentale, ne è un campanello d'allarme la moneta locale, il franco CFA, che è moneta di otto Paesi africani e che viene materialmente stampata in Francia ed è garantita dalla banca centrale francese, e non da banche di questi Paesi, proprio come capitava qualche tempo fa con le monete coloniali. Per continuare un parallelo bisogna sottolineare che noi colonie non ne abbiamo, né la concezione della lingua da grande potenza, infatti la Francia utilizza la sua lingua come strumento geopolitico. In Italia, nonostante il brand "italian style" è considerato un grande brand, non c'è questo religioso attaccamento alla lingua, tant'è che di neologismi inglesi ormai è ricolmo il nostro vocabolario. In moltissime nostre università gli insegnamenti vengono impartiti in inglesi e questo è un atteggiamento che fa sorridere i francesi, da loro non accadrebbe mai una cosa del genere perché sarebbe interpretato come una perdita della propria forza nazionale. La Francia considera addirittura la francofonia, la comunità francofona come uno strumento di pari livello dell'arma atomica, per colonizzare il mondo. Secondo i calcoli francesi alla fine di questo secolo ci saranno un milione di francofoni nel mondo a dimostrare la propria forza, e la Francia ha continuato a coltivare un approccio

all'immigrazione, anche se negli ultimi anni le cose sono u po'
cambiate, come una forza da sfruttare. Oggi non essendo riuscita
nell'intento iniziale, ha cambiato il suo modello di immigrazione
aperta, pur continuando a considerare l'elemento demografico
un asso nella propria manica. La demografia e la lingua per la
Francia diventano strumento che dimostra la propria forza nel
mondo. Il problema che si trova oggi la Francia è l'assimilazione
degli immigrati, ma dobbiamo comunque considerare che già
alla metà di questo secolo la Francia avrà raggiunto, se le cose
continueranno come ora, la popolazione della Germania per poi
nel corso di una decina d'anni superarla nell'orsine di milioni di
abitanti e alla fine del secolo avrà la stessa popolazione della
Russia europea, cioè sarà il Paese più popoloso del continente!
E questo non è un dettaglio, noi la coltivazione di questi
strumenti geopolitici, anzi il nostro atteggiamento è quello di
chiudere i porti e "aiutarli a casa loro"!. Un altro strumento
strategico francese è quello di possedere una portaerei a
propulsione nucleare, l'unica insieme agli Stati Uniti,
ultimamente se ne sta dotando anche la Repubblica popolare
cinese, commissionata già alla fine degli anni Novanta,
nonostante sia un Paese senza una grande vocazione marittima.
Da u punto di vista formale, la Francia ha questo tipo di
grandezza che è servita a rendere la Francia il Paese che è oggi,
velleitario, ma che in una prospettiva futura sarà molto
importante, anche se deve ancora affrontare delle sfide molto
importanti: legate alla demografia, come visto, e sarà una forza
solo se riuscirà ad assimilare tutte le generazioni di immigrati
nati nei suoi territori, generazioni di immigrati in larga parte
mussulmani, gli unici che consentiranno alla Francia di avere il
tipo di crescita demografica prima descritta. Il rischio è la non
assimilazione di queste generazioni di immigrati e questo

potrebbe portare la Francia ad una guerra civile, magari a bassa intensità, ma una situazione in cui le nuove generazioni potrebbero non riconoscersi negli universali e nei principi occidentali e quindi potrebbero essere facilmente manipolate e sfruttati da governi medio orientali, sopratutto di matrice sunnita, o addirittura gruppi terroristici che potrebbero sfruttare per fini propri, proprio lo scollamento e lo scoramento nei confronti della Francia. Questa è una sfida che la Francia deve assolutamente superare e molto sta facendo Macron per questo. Il presidente francese, non solo Macron nello specifico, ha poteri molto grandi, non è un caso che i francesi definiscono il loro Paese una "monarchia repubblicana assoluta", siamo noi a definirla semipresidenziale, ma il presidente francese ha poteri grandissimi, in occidente è il presidente che detiene i maggiori poteri, è come un monarca. Nemmeno il presidente americano ha tutti i poteri di quello francese[19], che può fare "quasi" ciò che vuole, per esempio nei confronti della Camere, le può sciogliere, il presidente americano non solo non può sciogliere il Congresso per nessuna ragione al mondo, ma non è neanche contemplato. De Gaulle, che ha cucito la Costituzione della Quinta Repubblica praticamente addosso,come fosse un suo abito, si stupì la volta in cui seppe che il presidente americano non ha il potere di sciogliere le Camere, e così pretese che fosse scritto e a grandi lettere. Il presidente francese è talmente un "monarca" che non si occupa della faccende ordinarie, noi diamo poca importanza a questo, tant'è che anche i giornali ne danno poco rilievo, ma per esempio qualora il governo francese dovesse occuparsi di faccende con i sindacati o di problemi legati alla ferrovia francese, discutere della politica fiscale, non lo fa il presidente, ma il Primo Ministro, è infatti lui che va a trattare direttamente e materialmente formula e redige trattative insieme ai ministri, il presidente è un uomo d'impulso, è colui che decide materialmente cosa fare e poi la sua attività si dedica ai discorsi, ai viaggi, alle manifestazioni, richiamando il concetto di simbolo tipico dei Paesi governati da monarchi. I compiti di "tutti giorni" sono dunque affidati ad un ministro e lui si dedica al altro. Quando la Francia alla fine della seconda guerra mondiale si percepisce come potenza decaduta, a livello mondiale, globale, prova a reagire con un sistema tipicamente francese, cioè attaccandosi allo Stato e come accadde ai tempi della Quarta Repubblica, che era nata sulle ceneri della seconda guerra mondiale, come copia equivalente della terza Repubblica Parlamentare, all'epoca adeguata alla sua situazione geopolitica, ma appena la Francia capì di non essere più artefice del proprio destino, nel bene e nel male, poiché aveva perso il suo ruolo di grande potenza globale, pensò e pensa ancora oggi, di surrogare questa perdita di sovranità, in modo quasi illusorio dando maggiori poteri ad un leader, come accade sempre in circostanze simili, e concesse i poteri a De Gaulle: rispose alla mancanza di sovranità, imposta in qualche modo dalla guerra fredda, attraverso la sovranità affidata all'uomo capace di far risorgere la Francia. È eccezionale comprendere che maggiormente la Francia si percepisce povera di sovranità, più reagisce donando nuovi poteri al presidente. Nel Duemila, con la globalizzazione e la sovranità americana, l'America era l'unica superpotenza del globo, in questa fase la Francia che ebbe il timore di scendere ancora di più come importanza, si rifiuta pensate di chiamare la globalizzazione col termine americano, dandole invece quello francese di mondializzazione, nel Duemila propose un referendum. Apparentemente si propone di accorciare il mandato del presidente, ma in realtà accorciandolo e facendolo divenire di cinque anni, invece che sette, lo fece coincidere con il rinnovo, le rielezioni delle Camere, così che il presidente possa avere l'opportunità di scegliere i suoi, per evitare quello che per esempio era accaduto in altri casi. Ricordo che a Chirac toccò, una coabitazione scomoda tra lui, un presidente di un colore, e un primo ministro di un altro colore. Quindi il presidente, oggi ha sempre la possibilità di avere al suo fianco un primo ministro che lo appoggia e che ha la sua stessa linea di condotta, pensiero ed intervento, perché è del suo partito. Non è certamente una certezza che avvenga ciò, ma è altamente improbabile che accada diversamente, o almeno per ora non è mai accaduto. Questa è la mentalità, tipica dei francesi, che non si arrendono al loro status attuale e guardano invece al futuro, in una prospettiva a venire, in questa situazione, attualmente Macron possiede tutti questi poteri eccezionali, tipici del presidente e prova ad indirizzare la questione dell'assimilazione degli immigrati e prova ad intervenire in materia religiosa. La Francia è il Paese del laicismo, cioè chi è in politica non deve esternare il suo credo religioso, l'obiettivo è quello di rendere la Francia, come già accennato, il Paese più popoloso del continente europeo e questo, non è da trascurare, perché la grandezza demografica è una forza in sé, lo abbiamo già sperimentato ed appurato in Cina ed in India. L'Italia, per esempio questo atteggiamento, che coltivi lo strumento geopolitico dell'aumento demografico non ce l'abbiamo, anzi abbiamo forze al potere e non che guardano in maniera diffidente ed impaurita l'afflusso degli immigrati e la convivenza e l'integrazione con altri popoli. Ormai troppo spesso si sente parlare di conservazione dell'italianità, senza rendersi conto che da sola l'Italia, è una popolazione destinata a scomparire, basta guardare il calo delle nascite nel nostro Paese, senza fare chissà quali voli pindarici, e la diminuzione dei decessi! Aprire i porti, e le frontiere, non secondo un dettame etico, ma secondo un registro geopolitico e come strategia per divenire una potenza globale o almeno europea, è senza dubbio una strategia vincente! La Francia nonostante gli attentati e le ultime esperienze negative in materia di immigrazione, lo ha capito e messo in conto, ha compreso che un aumento demografico, la può mettere in una posizione di forza nella partita geopolitica mondiale. La Francia è una Nazione che crede in se stessa e nella sua "grandeur", un po' diversa è invece la situazione italiana, ma poi l'affronteremo. La Francia ha un ulteriore primato strategico, è l'unico Paese al mondo, come detto, insieme agli Stati Uniti ad avere oltre che un arsenale nucleare una portaerei a propulsione nucleare. Il laicismo e non più la laicità ha permesso alla Francia, non solo separazione tra Stato e Chiesa, come diceva la legge del 1905, oggi anche nell'ambito pubblico non ci deve essere, non è pensabile, più nessuna forma di esternazione religiosa per esempio: togliere i crocifissi nelle aule scolastiche. Questo perché, dopo la seconda Guerra mondiale, l'immigrazione fu in Francia di matrice mussulmana e l'interpretazione francese di questo fenomeno, fu quella di non assimilarli, ma di diminuire qualsiasi ingerenza religiosa, nella speranza che, l'annullamento religioso nel Paese, corrispondesse ad un simile atteggiamento degli immigrati mussulmani, così da mettere in primo piano i valori repubblicani, quelli che generalmente chiamiamo teologia civile, ma questo non avvenne. Davanti al relativismo culturale dei francesi, cioè di una parte che però è il ceppo originario, gli immigrati si sono stretti intorno al proprio relativismo culturale, che è stata una risposta al relativismo altrui. Oggi la Francia deve vincere la sfida dell'immigrazione e quindi dell'integrazione, proprio per il concetto demografico a cui facevo riferimento, ma in realtà non abbiamo la certezza che la Francia ne sarà capace.

La religione non deve essere l'ago della bilancia della politica, nell'ambito pubblico tutti devono essere messi nelle condizioni non solo di professare, ma anche di esternare le loro credenze religiose ed oggi la Francia allora che prospettive ha? Decisamente straordinarie prospettive, soprattutto perché legate a ciò che ho presentato prima: convinzione di se stessa come grande potenza cioè universalismo, arsenale nucleare, posizionamento strategico della propria marina, colonie, demografia. Quindi la Francia non ha costruito se stessa solo sulla parte economica finanziaria, come abbiamo fatto noi italiani e anche la Germania, ed è questo che la mette in una posizione privilegiata rispetto alle altre nazioni europee. Vorrebbe con queste fondamenta riproporre l'asse renano di un tempo, ma questo non sarà probabilmente possibile, perché l'Europa si è spostata nell'Europa centro orientale, zone che non hanno come punto di riferimento Parigi, bensì la Russia, da un punto di vista culturale e la Germania da un punto di vista produttivo ed economico. Macron quindi non trovando più le risorse all'interno dell'Europa, si sposta verso un territorio globale, infatti è molto impegnata a livello militare nel mondo, come in Africa occidentale, in Siria …, per negoziare a livello europeo. Quando, all'interno di quaranta-cinquanta anni la Francia crescerà demograficamente, avrà tutte le condizioni per trattare anche con la Russia. Ma questo atteggiamento da superpotenza a livello europeo non è proficuo, quanto piuttosto disgregante, e la politica dei diversi Stati europei ha reagito costruendo o se preferite dando un maggior respiro alle spinte nazionaliste e sovraniste che in un'unione come quella Europea non dovrebbero avere respiro perché "pericolose", ma è una delle motivazioni a mio avviso che mettono nelle condizioni di risorgere e prendere piede spinte più o meno nazionaliste[53][54][55].

Santa sede

Come promesso nei capitoli precedenti dove facevo riferimento ad un totalitarismo ancora forte ed assolutamente evidente di cui avevo voluto trattenerne il mistero, di cui adesso ne svelerò però la forma. Senza dubbio lo stato della chiesa rappresenta e presenta, a parer mio delle importanti trace di totalitarismo. Attenzione cerchiamo di analizzare il tutto non con i classici termini dispregiativistici legati al termine ma cerchiamo di comprenderlo per quello che è: come sappiamo i sistemi totalitari hanno l'obbiettivo di mutare la natura dell'uomo, di espandersi il più possibile in tutte le dimensioni spazio temporali attraverso l'uso di qualsiasi forza; tanto la forza brutale della violenza quanto la forza dell'amore, molto più complessa della precedente da raggiungere ma anche molto più forte. In questo caso vediamo che la chiesa protagonista nell'uso di entrambe le forze. Altro elemento a valore di ciò è che i totalitarismi per essere tali devono prevedere un elitè al comando che possa sostituirsi e rimaner stabile nel tempo, con una scala gerarchica ben stabile, ed anche questo elemento lo ritroviamo nella ben organizzata gerarchia ecclesiastica. Innumerevoli altri esempi di similarità sono presenti come ad esempio la presenza di un ideologia forte e radicata che sia sempre valida o che comunque sappia rimodellarsi in base all'occasione, la pluralità di idee be per essere un buon cattolico si può solo che essere cattolici non si può esser cattolici ed essere allo stesso tempo qualcos'altro. Ci accorgiamo bene dunque che non accetta alcun tipo di pluralità ideologica e talvolta se ne presentassero come la storia ci ha insegnato la chiesa in prima linea si è presentata per abbatterli . La propaganda la chiesa, la stessa chiesa fondata da San.Pietro anche se inizialmente in segreto si basava sulla propaganda e sulla divulgazione dell'ideologia. Anche oggi attraverso le differenti missioni la chiesa cerca di espandere il proprio dominio ideologico. Ad ogni modo credo che la chiesa sia la più antica e potente forma di totalitarismo esistente che a differenza degli altri credi questa costituisce un vero e proprio stato nazionale, al contrario invece del Islam, protestantesimo, induismo ecc. Mi sento però in dovere d'aggiungere un altro esempio molto recente e molto più moderno di totalitarismo con base religiosa per quanto differente dalla sua religione stessa, l'Isis. Questo anche rappresenta una forma di totalitarismo però è bene distinguere le due istituzioni. La chiesa moderna come detto precedentemente ora usa un altro tipo di forza d'influenza delle masse forse riavvicinandosi anche all'origine del cristianesimo nettamente poggiata sull' amore. L'Isis invece non avendo altre risorse o altre conoscenze al riguardo può solo che utilizzare: violenza, brutalità, Terrore; di fatti parliamo di un fenomeno che sta terminando come tutti gli altri totalitarismi iniziati con le stesse basi di forza come il nazicomunismo. Forse la vera chiave potrebbe essere un totalitarismo basato sull'amore? È molto lontana questa come possibile teoria, ricordiamoci però che se vogliamo sempre analizzare o quanto meno utilizzare come riferimento le basi della nostra cultura , non possiamo non citare il testo più venduto al mondo e scritto dallo scrittore più famoso del mondo: Dio. Dobbiamo inserire l'argomento totalitario nell'analisi paradisiaca introdotta nella bibbia. Dove vediamo sorgere un unico capo, con massimi poteri e posizione indiscutibile. Le cui regole sono fatte rispettare con franchezza e con severe punizioni. Dove la libertà se la vogliamo intendere nei termini da noi acquisiti non è del tutto palpabile. Per il furto di una mela siamo stati condannati in eterno quindi a voi le conclusioni. Non è anche questo una qualche forma di totalitarismo, forse è stata proprio quest'ultima a dar ispirazione alla nazione cattolica. Allontanandoci dal discorso che richiederebbe molta più attenzione nel quale si finirebbe nell'incombere in innumerevoli discorsi pseudofilosofici , ritorniamo alla chiesa moderna. Quest'ultima dobbiamo ricordarci che non è che sia confinata nelle sue mura o tra i suoi credenti anzi quest'ultima fa vera e propria politica, basti vedere le prese di posizione di papa Francesco in merito all'immigrazione ed altre innumerevoli tematiche. In questo paragrafo ho voluto esprimere i miei pensieri con meno scientificità che preferisco generalmente adottare, ma penso che in alcuni argomenti la schietta scientificità ed il comportamento cinico che essa comporta non sia del tutto sufficiente per avere un'adeguata conoscenza in un argomento. Trovo dunque necessario che ogni uno da queste righe tragga le proprie conclusioni.

Nel capitolo ho voluto riportare alcuni esempi internazionali, ma come potete ben immaginare le analisi sono innumerevoli. Senza dubbio sappiamo che una generalizzazione al riguardo risulta assolutamente inadeguata, ed anzi non dobbiamo con la nostra presunzione occidentale credere che il nostro regime vada bene per tutti i popoli. Anzi dobbiamo comprendere tutt'altro argomento. Come la storia ci insegna spesso l'esportazione della democrazia ha portato ad incredibili sofferenze, per quei tutti popoli che non avevano alcuna esperienza democratica e che anzi riuscirono a tramutarla nelle più brutali e corrette dittature. Dunque dobbiamo comprendere che il sistema democratico non va bene per tutti. L'esperienza democratica è un processo che richiede centinaia di anni e delle volte neanche basta. Per questo c'è sempre un perpetuo e continuo ritorno a regimi non democratici la dove non vi sia una lunga esperienza democratica. Basti pensare al Canada, Australia, Islanda e molti altri. In questi casi la democrazia funziona ed ha radicato le sue radici, irrobustendosi e diventando parte della cultura, ma dove il seme della democrazia non riesce a bocciare non lo si può trapiantare con la forza, poiché da esso non si trarrebbe alcun frutto e di fatti non sarebbe neanche così democratico. Non credo che però sia un caso che la democrazia si sia irrobustita in quei territori, infatti credo che la democrazia sia diventata tanto forte in quelle zone sia grazie ad una ricchezza mineraria territoriale, sia ad una grande estensione del territorio in rapporto ad il basso rapporto di popolazione presente. Dunque una bassa densità di popolazione ed una ricchezza economica di quest'ultima porta ad un processo democratico, poiché da un processo tale si genera la classe alto borghese più alta rappresentante di democrazia ove è possibile un maggior coinvolgimento nella cultura e nella conoscenza che diviene alla portata di tutti. Dunque sono convinto che dove c'è una adeguata distribuzione della ricchezza sia di conseguenza presente la democrazia ovviamente ad esclusione di casi particolari. . Questo processo al contrario non avviene dove la ricchezza appartiene solo ad una piccola parte della popolazione, creando ampie differenze sociali generando ignoranza e facile manovrabilità elle masse. Per quanto però sia radicata la democrazia le influenze totatlautoritaristiche risultano sempre molto allettanti per molti, forse perché ciò è spinto dall'irrefrenabile desiderio dell'uomo di non accontentarsi mai e di desiderare sempre ciò che non sia. Un esempio può essere dove non c'è una forte forza centrale dello stato o una sua identità iniziano a sorgere tra la popolazione importanti ambizioni nazionalistiche. Ho voluto riportare un importante esempio su un'analisi statistica da me compiuta nell'analizzare l'alternanza ideologica di 33 stati europei dal 1900 al 2020.

Il grafico qui riportato ci mostra un continuo alternarsi dei due regimi. Negli ultimi anni infatti vediamo un sempre più progressivo ritorno a forme autoritarie. Per i democratici non c'è da spaventarsi poiché come sappia nulla nell'uomo rimane realmente fisso dunque come sono certo che ci sia un riavvicinamento a questa tipologia di regimi, sono anche certo che si sarà in futuro un a nuova ricrescita democratica. Poiché come spesso abbiamo detto la storia si ripete, la storia è un ciclo continuo.

Dopo un analisi quanto più internazionalistica andiamo ad analizzare la situazione Italiana.

Capitolo ottavo

Il caso Italia

L'Italia: confusione politica o impreparazione?
Strategie politiche, nazionalismi, populismi o
inconsapevolezza?
Dobbiamo credere che la crescita delle nuove destre
replicheranno la recente storia del mondo?

Ho fin ora cercato di presentare, anche se in piccola parte rispetto all'immensità globale, alcuni Stati che rappresentano oggi una rinascita, o almeno un riavvicinamento alle politiche di destra o estrema destra, nazionalismi convinti di poter portare il proprio Paese nella rosa della eccellenze mondiali, chi per convinzione quasi vocazionale, chi invece per indole storica, chi invece perché lo reputa l'unico modo di reagire alla modernità e alla globalizzazione o mondializzazione che dir si voglia. Abbiamo scoperto che oggi un elemento che fa la differenza nelle relazioni internazionali e che determina la potenza di uno Stato è la demografia. L'aumento demografico è, come in Cina in India e forse in un prossimo futuro in Francia, una arma strategica considerata quasi alla pari di quella nucleare. E allora la nostra Italia come si colloca in questo panorama internazionale, o almeno europeo, perché è ormai lì che si gioca la politica e coloro che non o hanno compreso, restano ancorati ad un mondo passato fatto di dinamiche antiche ed ormai obsolete. È abbastanza evidente alla maggior parte dei cittadini italiani che la propria Nazione nell'asse strategico mondiale conti poco, per dirla in modo poco offensivo, siamo decisamente marginali, almeno politicamente parlando, indipendentemente dal governo che ci rappresenta, finché i nostri governanti non si renderanno conto che devono guidare un Paese in un mondo che più che nel passato dovrebbe proiettarsi nel futuro. Perché l'Italia conta così poco nell'assetto mondiale, pur avendo una posizione geografica invidiabile? E di conseguenza perché per gli italiani lo Stato conta così poco?

La storia ci insegna che l'Italia è stata potente e ricca nel momento in cui il Mediterraneo invece che frontiera divenne centro commerciale e terreno di scambi, sia culturali che commerciali, era cioè un circuito. E allora l'Italia dovrebbe gestire la risorsa del suo mare in modo differente. Ma quando alle nostre frontiere si abbattono guerre e conflitti, le funzioni geopolitiche dell'Italia vengono decisamente ridotte. Vero è che la politica italiana negli ultimi venticinque anni ha subito grandi mutazioni. Non è un caso che solo venticinque anni fa sia caduta la prima Repubblica: terminò la sua esistenza tra manette, esili ad Hammamet e tribunali, e da allora la geopolitica italiana ha subito grandi modificazioni. Prima tra tutte la fine del sistema dei partiti, l'Italia della prima repubblica contava nel mondo, in maggior rilevanza, attraverso i suoi partiti: la Democrazia Cristiana, era parte di una grande internazionale moderata, il Partito Comunista era il principale partito comunista dell'Occidente e pesava qualcosa nel movimento comunista internazionale, così come il Patito Socialista aveva una sua rete di relazioni mondiali, e questo permetteva ai nostri interlocutori politici, partner o meno, di avere un alter ego al quale riferirsi, qualora si fossero dovuti interfacciare con noi a seconda del loro schieramento; oggi è difficile per le altre potenze mondiali trovare in Italia un interlocutore che rispecchi una forza stabile e chiara, ma soprattutto integrata, in un sistema internazionale. L'Italia era un Paese di confine capace di contare ed esprimersi nelle relazioni internazionali, mai come grande potenza mondiale, ma con la dignità e la forza di uno Stato che ha una storia e una consapevolezza di sé. Oggi per esempio sembrano modificate le distanze, infatti l'America appare molto più lontana, non da un punto di vista militare o geografico, visto che in Italia, proprio come accade ad un suddito, ci sono le basi americane, ma da un punto di vista delle relazioni politiche; mentre l'Africa sembra avvicinarsi sempre più, basta osservare le immigrazioni che dal continente africano si susseguono da qualche anno. Anche il Medio Oriente è più vicino a noi, sia per il pericolo terrorismo, che per ora ci ha risparmiato, quanto piuttosto per l'interruzione di traffici commerciali, ed anche per una quota di immigrati, anche se non in numeri così elevati come vorrebbero alcune fasce politiche farci credere. Rischiamo di perdere l'aggancio dell'Europa più prospera, quella legata alla Germania, alla quale partecipiamo, ma certamente in modo minoritario. Per quanto riguarda la questione migratoria è bene riportare alcuni dati demografici, per avere chiara la consistenza del fenomeno e quindi trarre delle conclusioni adeguate. Nel 2015, ed è la prima volta dall'unità d'Italia, il nostro Paese ha perso popolazione, malgrado il flusso di immigrati giunti nel nostro Paese. In Italia, con i riferimenti del 2017, oggi siamo sessanta milioni, mentre in Europa, compresi russi ed ucraini

sono duecento sessanta, o poco più, milioni di persone. Il nostro
è un Paese che invecchia, non è decisamente una buona notizia,
perché diventa difficoltoso mantenere il benessere, un Paese di
anziani di un'età media di quarantaquattro anni, ha difficoltà a
svilupparsi, e fa fatica a contare nella scena mondiale, l'età
mediana in Africa è di diciannove anni. Intanto alle nostre porte
stanno facendo capolino delle forze giovani, molto più forti e
molto pronte a rischiare, come le notizie ci insegnano, per poter
migliorare le loro esistenza. Sono numeri destinati a crescere,
perché la natalità in Africa sta crescendo e quindi se le
migrazioni continueranno, come si sono presentati prima, molti
cercheranno di nuovo fuori, quindi all'estero, di vivere, per
raggiungere una dignitosa qualità della vita o almeno il primo
grado del benessere umano. Questo vuol dire che l'Italia deve
mettersi nelle condizioni di gestire questo futuro e attuale flusso,
in modo equilibrato e senza isterismi, considerando anche il fatto
che molti Paesi hanno dimenticato o messo tra parentesi
Shengen. Quindi l'Italia, che inizialmente non era vista dagli
immigrati come destinazione finale del loro viaggio, oggi per
forza di cose, per il fatto che molte Nazioni stanno bloccando i
flussi migratori, lo sta diventando. Quindi o noi riusciremo ad
integrare gli stranieri e godere della loro forza, data dalla tenacia,
dalla gioventù e dalla necessità, o ci troveremo di fronte ad una
situazione in cui popoli diversi dovranno, per forza di cose,
dividere uno spazio, e quindi la vita che si vivrebbe sarebbe una
esistenza tra ostili. E non è nulla di nuovo rispetto a quanto già
analizzato nel primo capitolo con l'impostazione architettonica
della città da parte di Speere, o come ci insegna Bauman
rischiamo che si creino delle zone franche dove ogni popolo

innalza il proprio muro e la vita potrà diventare fattibile solo per gli interni, i riconosciuti, gli appartenenti, mentre si trasformerebbe facilmente in conflitto per tutti coloro che venissero classificati come stranieri. La cronaca dei giornali di questo ultimo periodo è stracolma di episodi di intolleranza nei riguardi degli immigrati, anzi i politici che promettono i porti chiusi, maggiori controlli, e di rispedire nei Paesi d'origine gli immigrati ottengono dagli italiani un ampio consenso. Cosa vuol dire che si stia ritornando a un bisogno di autoritarismo? Forse utile sarebbe comprendere, perché l'Italia non è considerata a livello strategico, ma molto di più usata, e come in virtù di quest'analisi possa reagire, e non soffermarsi sulla superficie della questione, che in qualche modo è determinata dalla forza dello Stato ma non a livello nazionale, quanto piuttosto almeno a livello europeo. Nel mondo globalizzato l'atomizzazione degli Stati e dei propri cittadini, una politica individualista che mira al benessere personale, distaccata dalle obbligate relazioni internazionali, diventa povera e ahimè del tutto inutile, simile a quel cane che gira su se stesso per mordersi la coda. Il termine Italia deve conquistare un senso a livello globale e la questione migratoria è una sfida, come lo è, lo abbiamo appena visto per la Francia, cambia l'atteggiamento delle due Nazioni: la nostra mostra una forte diffidenza, la Francia comprende la grande forza insita nell'immigrato. L'Italia ha disperatamente bisogno di un ricambio generazionale ed oggi i numeri ci dicono che non ci sarà e quindi l'intelligenza di un qualsiasi governo consiste nel trovare un modo, emigrazione o meno, di aumentare la propria forza umana.

Un altro problema per l'Italia è l'Europa, perché come detto risulta più ancella dell'Unione che partner, ma la responsabilità a mio avviso va ricercata ancora una volta nell'atteggiamento tutto italiano di bassa fiducia in se stessa e nell'Europa.

Inoltre siamo di fronte ad una scelta di dis-gregazione dell'Europa, che non vuol dire necessariamente morte, ma trasformazione e aggregazione in qualcos'altro. Molti partner mondiali, non ultimi gli Stati Uniti ritengono che la Germania sia la rappresentante dell'Europa, anche se formalmente non è così, potrebbe, rischiamo, che lo diventi nella realtà. Ma allora ci dobbiamo aspettare che la Germania, oggi quasi rappresentante dell'Europa unita potrebbe diventare come un tempo una Germania egemone, perché questo è il nostro dubbio? E qui mi affido alle parole di Lucio Caracciolo, che sostiene: «... io non credo che la Germania possa diventare un Paese egemone in tutta Europa, nella migliore o peggiore delle ipotesi la Germania potrà diventare un Paese che intorno a sé raggruppa i Paesi che dal punto di vista tedesco sono parte della stessa catena del valore industriale ... mi riferisco ai Paesi più affini come l'Olanda, mi riferisco al Belgio, ... alla Repubblica Ceca, alla Polonia, alla Slovacchia ... e pure a mezza Italia, perché uno dei problemi di questa messa in discussione del sistema intorno alla Germania è che mette in tensione contemporaneamente anche l'Italia ... »[56]. Facciamo l'ipotesi che la Germania metta in atto la nuova moneta, la famosa neuro, allora sì che l'Italia, e non solo, diventerebbe ancella della Germania e mezza Italia, quella del Nord, dalle Alpi alla linea gotica, avrà la scusa per staccarsi, desiderio atavico, ed unirsi alla Germania, indipendentemente dal fattore del credo politico, ma l'Italia industriale, si sposterebbe dalla parte germanica per un fattore predominante da trovare nell'economia e nella produttività. Mentre l'Italia del sud resterebbe ancorata al suo arretramento e alle sue poche chance di crescita. E poiché l'Italia ad oggi non sembra detenere grandi menti strategiche politiche, si troverebbe decisamente inadeguata e incapace di relazionarsi come potenza inserendosi in questi nuovi cambiamenti geopolitici europei e mondiali. Nonostante il popolo richieda una figura forte, in grado di agire, inizia a comprendere l'inadeguatezza non solo intellettuale, ma di competenza politica dei nostri rappresentanti e per quanto i fan diquest'ultimi, urlino sui social e alle televisioni le loro posizioni nazionaliste, populiste e di conservazione della specie italica, un'altra parte di Italia si inizia a rendere ben conto che la partita sembra, non più giocarsi sull'individuo, la star politica del momento, ma su una necessaria trasformazione della prospettiva italiana e una educazione di un popolo al nuovo. Manca, una educazione politica che permetta all'italiano di sentirsi partecipe della scena politica, e credo che questo potrà essere possibile solo recuperando terreno e fiducia in un'Europa Unita, che si presenti compatta e forte nelle dinamiche geopolitiche mondiali.

Il concetto che vorrei si capisse è che oggi la politica non è più quella degli antichi, quella che doveva affrontare i conflitti politici tra Sparta o Atene, solo perché oggi abbiamo di fronte la globalizzazione. La globalizzazione ha azzerato le antiche dinamiche e ne ha instaurate altre e anche le dinamiche tra i partiti o ancora di più tra le ideologie, hanno subito uno shock e quindi l'approccio alla politica deve prevedere e rendersi conto dei cambiamenti. Ad oggi abbiamo molti studiosi e critici, filosofi come Diego Fusaro che sostengono che non esistono più le categorie di un tempo, per esempio quelle di socialismo, comunismo, fascismo, destra e sinistra per lui non hanno più un confine così chiaro e forse nemmeno necessario. Bauman parla di società liquida e di perdita di fiducia nei valori tradizionali, di passaggio dalla società moderna solida a quella della post modernità liquida, e allora come possiamo noi oggi capire se si sta ritornando agli antichi fasti degli autoritarismo e ancora di più se potranno essere un tipo di approccio utile agli Stati? Di sicuro possiamo ritenere che l'autoritarismo e il nazionalismo possono essere approcci oggi che i nostri politici, come la popolazione, abbiano il desiderio di intraprendere perché, si sono, posso dire ripuliti delle brutture, con le quali fino a qualche anno addietro li avevamo identificati, e cambiando vestito si possono riproporre a tutti i diritti sulla scena politica con una buona possibilità di riuscita. Oggi nessuno può negare la grande presenza, come ho avuto modo di esemplificare all'inizio del capitolo, di governi rappresentati da un governo unico e decisionista e come gli Stati che rappresentano siano competitivi nel mondo sia culturalmente, che militarmente, che economicamente. Qualche dubbio può rimanere in merito alla felicità e alla dignità di vita dei cittadini, ma forse dovremmo chiederci se tali regimi non siano l'unica possibilità per certi Stati e mi riferisco alla Cina o all'India, che sovraccariche come sono della forza demografica, si rendono ben conto che va anche contenuta e gestita nel migliore dei modi. Mi preme fare un piccolo esempio di vita quotidiana: un ragazzo cinese emigrato qui in Italia, da quella Cina che poc'anzi ho narrato, racconta che le loro classi scolastiche contano dagli ottanta ai cento alunni in una sola aula; e spiegava che l'insegnante poco conosceva della pedagogia occidentale, quella attenta ai bisogni dello scolaro e all'individuazione dell'insegnamento, mentre ben manipolava disciplina e le punizioni anche corporali, assenti qui da noi, ma lui stesso non trovava un'alternativa a questa severità di approccio e di relazione se si punta ad ottenere dei risultati consistenti, in classi così numerose. Trasliamo questo discorso nel campo politico, è chiaro che un approccio sicuro, duro e direttivo, assertivo e coinvolgente può, soprattutto in determinate condizioni sociali, risolvere molti problemi delle cittadinanze e di riflesso degli Stati. Apparire al mondo come uno Stato forte e capace è l'unica carta che un Paese può giocare nel tavolo da gioco delle relazioni mondiali, che possa metterlo in condizioni di vincere. Tornando alla nostra Italia dunque questo riemergere della cultura di destra, fascismi e autoritarismi, sembra l'unica risposta o almeno la è più veloce per quella parte di popolazione che vivendo la crisi direttamente ha la necessità di cambiamento e riesce a scovarlo solo in un'azione politica decisa e forte che oggi sembra incarnata da alcuni leaer. Il Movimento Cinque Stelle, proprio come una cometa sta lasciando solo la sua scia, forse perché ha tradito il proprio mandato della purezza e dell'onestà, ma non è questa la sede …

    È interessante notare, tornando alla Germania, la questione delle forze armate, nel 2017 la Germania ha pubblicato il libro bianco della difesa nel quale si immagina una espansione della forza militare tedesca, un'espansione non straordinaria, ma quello che ci fa pensare è l'interesse tedesco al rinnovo e il miglioramento delle proprie forze armate, e ultimamente stanno discutendo della necessità di fornirsi di una forza atomica, visto e considerato che oggi in Europa solo Francia e Gran Bretagna possiedono la bomba atomica. Questo ci può dare un 'idea del grado di rinazionalizzazione che l'Europa sta vivendo, che fa riferimento al concetto di dis-gregazione iniziale; la Germania ha l'obiettivo di divenire l'ancora delle forze armate degli altri Paesi ed in parte già sta avvenendo, se consideriamo che i due terzi delle forze armate olandesi sono sotto il comando tedesco, e sembra che anche i romeni e i ceci vogliano aderire[57]. L'Italia? Come sta agendo in campo militare? Siamo al di sotto rispetto alle altre nazioni europee, ma offriamo il territorio per la presenza militare americana, restando per essere buoni, in un angoletto, visto che partecipiamo spesso a azioni americane senza avere, però un diretto interesse nelle operazioni militari, penso all'Afghanistan, alla distruzione della Libia … non credo che un governo autoritario, a meno di grandi stravolgimenti, potrà essere in grado di fornire l'Italia di un arsenale capace di eguagliare la Germania, la Francia, o altre, ma l'Italia dovrebbe mettere in luce la propria forza data dalla propria posizione geografica, questo potrà essere possibile, non tanto con un governo di destra o di sinistra, ma con un governo stabile, in grado di dialogare da adulto e non subalterno, con i propri partner mondiali. Ma un'altra necessità, tutta italiana risiede nell'educare ed informare i propri cittadini per condurli a fare una scelta europeista o meno. Questa nostra indecisione, direi forse accettazione passiva di una necessita europea, non permette all'Italia di godere di una posizione di favore e di forza all'interno dell'Unione Europea, di cui ricordo è stato con

Spinelli non solo promotrice, ma fondatrice. La nostra forza è nella posizione geografica, non nella politica, nell'economia o peggio ancora nella forza bellica. Capire che siamo al centro della "via della seta", dei commerci con la parte asiatica, che come visto è la seconda potenza mondiale oggi e che sta battendosi per il primato con gli Stati Uniti, che siamo al centro di un mondo commerciale in piena attività ci permetterebbe di giocare al meglio le nostre carte e soprattutto in modo competitivo. Dovremmo agganciare i flussi commerciali cinesi, ma non abbiamo infrastrutture in grado di sostenere il grande mercato commerciale in atto, e così ci stanno scavalcando, anche in questo settore, che ci vede privilegiati. Forse dovremmo mettere in conto di dotarci di forza giovane, infrastrutture per non divenire la parte debole dell'Europa, ancella, sorellastra, per ora sta chiudendo le frontiere agli immigrati che sbarcano sulle nostre coste, ma il rischio che corriamo è molto più grande!

L'Italia è un Paese debole nonostante tutto! L'opinione pubblica in Italia ha la sua importanza e comunque influenza gran parte della politica, e questo in qualche modo la alimenta e la frena. Noi non contiamo in noi stessi ci svalutiamo oltre il necessario, cosa che i francesi come visto non fanno assolutamente, e crediamo poco anche nell'Unione Europea. E se non crediamo nella fattibilità della realizzazione europea, come possiamo essere degli "influencer" in Europa, come pensiamo di poter aver voce in capitolo. Il tema dell'immigrazione ne è una testimonianza reale. In Europa, l'Italia è il Paese con una maggiore domanda di frontiera, e il 48% degli italiani vuole riportare gli antichi controlli, quelli che avvenivano prima di Schengen. L'Europa è diventato un progetto comune non soltanto sulla moneta comune, ma proprio attraverso Schegen, perché definisce dei confini, non interni, ma esterni, quindi si ha la possibilità di passare da un Paese all'altro perché l'Europa è casa nostra. Ma in Italia come dicevo il 48% della popolazione vuole ripristinare controlli permanenti ed il restante 40% vuole ripristinare controlli momentanei[58], cioè solo in determinate solo il restante 12% crede nella possibilità di non avere confini interni e uno scenario simile si trova solo in Francia, ma in questo periodo storico è abbastanza comprensibile visto gli attentati che ha subito. Gli altri Paesi non hanno questa percezione del pericolo dei confini, neanche la Germania o la Spagna che anche hanno subito attentati. Noi abbiamo la maggior parte della popolazione che sente il bisogno di tornare prima di Schengen, per controllare e ripristinare le frontiere interne. Con la chiusura dei porti o il rafforzarsi dei controlli in realtà l'Italia ha ottenuto un effetto boomerang, infatti gli altri Paesi hanno alzato le frontiere rispetto all'Italia e così quella massa di immigrati che consideravano il nostro Paese solo un territorio di passaggio, un corridoio, oggi per necessità lo considerano la tappa finale, perché non hanno la possibilità di proseguire il proprio percorso. È questa poca convinzione di essere europei che confonde la politica italiana e la popolazione, da una parte siamo per un'Europa Unita dall'altra invece cerchiamo di rimettere le frontiere. Una piccola curiosità: dalle statistiche riportate da Limes nel 2017, l'Italia ha fiducia nell'Europa Unita sono in una percentuale pari al 34 % degli intervistati, e persino in Gran Bretagna, che oggi è ha portato a termine il piano Brexit, il grado di fiducia nell'Unione europea è maggiore 35,6%!

Questo atteggiamento ondivago ci penalizza e penalizza il nostro sistema politico e la sua forza, il rischio è che l'Italia si possa unire ai soggetti antieuropeisti presenti in tutti gli altri Stati europei, anche se in minor quantità, e noi saremmo fagocitati da forze estremiste e nazionaliste nella speranza che possano ricondurre l'Italia ad essere potenza, ma la contraddizione risiede sul fatto che se noi per primi non crediamo all'Europa Unita, perché qualcuno dovrebbe credere in noi, oltre tutto nelle parole, come sappiamo siamo ultranazionalisti, ma nelle politiche assolutamente no. Basta pensare all'esercito e alla leva che non è più obbligatoria, e al fatto che lo Stato italiano non investa da anni seriamente negli armamenti, non è mia opinione che sia meglio o peggio il nazionalismo, ma quello che ritengo è che per supportare una Italia competitiva sul campo della forza almeno dovrebbe possedere un esercito degno di questo nome anche se a un'altra parte credo che ad oggi non sia affatto l'esercito il centro di uno stato, ma la usa stessa potenza ed influenza nel campo economico. Oggi gli italiani, sono i maggiori sostenitori, il 55% degli intervistati, rispetto agli altri Paesi per uscire dall'Europa, mi sembra però che non ci sia una adeguata consapevolezza del ruolo italiano e del peso italiano in questo mondo globalizzato[59]. Quindi senza lanciarci in giudizi di valore riflettiamo solo sul fatto che per essere una potenza di valore e riconosciuta da altri partner mondiali, risulta necessario essere uno Stato forte, governato da uomini forti, da un apparato organizzato e quasi infallibile, ed oggi noi non possediamo questi requisiti, né sembra che siamo in grado di dotarcene. Non solo, gli italiani hanno un basso grado di fiducia nei confronti dello Stato, non solo dell'Europa, ed anche il sistema politico non possiede un grande gradimento, pensate che si aggira intorno al 3%, considerate che il 3% va gestito come errore statistico ... allora i dati ci spiegano tutto! Per costruire il consenso in Italia ci sono due argomenti principali adottati dai leader politici per raccogliere consenso. Il primo è attaccare i partiti, non uno in particolare, ma tutti vendendosi come uomini che sono contro la politica e come non politici, si palesano come uomini nuovi, uomini che sì fanno politica, ma un'altra politica, quella che va oltre, quindi il primo strumento che viene utilizzato per raccogliere consensi è l'antipolitica. Le esperienze della veloce ascesa del Movimento Cinque Stelle e della Lega ne sono una dimostrazione plateale. Il secondo elemento è quello relativo alla sfiducia dell'Europa: cioè nessun leader politico rivendica se stesso come europeista convinto, fatta eccezione della Bonino, che però come sappiamo muove pochissimo consenso proprio in termini di numeri di elettori. L'atteggiamento del politico è quello di credere in un'Europa unita, ma non questa che ha disatteso le nostre aspettative e trascura l'Italia, i toni sono antieuropeisti, così da attirare a sé il consenso di quasi tutti gli italiani che si rivelano europeisti, "però", "a patto che", "nonostante". Ma allora se si palesa così evidentemente il distacco e la sfiducia alle istituzioni europee, che sono anche italiane, per raggiungere consensi persi dopo aver deluso gli italiani con le politiche interne fallimentari e corrotte, , come possiamo credere di essere presi in considerazione e contare? E questo è un atteggiamento, quello antieuropeista molto diffuso anche nelle altre nazione, forse l'unico leader realmente europeista è Macron, quindi il rischio della disgregazione e del risorgere dei nazionalismi è presente, anzi direi contingente, con la differenza che l'Italia non ha una forza politica, militare o economica capace di metterla in una posizione di forza nelle relazioni internazionali. In Italia dunque vince l'antieuropeismo, la sfiducia negli altri Paesi e l'antipolitica. Da noi vince l'"anti", anche il Movimento delle Sardine, oggi sulla bocca di tutti e che ha dato uno scossone alla nostra politica e i loro leader nasce come Movimento anti, antiSalvini, antiLega, anti linguaggio violento …, è il nostro atteggiamento che sembra non permetterci una rinascita in qualunque direzione essa si voglia declinare.

Ho analizzato diversi campanelli d'allarme direbbe qualcuno, punti in comune direbbero altri, di oggi che ricordano o riportano al passato del totalitarismo nazista, quello comunista, che in realtà ancora sopravvive alla faccia dei valori universali occidentali e o governi dittatoriali più meno palesi o che oggi si presentano sotto le vesti di democrazia o semipresidenzialismi. Il rigurgito del passato è un fatto indiscutibile, così come sono indiscutibili le condizioni ambientali e geopolitiche completamente diverse dal passato, la globalizzazione per certi aspetti ha obbligato a cambiamenti mondiali veloci che non si possono fermare né tantomeno rallentare, c'è da discutere però sulla sua efficacia di un ritorno ad una politica nazionalistica e sovranista in un mondo globalizzato. In realtà sembra una contraddizione in termini. Altro argomento che mi preme trattare è la risposta dell'Italia rispetto al corona virus anche etto covid-19 il quale ha senza dubbio riportato il paese in un clima di paura e sfiducia nelle istituzioni e nello stesso governo il quale non è stato capace di proteggerli fin dal primo momento, perché questo, perché è stato sottovalutato un fenomeno, e la storia ci insegna bene che nulla va mai sottovalutato. Anche il più piccolo pericolo si può trasformare nel peggiore degl'incubi. Inoltre credo ed anzi sono convinto che poiché la principale causa della diffusione incredibilmente rapida sia causa della globalizzazione, come fenomeno in evitabile e come conseguenza, che non vuole mettere sotto accusa quest'ultima ma che senz'altro porterà a una maggior chiusura dello stato ed a una maggior volontà isolazionista e di conseguenza trasportandosi ad una incredibile crescita nazionalista. Questa chiusura per uno stato dipendente dal mercato e dalla globalizzazione inteso tanto in termini di esportazioni tanto di turismo potrebbe solo che portare il paese ad una incredibile ulteriore recessione economica. Dunque questo purtroppo è solo una delle conseguenze della globalizzazione purtroppo non calcolabile o controllabile in ampia misura e senza dubbio inevitabile. Credo che però sia curioso analizzare come molti regimi abbiano approfittato della situazione per poter concentrare in essi maggior potere così che un domani finita l'epidemia rimanga comunque nelle loro mani, e con questo non mi riferisco solo al caso Italia ma anzi quanto più internazionalistico. Dunque questa epidemia non è soltanto pericolosa dal punto di vista sanitario ma soprattutto politico, poiché darà potere ai soggetti più pericolosi, più estremisti, poiché gli elettori saranno spinti nel loro voto dalla paura o dalla sofferenza subita, o sulle perdite ricevute. Quindi nei prossimi anni ci troveremo più a rischio antidemocratico che mai rispetto a gli ultimi 20 anni italiani. Il terreno è pronto per accogliere il seme del totalitarismo. La domanda è lo lasceremo crescere? Abbiamo imparato qualcosa? Abbiamo imparato a controllarlo magari, e come una pianta di pomodoro accosteremo a quest'ultimo un bastone al quale si potrà aggrappare e far guidare nella sua crescita. Dunque un leader autoritario nelle mani della democrazia? A voi il giudizio. Con questo però vi vorrei solo chiedere di Riflettere a queste parole da me citate, nel momento in cui vi troverete a votare. Ricordando che il vostro voto potrà portare tanto ad un incredibile bene comune quanto ad una incredibile sofferenza. Il potere e la scommessa politica si trova nelle nostre mani.

Democrazia: inganno o realtà?
Cosa è oggi la democrazia e come si declina nella percezione dell'umanità?

« ... è evidente che nelle questioni fondamentali del diritto, nelle quali è in gioco la dignità dell'uomo e dell'umanità, il principio maggioritario non basta. ... contrariamente ad altre grandi religioni, il cristianesimo non ha mai imposto allo Stato e alla società un diritto rivelato ... Ha invece rimandato alla natura e alla ragione quali vere fonti del diritto – ha rimandato all'armonia tra ragione oggettiva e soggettiva, un'armonia che però presuppone l'essere ambedue le sfere fondate nella Ragione creatrice di Dio...» dal discorso di Benedetto XVI [60]

Che cosa intendiamo per democrazia? La parola greca, democrazia, è una parola violenta, è una parola di combattimento, che fu inventata dai nemici del regime popolare, significa sostanzialmente il "cratos", cioè violenza non solo e semplicemente forza; mentre "demo", vuol dire tante cose: vuol dire comunità nel suo insieme, quella parte della comunità meno abbiente, meno ricca, che si contrappone agli aristocratici, ai grandi signori, se non addirittura a figure monarchiche. Oppure si riferisce ad una comunità locale, infatti nell'Attica ci sono molti demi, ed infine vuol intendere, e questo è il significato che molti considerano giusto e che perdura da tempo: quella parte più cosciente della comunità che si riconosce nel potere popolare, quindi una sorta di base sociale di un partito, che si mobilita direttamente e che esercita direttamente il potere. Il "cratos", invece non solo è l'auctoritas, ma implica direttamente il concetto, come accennato di dominio e di violenza, non necessariamente di sopraffazione, ma di esercizio pratico, diretto di una potenza. Nel Prometeo di Eschilo i due servitori di Zeus sono niente meno che Bia e Cratos, entrambi rappresentano la violenza. La prima attestazione della parola democrazia la ritroviamo in un opuscolo di un autore anonimo del V secolo a.C., chiamato dagli studiosi "il vecchio oligarca", questi dicevo adopera per primo questo termine per indicare la violenza popolare. Il regime in cui i poveri contano, dicono la loro, è talmente detestabile da doversi chiamare democrazia, tanto è vero che i democratici ateniesi non si definivano in tal modo, ma usavano il termine "demos", che in greco ha una doppia valenza. Innanzi tutto si riferisce ad un borgo dell'Attica, un comune, ma poi indica la comunità nel suo insieme, alcuni oratori dichiararono che per demos si intende tutto non una parte della popolazione, né tanto meno un sistema o un regime. Quindi i sostenitori del popolo non si riuscivano a definire democratici, perché in tale parola era presente l'accezione negativa e violenta. Aristotele definì nella "Politica", nel terzo e quarto libro, la democrazia "il governo dei poveri", per oligarchia invece intendeva il governo dei ricchi, consideriamo che nella proporzione i poveri erano inferiori di gran numero ai ricchi. Nell'equilibrio dei gruppi sociali della città di Atene i poveri erano decisamente più dei ricchi, inoltre è da considerarsi che governavano e avevano voce in capitolo solo i rappresentanti, cioè coloro che attivamente partecipavano alla politica! Non si considera il popolo capace di decidere, e la democrazia ateniese funzionò perché era un'altra cosa rispetto a quella che intendiamo oggi. Molti scritti antichi usano il termine democrazia per criticare il sistema assembleare ateniese!

Col tempo il significato di questo termine cambiò e iniziò ad appartenere al lessico di coloro che difendono il sistema democratico, rarissimamente nel campo politico, filosofico, ateniese, quello che conosciamo la parola è usata in senso positivo, anche se alle volte accade come per esempio in Demostene, politico del IV secolo, egli si pose il problema di condurre lo Stato sul modello della politica del passato, perché per Demostene la democrazia fa parte dell'identità di grande potenza del passato di Atene. Ma esiste un modello rigoroso di democrazia o ci sono vari modelli possibili? Pensate che questo era un problema che poneva già Erotodo, (libro III) infatti dichiarò che già nella Persia alla fine del VI secolo fu sollevata da un grande notabile, l'esigenza di un governo democratico, perché gli sembrava una soluzione di governo adatta all'impero persiano. Ma fu sconfitto nel dibattito politico, che Erotodo immagina, tanto che la Persia continuò ad essere un grande impero monocratico, con un sovrano chiamato il "gran re".

Anche Amartya Sen ha raccontato, non in linea di principio, ma di fatto, che alcune comunità dell'India antichissima già praticavano il sistema consistente nell'assemblea degli aventi diritto. Ma possiamo andare ancora più indietro, e chiederci cosa fosse una monarchia militare o una democrazia militare, i due termini come dice Luciano Canfora sono estremamente vicini, testimoniata dai poemi omerici o immaginata come punto di partenza della monarchia macedone alle sue origini, ci rendiamo conto che l'idea di base di questo sistema consiste nel fatto che tutti coloro che hanno la cittadinanza, la pienezza del diritto, direttamente esercitano il dominio. I soldati combattenti, nei poemi di Omero, per esempio all'inizio dell'Iliade convocano un'assemblea militare e Tersite, un personaggio umile di origine osa criticare ed affrontare il grande Agamennone, il più autorevole dei vari basileis, sovrani. Questo modello, noi oggi immaginiamo che non sia mai scomparso non si sia mai perso, ma che soprattutto ha lasciato un'eredita anche nella città classica: il fondamento della cittadinanza nell'Atene antica era il cittadino-soldato. Anche gli spartiati sono cittadini soldati, unici detentori di una pienezza di una cittadinanza in quanto combattenti. Sotto di loro poi c'è una massa di schiavi, semischiavi, che non sono uomini, non sono considerati cittadini all'interno di quella comunità spartiata c'è un'uguaglianza assoluta tra i cittadini soldati e che hanno sotto gli altri. La confusione nasce perché il cittadino soldato è alla base delle democrazie, ma Sparta è all'unanimità considerata l'oligarchia per eccellenza. Quando la cittadinanza piena, legata alla funzione militare si allarga anche ad altre funzioni sociali ci troviamo nell'Atene classica, dove non solo chi si arma a proprie spese è cittadino, ma anche chi muove le navi, come possiamo leggere ne "la costituzione ateniese". Il principio in sostanza è lo stesso cioè: coloro che sono in grado di combattere per lo Stato hanno diritto alla cittadinanza, anche i nulla tenenti, cioè i "tenti", cioè coloro che lavorano come manovali e artigiani negli arsenali di costruzione delle navi. Siamo di fronte ad un sistema politico, ad una democrazia allargata, ma non di fronte ad un sistema costituzionale, infatti possono esserci molteplici sistemi costituzionali con alla base questa premessa ateniese. Noi moderni usiamo impropriamente il termine democrazia perché lo abbiamo traslato ad una realtà completamente diversa rispetto a quella d'origine, l'abbiamo cioè utilizzata nei   sistemi rappresentativi elettivi, creando così il grande equivoco sul termine democrazia.

Oggi si formula la distinzione nei termini di democrazia diretta e democrazia rappresentativa, superficialmente è vero infatti poiché oggi siamo molti di più che nell'antichità a partecipare alla cosa pubblica, si rende necessario il modello rappresentativo per agevolare e rendere scorrevole le cose. E in questo scambio di prospettive si è insinuata l'identità tra il termine democrazia e quello di libertà, che invero sono ben distinti tra loro. Quando Benjamin Constant pronunciò il suo celeberrimo discorso sulla "libertà degli antichi paragonata a quella dei moderni", 1819, egli adopera libertà in un senso dilatato, di fatto vuol dire sistema politico aperto, democratico, cioè quasi usa come sinonimi libertà e democrazia, che invece sono due termini lontani l'uno dall'altro, cosa che la politologia anche moderna, per non parlare delle distinzioni platoniche o di Aristotele. Benjamin Cistant va alla sostanza delle cose, diversamente dai nostri moderni teorici liberali, infatti sostiene che non si tratta soltanto del trasferimento ad una grande realtà territoriale, di un modello che sembrerebbe legato alla piccola comunità; si riferisce anche ad un elemento sostanziale: infatti nel mondo delle città democratiche antiche il potere sociale, la pressione sociale, del soggetto politico costituito dai nullatenenti che sono cittadini, è di gran lunga superiore alla possibilità di incidere sul funzionamento delle Stato e della comunità da parte dei medesimi nullatenenti in un sistema di tipo parlamentare rappresentativo. Da qui la sua famosa formulazione teorica, che ha avuto grande risonanza: "meno Stato", poi noi abbiamo aggiunto "meno Stato più mercato!". Cioè, quanto meno la comunità interferisce nella vita individuale, nell'esplicazione individuale delle possibilità di ciascuno, tanto più siamo vicini alla vera libertà, che è sostanzialmente quella dei moderni. Benjamin Constant porterà come esempio principe, per lui più convincente, per sostenere la pratica del "meno Stato" possibile, lui adduce la ricchezza. Nell'antichità la ricchezza viene spremuta socialmente dal potere sociale, oggi invece la ricchezza è il motore del potere politico, che da essa dipende, ed è in questo che consiste la libertà dei moderni.

Nel XX secolo, dopo una serie infinita di esperienze, anche deludenti, tristemente deludenti, del secolo precedente, in cui la lotta del movimento democratico, socialista si era incentrata sulla questione del suffragio che era stato considerato la strada maestra per raggiungere il predominio dei nullatenenti, ed ha fallito, si è configurata una situazione completamente diversa a seguito della rivoluzione sovietica. Con essa, per una serie di circostanze forse irripetibili nella storia è nato un tipo di potere alternativo a quello elettivo. Poi nella storia quell'alternativa politica ha subito notevoli trasformazioni che lo hanno notevolmente snaturato rispetto al suo punto di partenza, ma non ci dobbiamo distogliere dal fatto che quando si propone lo fa come alternativa alla democrazia diretta, i consigli rappresentano un tentativo di realizzare il potere diretto degli interessati, superando l'aporia drammatica della delega, rispetto alla quale, come disse Rousseau "il popolo inglese il giorno dopo le elezioni ridiventa schiavo!". Diciamo che non è l'unico inconveniente del sistema elettivo parlamentare, difatto è un sistema misto in cui le classi più forti comunque dominano, riescono ad ottenere la maggioranza parlamentare, per una serie di giochi politici e ragioni, ma indubbiamente il sistema prodotto dalla rivoluzione russa era l'alternativa polare alla democrazia rappresentativa, ed in qualche modo un ritorno alla democrazia diretta di tipo antico.

La parola democrazia così ha assunto il valore antitetico al termine socialismo, sembrerebbe invero un paradosso! Anche se nel linguaggio corrente, quello dominante e alla fine vincente, alla fine si pensa che la democrazia sia ipso facto la modellistica occidentale della tecnica, del pluripartitismo del ceto parlamentare, del predominio delle forze di pressione retro sceniche portano a vincere le elezioni, e che invece il comunismo fosse il regno della tirannide, o comunque dell'autocrazia. Certamente ha contribuito a tale polarità polemica anche il tipo di trasformazione che si è verificata in Stati comunisti come la Russia o la Cina. La dittatura di un partito ha snaturato la struttura originaria della democrazia consiliare, ma non dobbiamo perdere di vista il fatto che quell'esperienza sovietica, durata diversi decenni ha dimostrato comunque che quello che noi continuiamo a chiamare democrazia parlamentare non solo non è l'unico sistema possibile, ma neanche il più giusto per inverare il potere popolare. Anzi potremmo dire in conclusione, che oggi che non esiste più la contrapposizione tra sistemi, si comincia a parlare senza retorica della vera natura dei sistemi elettivi parlamentari fondati sulla delega. Quindi si dà apertamente per assodato che sono sistemi misti dove il potere dei più forti conta molto di più degli altri e quando questo non si ottiene, perché il conflitto sociale è talmente aspre da inclinare questo potere, si introducono anche modi che limitino il principio un uomo un voto. Si introduce quel concetto un po' buffo e forse ipocrita della governabilità, per togliere alla rappresentanza il suo elemento connotativo, che è quello che almino ogni uomo valga quanto un altro uomo. Ci troviamo allora di fronte al: voto utile, le maggioranze precostituite sulla base di alleanze, i sistemi a doppio turno, il sistema uninominale,…, cioè tutta una serie di correttivi di quel principio elementarissimo un uomo un voto.

Oggi si teorizza anche apertamente che ciò è necessario, nei talk show, nei dibattiti politici, sui social, cioè si cerca di convincere l'elettorato che la propria perdita di forza elettiva sia una necessità per la democrazia! Cioè si teorizza che il principio del suffragio universale è scomodo, è evidente che questo non sarebbe potuto accadere finché c'era la contrapposizione di sistema, quindi oggi sembra necessario attrezzarsi bene culturalmente oltre che sul piano pratico, ad una critica completa e scientifica, non condizionata da fattori esterni della democrazia realizzata. Un tempo si parlava del socialismo realizzato, oggi credo sia doveroso parlare della democrazia realizzata, cioè quello che effettivamente è oggi!

È giunto finalmente il momento di tirare le somme su quanto scritto ma vi confesso che non sarò affatto io a darvi delle risposte, ma sarete proprio voi a rispondermi alle mie numerose domande che mi sono posto fin dall'inizio. Proprio in nome di ciò ho voluto fare un piccolo sondaggio di un piccolissimo campione di 100 persone, al quale è stato sottoposto un questionario, dal quale ho avuto numerose risposte, le quali in molti casi mi hanno sorpreso ed in altri non mi hanno sorpreso affatto. Dunque ora le andremo ad analizzare e cercheremo di comprendere i differenti comportamenti della popolazione a questo piccolo estratto.

Tra le prime domande c'era quella della partecipazione politica e dell'affidabilità di quest'ultima bhè non c'è da sorprendersi nel trovare molti attivisti e moltissimi disillusi. Ciò cosa significa che tutti vogliono esser in qualche maniera partecipi e protagonisti nella partecipazione politica, ma molti la vedono comunque inarrivabile per quanto essa possa esprimersi democraticamente. Inoltre se pur istruiti o non il nostro è un popolo d'opinione, sa sempre anche se completamente disinformato cosa scegliere anche se ciò non può essere accezione completamente positiva. Poiché è proprio dove regna la disinformazione e l'ignoranza regnano i populismi più differenti. In parallelo a ciò ricorro alla domanda che ho posto sulla lettura di quotidiani ove ho riscontrato un 46% completamente distante da qualsiasi tipo d'informazione o d'indifferenza rispetto quest'ultima, affermando le solite frasi del tipo: " e che ci possiamo fare noi" classiche frasi di disillusione e di rassegnazione politica. Altra dinamica che mi ha sorpreso è il forte legame che si ha rispetto all'idea di nazione, riscontrando un 61% di nazionalisti affermati e con uno scarso 28% internazionalismo . La stessa disillusione l'ho riscontrata sia rispetto le dinamiche europee dove la maggior parte del campione è insoddisfatto delle istituzioni europee e che anzi vorrebbero per il 40 % vedere non più istituzioni ma ben si una sala ed unica istituzione dettata dallo stato europeo, dunque c'è ormai si una volontà altamente nazionalista ma allo stesso tempo si cerca una maggior forza e rappresentanza d'essa all'esterno. Altro aspetto che mi ha sorpreso è stato il fenomeno dove ho posto le dinamiche che più si sente discutere e le dinamiche utili per lo stato e senza dubbio quest'ultime non combaciavano affatto ad esempio si sente parlare di fenomeno migratorio all'80% e solo del 20% rispetto alle problematiche del debito pubblico e disoccupazione il quale è stato poi classificato dal campione come la problematica di maggior rilievo al 60%

rispetto all'immigrazione del 24%. Questo ci fa comprendere che spesso le soluzioni che ci forniscono i politici non rispecchiano le più importanti problematiche nazionali, forse perché quest'ultime troppo complesse da poter essere risolte. Aspetto che invece mi ha lasciato più che sconvolto è stato riscontrare un 80% convinto che il passato dunque in diretto riferimento al fenomeno fascista non possa in alcuna maniera ripetersi poiché si sia imparato dal passato, ma proprio la presunzione di poter affermare che un fenomeno non si possa ripresentare, comporta la sottovalutazione di fenomeni analoghi. Altro aspetto che mi ha sorpreso è stato quello di vedere che tutti, quasi il 98% del campione aiuterebbe un essere umano e solo il 44% aiuterebbe un immigrato, dunque gli immigrati mi preoccupo nel sentire che non sono visti come umani, siamo veramente arrivati a questo? Inoltre il 30% del campione non crede nella democrazia ed anzi la vorrebbe vedere modificata o quanto meno alterata poiché considerata inefficiente. Ed inoltre il 60% vorrebbe il potere concentrato in un solo uomo, in un solo capo. Io credo che loro stessi, gli stessi che hanno scritto che il passato non si possa ripetere siano proprio loro a ridar vita a quest'ultimo. Poiché vediamo bene che l'esperienza totalautoritaristica è ancor ben presente anche solo nell'inconscio elle persone, le quali trovano più facile e intuitivo rivedersi in un'unica figura, in un unico partito piuttosto che riconoscersi un assetto maggiormente democratico. Forse proprio per la già citata volontà dell'uomo rispetto all'autoritarismo il quale lo ritrova innato, poiché oggetto della più antica istituzione politica che ha condizionato la nostra evoluzione. Dunque pensare che quasi un secolo di democrazia ci possa aver cambiato è completamente errato, poiché l'uomo non è di natura democratica ma i natura autoritaria, basti pensare all'educazione stessa che un genitore impartisce al figlio. Quest'ultimo riconosce nei genitori i capi e si sottopone a delle regole offerte ed imposte da quest'ultimi. Dunque gli uomini sono esseri estremamente autoritari fa parte della natura stessa dell'uomo abbiamo visto, dunque qui sorge un vero e proprio paradosso; il totalitarismo non cerca di mutare la natura dell'uomo giusto ? e dunque la democrazia che cerca di mutare la natura autoritaria dell'uomo e cerca di espandersi e resistere anche con l'uso della forza e limitare l'affermare di forze politiche anti democratiche si può definire democrazia? Onestamente credo che sia più vicina all'idea stessa di totalitarismo. Dunque anche nell'idea in antitesi siamo riusciti a trasportare la nostra natura immutabile, ovviamente non voglio dire che la democrazia è un totalitarismo, ma che forse non sono così distanti, forse due facce della stessa medaglia. In ragione di quest'ultima affermazione posso dire che evidentemente il tutto non sta nell'individuare la forma politica più esatta poiché tanto si è visto che anche democraticamente si raggiunge un autoritarismo o che anche la democrazia più imponente ed affermata si trasforma nella sua antitesi. Forse dovremmo solamente cambiare focus e guardare più a chi si vuole come rappresentanti, in una maniera molto più acuta e dettagliata e riporre in esso ciò che più ci è complesso conferire, una fiducia, una vera e propria fede che però non si trasformi mai in qualcosa di cieco ma c he anzi possa vigilare in continuazione sull'operato del leader. Ad esempio si potrebbe scegliere un governo ai poteri eccezionali soggetto però ad una continua commissione d'inchiesta. O anche lasciare che i ministri ed i ministeri stessi siano eletti direttamente da chi competente un esempio potrebbe essere il ministro della salute viene eletto dal personale sanitario o tutti i gruppi ad esso adiacente, il ministero dell'istruzione eletto dal corpo insegnate o scolastico, così discorrendo ovviamente il tutto sotto la supervisione di un presidente comunemente eletto. Credo che forse quest'ultima possa essere una soluzione più che onesta rispetto alla risoluzione delle problematiche. Ma ripeto le mie sono solamente supposizioni sulle quali ci sarebbe molto d'aggiungere o migliorare. Ad ogni modo lascio a voi lettori elettori pensare e raggiungere una vostra opinione in merito all'argomento. Io ho cercato di fornivi i maggiori e più differenti strumenti per poter costituire un'opinione quanto più varia possibile. Ho cercato di rispondere a molte domande da me poste, ed ho cercato di rispondere citando le più differenti fonti o cercando di raggiungere i più differenti pensieri della nostra società; la realtà è che però ogni uno di voi che state ora leggendo è libero di arrivare alle supposizioni che più vuole e più ritiene accettabili.